Claus Gaedemann
Ich habe immer Zeit

CLAUS GAEDEMANN, 1928 in Berlin geboren, studierte technische Physik und absolvierte dann eine journalistische Ausbildung unter der Chefredaktion von Hans Habe und Hans Wallenberg bei der *Neuen Zeitung.* Er schrieb Filmstoffe mit dem Regisseur R. A. Stemmle und war als Autor für *Reader's Digest* tätig; er verfaßte Fiction und Non-fiction: Romane, Sachbücher, Drehbücher, Zeitschriftenbeiträge. Naturwissenschaftliche Themen stellte er gern allgemeinverständlich dar; das Phänomen »Zeit« betrachtet er in diesem Buch biologisch, physikalisch, philosophisch und psychologisch und gelangt so von praktischen Nutzanwendungen zu wichtigen Lebenserfahrungen. Nach langjährigen Aufenthalten in den USA und in Frankreich lebte Claus Gaedemann zuletzt in München.

Claus Gaedemann

Ich habe immer Zeit

Zeitökologie

Zeit nutzen – Zeit sparen – Zeit haben

Ariston Verlag

Die Deutsche Bibliothek – CIP-Einheitsaufnahme

GAEDEMANN, CLAUS:
Ich habe immer Zeit : Zeitökologie: Zeit nutzen,
Zeit sparen, Zeit haben / Claus Gaedemann. –
5. Aufl. – Kreuzlingen ; München : Ariston Verlag, 1998
ISBN 3-7205-1734-9

Umschlagentwurf: SPC, Meersburg
Satz: RSM, Reutte/Tirol
Druck und Bindung: Wiener Verlag, Himberg bei Wien

5. Auflage 1998
Printed in Austria 1998

ISBN 3-7205-1734-9

Inhalt

Erstes Kapitel

Sie haben keine Zeit?

Wahrscheinlich kommen Sie mit Ihrer Zeit nicht so gut zu Rande, wie Sie es sich wünschen. Denn sonst hätten Sie sich nicht dieses Buch gekauft (oder es geschenkt bekommen). Natürlich: Auch Lesen – also auch dieses Buch – verbraucht Zeit. Dazu gleich ein Tip: Weiter hinten, im achtzehnten Kapitel, werden Sie erfahren, wie man seine Lesegeschwindigkeit enorm steigern kann. Doch Vorsicht: »Schnell- und Diagonallesen ist unproduktiv«, warnte im April 1997 die renommierte *»Wirtschaftswoche«* in einem Artikel, in dem der »Mut zur Langsamkeit« entdeckt wird (immerhin: 15 Jahre nach STEN NADOLNYS Roman – siehe Seite 205!). Darin geht es um die Abkehr fortschrittlicherer Führungskräfte vom Tempowahn. »Langsamer ist oft besser«, heißt es da; und: »Zeitmanagement kostet Zeit«.

Lesen Sie bitte trotzdem erst einmal weiter. Es stehen Ihnen, was den Zeitmangel und das Zeitsparen angeht, überraschende Erkenntnisse bevor: viele hilfreiche, in Zusammenarbeit mit Fachleuten mehrerer Disziplinen erarbeitete Tips, Ratschläge, Tricks, Taktiken und Strategien, wie Sie besser mit Ihrem Zeitbudget umgehen können.

Um es gleich ganz deutlich zu sagen: Es geht mir nicht nur und nicht als Hauptanliegen um Zeit*ökonomie*, also darum, Ihnen mit diesem Buch zu helfen, Ihre verfügbare Zeit*quantität* besser einzuteilen, um noch mehr hineinstopfen zu können. Gewiß, eine kluge Zeiteinteilung schafft erst einmal mehr freien »Raum«. Es geht mir dann aber vor allem um etwas Neues, das man »Zeit*ökologie*« nennen kann. Das heißt nichts Geringeres, als innerhalb der Ihnen

gegebenen Zeit (Tage, Wochen, Monate, Jahre – Ihr ganzes
Leben!) die Gewichte so zu verschieben, daß für Sie mehr
Qualität, mehr Leben, mehr Lebensqualität herauskommt.
Die Ressourcen Ihrer Lebenszeit, Ihrer Kraft, Ihrer
Fähigkeit zur Lebensfreude sind nicht unerschöpflich. Eine
gut überlegte Zeiteinteilung sollte also nicht dazu führen,
auch noch jede Minute zu halbieren, um noch mehr von
scheinbar so wichtigen Geschäftigkeiten darin unterzu-
bringen; sie kann und soll ebensogut dazu führen, eine
innere Freiheit von all den vermeintlichen Zwängen des
Unbedingt-auch-noch-erledigt-werden-Müssens zu erlan-
gen, eine innere wie dann auch äußere Freiheit, die letztlich
inneren Reichtum beschert. Denn auch hier ist, wie so oft,
weniger im Grunde genommen mehr: mehr Leben. Auch
wenn man dabei das Risiko eingeht, daß einem irgend
jemand wegen irgend etwas gram ist oder daß man in dem
übereifrigen Gedrängel um die angeblich besten Plätze ein
gutes Stück zurückbleibt – mit Abstand und Gelassenheit
das hektische Schauspiel beobachtend. Denn *Sie* können ja
besser abwägen, was *wirklich* wichtig für Sie ist. Und dafür
haben Sie nun immer Zeit.

Der Redensart »Zeit ist Geld« stimme ich nicht zu – denn
Zeit ist viel mehr, sie ist unser Leben! Trotzdem: So, wie Sie
ein bestimmtes monatliches und jährliches finanzielles Budget haben, besitzen Sie auch ein Zeitbudget. Der dramatische
Unterschied ist nur, daß dieses Zeitbudget sich nicht ver-
größern läßt.

Die Zeit ist unser Leben!

Nehmen wir an, Sie sind jetzt vierzig Jahre alt. Dann werden Sie laut Statistik noch ungefähr fünfunddreißig Jahre leben – etwas mehr, etwas weniger, je nachdem, ob Sie eine Frau oder ein Mann sind. Das sind 12 775 Tage. Nicht mehr!

Diese knapp dreizehntausend Tage sind Ihr *Zeit*budget, das täglich weniger wird und sich keinesfalls aufstocken läßt, wie Sie zum Beispiel auf Ihr *Bank*konto noch eine Lottomillion einzahlen könnten. Das ist eine durchaus nüchterne Berechnung, die man sich einmal vor Augen halten sollte. Und die Zeit totzuschlagen ist buchstäblich eine Todsünde: Keine totgeschlagene Stunde kommt jemals wieder. Und Zeit *sparen* können Sie nur, indem Sie mit Ihrer verfügbaren Zeit bewußt und vernünftig umgehen – aus jeder Stunde, jedem Tag mehr herausholen.

Leider leben wir nicht danach. Die Zeitnot ist eine »Volkskrankheit« geworden, gegen die kaum jemand gefeit ist. Und ihr Gegenstück, die Langeweile – an der ein Rentner oder ein Arbeitsloser zumeist, und trotz größten Stresses jeder von uns zeitweilig, leiden mag –, diese Langeweile ist geradezu die andere Seite der Medaille: Langeweile und Streß schließen sich nämlich keinesfalls gegenseitig aus; im Gegenteil, oft genug bedingen sie einander. Davon wird noch die Rede sein.

»Unsere Zeit leidet an einer merkwürdigen Krankheit, die ich Aktionismus und Hektik nenne«, schrieb ALFRED HERRHAUSEN, der ermordete Vorstandssprecher der Deutschen Bank. Er sprach damit aus, was wir alle im Grunde wissen: Keine Zeit zu haben ist eine Seuche unserer Zeit, von der wir alle befallen worden sind – gleich, in welchem Lebensalter wir sind (schon Kinder leiden daran), gleich, in welchem Beruf, ob Bankier oder Student, Freiberufler oder Hausfrau und Mutter.

Warum gerade wir modernen Menschen, deren vertraglich
oder tariflich geregelte Arbeitszeit immer kürzer wird (nur
knapp vierzehn Prozent unserer Lebenszeit verbringen wir
am Arbeitsplatz) und deren Freizeit immer länger, keine Zeit
mehr haben, darüber werden wir in den nächsten Kapiteln
ausführlich sprechen – wie stets in diesem Buch eng verbunden mit dem Versuch, daraus Lehren für einen besseren Umgang mit unserer Zeit zu ziehen.

Hier seien vorweg nur einige Stichwörter genannt, die
Ihnen bekannt sind, wenn auch vielleicht unter einem anderen Aspekt.

Hetze und Hektik: unser »Nationalsymbol«

o Hektik, die wir mit »Dynamik« gleichsetzen, ist geradezu
  unser nationales Symbol geworden, vom hastig hinunter-
  gestürzten Frühstückskaffee bis zum gehetzten Weih-
  nachtseinkauf und zum Kurzurlaub im Hundertachtzig-
  kilometertempo. Richtigerweise müßte unser Wappen-
  vogel ein rennender Strauß sein, nicht ein Adler, der maje-
  stätisch die Schwingen ausbreitet...
o Immer mehr Menschen wollen keinen geruhsamen Urlaub
  mehr verbringen, bei dem man über ganz »normale«, den
  körperlichen Bedürfnissen entsprechende Betätigungen
  wie Schwimmen, Bummeln, Wandern, Radfahren wieder
  zu einem entspannten Lebensrhythmus finden kann. Nein,
  Abenteuerurlaub muß es sein, in dem dauernd etwas »passiert«, mit möglichst weiten, aufwendigen Anreisen für
  eine meist nur kurze Urlaubsdauer, mit vielen »Animatio-
  nen« oder nervenpeitschenden Aktionen.
o Zum »Aktionismus«, von dem ALFRED HERRHAUSEN
  sprach, gehört auch der Griff zum Einschaltknopf des
  Fernsehers – durchschnittlich sitzt jeder Deutsche täglich

zwei Stunden und vierzig Minuten vor dem Apparat: Stille, in der man mit sich selbst beschäftigt wäre, ist schwer erträglich – es muß »etwas los sein«!

Herausragende Vertreter unserer »nationalen« Hektik sind sicher die Manager, deren Zeitknappheit sprichwörtlich geworden sind. Sie sind es, die in Deutschland mit nicht weniger als einer halben Million »Timern« (das Wort »Terminkalender« klänge zu banal) unter dem Arm herumlaufen – es gibt sie in edlen platinfarbenen Metallhüllen oder, ab tausend Mark, in Krokoleder, und auch für den Golfplatz und den häuslichen Weinkeller ist ein eigenes Planungsblatt vorgesehen. Die Manager sind es, die die zahllosen, wie die Pilze aus dem warmen Waldboden geschossenen »Zeitmanagement«-Seminare scharenweise und für teures Geld besuchen. Dort lernen sie dann, Termine in Check- und To-do-Listen zu übertragen, Zeitprotokolle, Situations-, Zeitverlust- und Tätigkeitsanalysen zu erstellen, sie erfahren alles über Zeitstrategien und Konferenztaktiken.

Aber sie sind nur *eine* typische Gruppe von Zeitnotleidenden. Am Herzinfarkt – dem »Managertod« schlechthin – sterben heute immer mehr Frauen ... Wir wissen nur mehr vom Streß der Manager als etwa vom Zeitmangel einer Studentin, einer Ladenbesitzerin oder einer berufstätigen Mutter, weil sie von geschäftsbewußten Unternehmensberatern als erste und als zahlungskräftigste Gruppe entdeckt worden sind. Auch werden schon seit zwanzig Jahren Umfragen über ihre Zeitknappheit gemacht, übrigens mit schockierenden Ergebnissen:

Unter Tausenden von befragten leitenden Angestellten meint nur ein Prozent, genug Zeit zu haben. Dagegen wünscht sich die Hälfte aller Befragten doppelt soviel Zeit. Das heißt, wenn man für die Zeit zwischen Berufsbeginn und Pensionierung vierzig Jahre ansetzt, wünscht jeder

zweite sich volle zwanzig Lebensjahre mehr. Vergebliche
Wünsche, verschwendete Energie: Niemand kann ihnen
diese Jahre geben. Mehr Lebenszeit ist nicht vorhanden!

Ohne Tabellen, Diagramme und Codezeichen

Dieses Buch ist kein weiterer Ratgeber für streßgeplagte
Manager, in dem es von Tabellen und Graphiken, Fragebogen, Pfeilen, Formeln und Diagrammen wimmelt. Davon
gibt es schon genug. Und wer weiß, ob alle diese Protokolle,
Ratschläge, Modelle wirklich hilfreich sind und nützlich –
und nicht viel eher abschreckend und frustrierend? Wer
weiß, wie lange ein normaler Mensch es durchhält, seinen
Tagesablauf auf die Viertelstunde genau zu planen und festzuhalten, alle Eintragungen noch mit Unterteilungen und
Codezeichen zu versehen und sich an seinen Plan zu halten?
Natürlich ist eine gewisse Teilkontrolle nötig, und wir werden darüber noch Genaueres hören. Aber man kann nicht
gegen die Zeitnot angehen, indem man sich zum Zeitsklaven
macht.

Dies soll ein Buch für jede und jeden sein: auch für die
junge Mutter, die noch halbtags arbeitet, für den Besitzer
eines Gemüsegeschäfts, die Buchhändlerin, den Studenten
im Prüfungsstreß, den Zahnarzt... Mehr Zeit braucht jeder.

Langeweile: der Sturz ins schwarze Loch

Zwei Psychologen der Technischen Universität München
haben kürzlich die Zeiterscheinung »Langeweile« erforscht.
Bei ihren Befragungen ergab sich, daß jeder zweite Deutsche
chronisch darunter leidet.

Langeweile und Hektik sind, das sagten wir vorhin, zwei Erscheinungsformen ein und desselben Phänomens. Viele kennen das aus eigener Erfahrung: Wenn der Streß nachläßt, fällt man in ein tiefes schwarzes Loch. Da sind die Sonntagnachmittage, für die man sich vorgenommen hatte, einmal »überhaupt nichts« zu tun, sich nur auszuruhen. Keine Verabredung, kein Besuch. Dann ist es soweit, und es fällt einem die Decke auf den Kopf. Man wird unruhig, kribbelig. Gibt es nichts im Fernsehen? Oder denken Sie an die »Zeitlöcher«, die am Feierabend, am Wochenende, im Urlaub urplötzlich auftauchen und Sie angrinsen: zwischen Abendessen und Fernsehshow, zwischen Heimkehr vom Spaziergang und Essenszeit... Oder die Zeit im Wartezimmer des Zahnarztes; an keinem anderen Ort der Welt würden wohl die Menschen ein halbes Jahr alte Illustrierte oder medizinische Zeitschriften lesen. Dies sind die halben, die ganzen Stunden, in denen wir uns langweilen. In denen wir auch unwiederbringliche Lebenszeit verlieren – vor allem dann, wenn wir uns darüber ärgern!

Die Ursachen für die Langeweile sind im Grunde leicht zu erkennen: Wir befinden uns in einer Lage, deren Dauer nicht wir, sondern Fremde bestimmen (der Zahnarzt oder der TV-Programmdirektor etwa). Die Möglichkeit, selbst Abhilfe zu schaffen, scheint uns verbaut.

Und noch etwas kommt hinzu, wodurch sich Langeweile ergibt: Wir erhalten während dieser Zeit keine Informationen, die uns interessieren. (Es sei denn, Sie hätten in der vergilbten Illustrierten eine saftige Klatschgeschichte gefunden, die Ihnen neu war. Aber dann ist ja auch die Langeweile wie weggeblasen.)

Ins schwarze Loch der Langeweile – die oft in wirkliche Depression übergehen kann – fallen diejenigen, die es gewöhnt sind, nur auf Reize ihrer Umwelt zu reagieren. Am Arbeitsplatz, im Auto, vor dem Fernseher.

Deshalb ist es wichtig zu lernen, wie man diese gähnend leeren Lücken gescheit und aktiv ausfüllt. Denn zum bewußten Umgang mit der Zeit gehört auch, die andere Seite der Hektik, eben die Langeweile, zu beherrschen. Wir werden darüber in diesem Buch noch sprechen. (Um eine Antwort schon vorwegzunehmen: Zeitlöcher eignen sich hervorragend für Routinearbeiten.)

Langeweile war übrigens eines der brennendsten Probleme an den aufgeblähten Fürstenhöfen vor der Französischen Revolution: Die Schönen im Reifrock und ihre Kavaliere hatten mehr oder weniger keine andere Aufgabe als dekoratives Nichtstun und waren wahre Meister im Zeittotschlagen. Sie füllten die kostbare Lebenszeit mit allen möglichen Manövern, damit sie nur vorüberging. So erfanden sie außer Schäferspielchen unter anderem auch die »Patience«, die ich – Kartenliebhaber mögen es mir verzeihen – immer als besonders dumme Form des Zeit»vertreibs« – schreckliches Wort! – angesehen habe.

Die alten Griechen waren da schon weiter: Zeitvergeudung nannten sie »Wein ins Meer schütten«.

Dieses Buch will Ihnen helfen, daß kein Tropfen Ihres kostbarsten Weins, Ihres Lebens, verlorengeht. Eben: Ökologie der Zeit betreiben. Sparsamer Umgang mit der Zeit soll aber nicht etwa die wahre, köstliche Muße einschränken. Denn wir brauchen auch das Nichtstun, ebenso wie das Arbeiten. Denn Muße, Nachdenken, schlicht faul sein, bewußt langsam leben, ja träumen, das gehört zum menschlichen Wohlbefinden. Und es ist vielleicht nichts so erschreckend wie der Anblick von Spitzenpolitikern, die von einem Termin zum nächsten jagen, so daß man sich betroffen fragt, wann sie denn einmal Zeit finden, um nachzudenken – zu unser aller Wohl. Früher einmal habe ich Politiker und Wirtschaftsbosse bewundert, die Termine auf ein Jahr im voraus vergeben. Heute bedaure ich sie – und uns.

Ich hörte einmal von amerikanischen Fischern den Satz:
»Es gibt eine Zeit zum Fischen und eine Zeit, die Netze zu
trocknen.« Denn wenn die Netze immer beansprucht, nie
getrocknet, nie geflickt werden, taugen sie bald nicht mehr
zum Fischen.

Jetzt aber wollen wir damit beginnen, unsere Netze mit
einem reichen Fang zu füllen. Weil wir erfahren werden,
woher wir die Zeit dazu nehmen.

Zweites Kapitel

Schnellkurs für Zeitgeschädigte

Sie sollen gleich hier und auf der Stelle lernen, wie man Zeit spart. Dieses Kapitel ist ein Schnellkurs für Menschen, die nicht mehr ein noch aus wissen, weil ihnen alles über den Kopf wächst; die gelähmt sind vor atemloser Zeitnot. Für Menschen mit Zeitmangel und in Zeitpanik.

Natürlich ist es, wenn man sich mit dem Thema »Zeit« befaßt, interessant zu erfahren, daß man das Problem Zeitnot eigentlich nur in der westlichen (und heute in Japan) Hemisphäre kennt, und das auch erst seit rund fünfhundert Jahren. Es ist auch faszinierend zu wissen, daß unser moderner Begriff der stetig in eine Zukunft fortschreitenden Zeit nicht von den frühen Chinesen (wie sonst so vieles), den alten Ägyptern oder Babyloniern stammt – sondern erst aus der jüdischen Religion. Und sicherlich ist es fesselnd zu lesen, daß die Physiker seit ALBERT EINSTEIN wissen: Die Zeit vergeht nicht überall auf der Erde und nicht überall im Universum gleich schnell!

Zeit für das Leben

Aber Sie haben dieses Buch bestimmt nicht deswegen gekauft, um solche Dinge zu lernen, sondern weil Sie ein Mensch sind, der keine Zeit hat. Und weil Sie wissen möchten, ob und wie man diesen auf die Dauer krank machenden, mitunter sogar lebensgefährlichen Zustand ändern kann.

Wir werden über all diese Fakten, die ich eben angeschnitten habe, später mehr erfahren. Und zwar immer und ausschließlich aus dem Grund, daß wir auch aus ihnen etwas Wertvolles für uns lernen können.

Aber zunächst einmal steht unser »Crashkurs« für Zeitgeschädigte an! Dabei müssen Sie sich nur noch über eines klarwerden: Zeit gewinnen bedeutet Verzicht auf ein gewisses Maß an Freiheit!

Sie haben nur die eine Wahl – aber sie sollte Ihnen sehr leichtfallen, weil der Gewinn so verlockend ist: Sie können entweder wie bisher hilflos, rettungslos im Zeitstrudel treiben, angesichts des Berges der sich vor Ihnen (wie lange schon?) auftürmenden Aufgaben verzagen, können wie ein Roboter schuften und nicht an Feierabend, Wochenende und Urlaub denken – um dann erschöpft festzustellen, daß Sie wieder das meiste Wichtige nicht geschafft haben.

Oder aber: Sie gehen souverän mit Ihrer Zeit um, erledigen alles, was von Bedeutung ist – und haben noch Zeit genug übrig für sich selbst und für Ihre Familie, Ihre Freunde, kurz: für das Leben und seine positiven Aspekte.

Die Freiheit, um die Sie sich selbst bewußt bringen müssen, ist nur jene des In-den-Tag-hinein-Lebens, des unorganisierten Sich-treiben-Lassens. Sie mögen es bis zu dem Punkt, an dem Sie zusammenbrechen (oder gefeuert werden), wirklich Freiheit nennen, wenn Sie ohne Zaum und Zügel umhergaloppieren. (Übrigens haben auch wilde Pferde, etwa die berühmten Schimmel der Camargue, und überhaupt alle Wildtiere ihre festen Wege und Reviere). Denken Sie um! Dafür gewinnen Sie Zeit, in der nicht die noch zu erledigenden Dinge das Gewissen plagen...

Disziplin ist keine Zwangsjacke

Das Gegenstück zu dieser Freiheit, die Sie eines Tages ins Chaos führt, heißt Selbstdisziplin.

Nur wenn Sie sich selbst mit Überlegung – nein, nicht einmal an Zaum und Zügel – an die Leine legen, dann werden Sie Meister Ihrer Zeit werden. Sie werden Zeit für alles Wichtige haben. Denn darauf liegt die Betonung: für das Wesentliche, für das Wichtige! Disziplin ist keine Zwangsjacke, sondern eine Schwimmweste im Zeitstrom. »Sein Tagesablauf war sehr diszipliniert, einfach und verlief immer gleich«, schrieb KATJA MANN über ihren Lebenspartner – und welche großartige Lebensleistung hat THOMAS MANN aufzuweisen!

Hier also die zehn Punkte unseres Schnellkurses. Noch eines zuvor: Bevor Sie sich mit diesen Nothelfer-Ratschlägen befassen – machen Sie eine Pause. Werden Sie ruhig, sortieren Sie Ihre Gedanken. Legen Sie Streß und Hetze ab. Nur aus einer ruhigen Standposition können Sie dann in die Zeitbewältigung hineinspringen; das ist wie beim Sport.

1. Sie selbst sind der größte »Zeitfresser«.
Sie brauchen sich nur einmal und immer wieder selbst zu beobachten, um zu erfahren: Es sind nicht vorwiegend die anderen – die Kollegen, die Vorgesetzten, die klatschenden Nachbarn –, es ist nicht Ihre Sekretärin, nicht Ihr Hochschulassistent, nicht Ihre trödelige Verkäuferin (je nach den Gegebenheiten), die Ihre Zeit »fressen«. Klopfen Sie sich an die eigene Brust! Amerikanische Untersuchungen haben eindeutig belegt: Sie sind es, der/die unorganisiert, unüberlegt bis chaotisch vorgeht.

Lassen Sie es bei dieser Feststellung einstweilen bewenden. Wir kommen – wie bei allen anderen Punkten unseres Intensivkurses – später ausführlicher darauf zurück. Hier nur soviel: Bevor Sie auf irgend jemand anderen schimpfen und ihm die Schuld an Ihrer chronischen Zeitnot geben – schauen Sie lieber zuerst mal in den Spiegel!

2. Nehmen Sie sich nicht zuviel vor!

Die Schweizer Psychologin REGULA SCHRÄDER-NAEF präsentiert ein treffendes Beispiel. Wenn man, so schreibt sie, einem Kind sagte: »Bis Samstag mußt du dich mit hundert Rechenaufgaben, zwanzig Lesebuchseiten, zwei Diktaten, einem Aufsatz, der Geographie der Nordsee, der Sintflut usw. usw. befassen und außerdem noch zwei neue Lieder lernen, Sport treiben und Zeit für Handarbeiten und Zeichnen finden« – dann würde dieses Kind sich wohl voller Panik vor dem scheinbar unüberwindlichen Hindernis die Bettdecke über den Kopf ziehen und gleich zu Hause bleiben wollen. Erst die Einteilung in Tage und Stunden macht das Pensum erträglich.

Ein anderes Beispiel ist das Motto der Anonymen Alkoholiker. (Übrigens hat die dramatisch zunehmende Alkohol- und Drogensucht erheblich mit der Zeit zu tun.) Bei den AA sagt man jedem neuen Mitglied: »Nimm dir nicht vor, dein ganzes Leben lang nicht mehr zu trinken. Dies ist ein so gewaltiges Unterfangen, daß kaum jemand vermag, es zu realisieren. Sage dir vielmehr immer nur, daß du vierundzwanzig Stunden lang keinen Alkohol trinken willst.«

Die Botschaft ist eindeutig. Zerlegen Sie alles, was vor Ihnen liegt und bewältigt werden muß, in Tagesportionen, meinetwegen sogar in Halbtagsrationen. So verlieren Sie die Angst vor dem Anfangen.

3. Bereiten Sie sich vor!

Diese Regel scheint auf den ersten Blick selbstverständlich. Trotzdem zeigt die Erfahrung, daß sich viele Menschen in ihren Arbeitstag oder in einzelne Aufgaben stürzen wie mit einem Hechtsprung vom Zehnmeterbrett. Ihr Motto lautet: Augen zu und durch – irgendwie wird's schon klappen. Weit gefehlt: Es geht mit großer Sicherheit nicht gut! Eine Faustregel besagt, daß zehn Minuten morgendlicher Vorbereitung auf den Tag (egal, womit er ausgefüllt werden soll) nicht weniger als zwei Stunden täglich einsparen können!

So habe ich mit der Vorbereitung zu diesem Buch mehr Zeit verbracht – mit Lektüre, vielen Gesprächen, mit Nachdenken und Konzipieren bis in immer kleinere Details – als mit der Niederschrift. Ich weiß also, wovon ich spreche.

4. Setzen Sie Prioritäten!

Nicht jeder Ihrer Tätigkeiten kommt die gleiche Bedeutung zu. Im Gegenteil: Wenn Sie während der Vorbereitungsphase einmal kritisch vor Ihrem inneren Auge Revue passieren lassen, was Sie eigentlich alles tun wollten, wird Ihnen auffallen, was wirklich wichtig ist, was weniger – und was vielleicht überhaupt nicht. Seien Sie streng mit sich selbst und mit den Aufgaben. Der amerikanische Unternehmensberater PETER DRUCKER hat das einmal so formuliert: Fragen Sie sich vor jeder Arbeit, was wohl passiert, wenn Sie sie überhaupt nicht tun. Wenn als Antwort »nichts« herauskommt (und Sie werden erstaunt sein, in wie vielen Fällen das so ist), dann weg damit in den Papierkorb. Gestrichen und vergessen. Bei Ihrem finanziellen Budget setzen Sie doch auch Prioritäten (die Miete kommt vor dem modischen Schnickschnack) – oder nicht?

5. Das Wichtigste zuerst!

Dies scheint wiederum eine Binsenweisheit zu sein, ist es aber ganz und gar nicht. Verwechseln Sie nie das *Dringlichste* (womit Ihr Chef, Ihre Sekretärin, Ihr Kunde Ihnen in den Ohren liegt, es müsse schnell erledigt werden) mit dem *Wichtigsten*. Der ehemalige US-Präsident DWIGHT D. EISENHOWER, dem als Oberkommandierenden die alliierte Invasion der Normandie mit Hunderttausenden von Soldaten und Tausenden von Einzelaktionen oblag, hat diesbezüglich äußerst wirksame Regeln aufgestellt, die heute noch

seinen Namen tragen; mehr darüber später. Und bei dieser
Gelegenheit: Nehmen Sie sich nicht nur das Wichtigste
zuerst vor, sondern auch das Unangenehmste! Ihr Tag gewinnt viel mehr Schwung, wenn Sie das Unangenehme erst
einmal hinter sich gebracht haben, anstatt es vor sich herzu-
schieben.

6. Schätzen Sie die Dauer richtig ein!
Beobachtungen und Befragungen haben ergeben, daß die
meisten Menschen die Dauer von Tätigkeitsabläufen nicht
richtig im voraus abschätzen können (übrigens auch im
Rückblick nicht – diese Erfahrung machen beispielsweise
Kriminalbeamte und Richter im Zusammenhang mit Zeu-
genaussagen). Das trifft ganz besonders auf Routinearbeiten
zu. Fragen Sie sich doch einmal – wenn Sie weiblichen
Geschlechts sind –, wieviel Zeit Sie für das morgendliche
Make-up brauchen, und vergleichen Sie diese dann mit der
Uhr; Sie werden verblüfft sein, daß in Wirklichkeit die doppelte Zeit dabei herauskam. Männern geht es mit dem Rasie-
ren genauso. Wer aber schlecht vorausschätzen kann (egal,
um welche Tätigkeit es sich handelt), der kommt ins Schleudern – oder muß permanent Überstunden in Kauf nehmen.
Lernen Sie also aus der Erfahrung, und rechnen Sie im
Zweifelsfall lieber eine gute Spanne Zeit dazu.

7. Programmieren Sie sich!
Dies gehört zu den modernen Trainingsmethoden im Wett-
kampfsport: daß beispielsweise Skiläufer oder Rennfahrer
sich die von ihnen zu bewältigende Strecke einprägen –
wann kommt eine Kurve und wie scharf ist sie, wo gibt es
eine Bodenwelle – und diese vor dem Startsignal in Gedanken noch einmal genauestens absolvieren, bevor es tatsächlich losgeht. Solchermaßen konzentriert können Sie die
Strecke mit hoher Geschwindigkeit »wie im Traum« fahren,

das heißt ohne verzögerndes Nachdenken über den Strek-
kenverlauf *während* des Rennens. Genau dies sollten Sie
auch tun: Konzentrieren Sie sich, bevor Sie Ihre Tätigkeit
beginnen, auf den gesamten Ablauf, lassen Sie ihn vor Ihrem
inneren Auge vorüberziehen. Und Sie werden effizienter
und schneller arbeiten.

8. Gleich anfangen!

Beobachten Sie sich: Trödeln Sie vor Arbeitsbeginn noch
herum, plaudern Sie mit dem Nachbarn, nähen Sie (als
Hausfrau oder Junggeselle) erst noch rasch einen Knopf an?
Die vor Ihnen liegende Aufgabe sofort anzupacken, ver-
schafft Ihnen nicht nur einen Zeitvorsprung, sondern ver-
leiht Ihnen auch Konzentration, die Ihnen wiederum hilft,
schnell zu erledigen, was getan werden soll. Denn wenn Sie
sich zuerst mit Nebensachen beschäftigen, kommen leicht
auch die alltäglichen Ablenkungen auf Sie zu – und Sie beginnen zu »schwimmen«. Ich kannte einen Autor, der, bevor er
sich an seinen Roman setzte, das ganze Familiensilber putzte
– Ausdruck einer unkonzentrierten Zögerlichkeit in einem
besonders zeitraubenden Fall. Vormittags anzufangen klappt
nach Untersuchungen von Psychologen besser als später am
Tag.

9. Bleiben Sie am Ball!

Wenn es irgendwie geht, beschäftigen Sie sich in einer gegebenen Zeit – das kann eine Stunde, es kann auch ein halber
Tag sein – nur mit ein und demselben Gegenstand. Untersuchungen haben gezeigt, daß jeder Neuanfang Zeit und Kraft
zur geistigen Umstellung kostet. Sicher wissen Sie aus eigener Erfahrung, daß es mutlos, ja sogar depressiv stimmt,
wenn man innerlich atemlos von einer Aufgabe zur anderen
überwechselt. Dazu kommt leicht das Gefühl auf, gehetzt
zu sein und nichts fertigzubringen – und dann geht schon

gar nichts mehr. Und noch etwas: Versuchen Sie, diese eine Tätigkeit dann auch abzuschließen! Das ist rationeller und schafft innere Befriedigung. Ein Restaurant, in dem der Koch Suppe, Steak und Kartoffelpüree immer wieder kalt werden läßt und neu aufwärmt, werden Sie wohl unter Protest verlassen; Ihr Gehirn reagiert genauso.

10. Lernen Sie, nein zu sagen!
Da Sie, wie wir schon sagten, Ihr eigener größter Zeitdieb sind, müssen Sie sich überlegen, wie dem Übel beizukommen ist. Die vorstehenden Regeln geben wertvolle Hinweise. Aber die hier behandelte Regel ist die wichtigste von allen: nein sagen zu können. Nein, wenn man Ihre kostbare Lebenszeit ungerechtfertigt – sei es beruflich oder privat – in Anspruch nehmen will. Wenn Sie bisher allzuhäufig das Problem der Zeitnot hatten – andernfalls würden Sie dieses Buch nicht lesen –, dann haben Sie bestimmt zu oft ja gesagt: Ja zu einer Aufgabe, die eigentlich gar nicht in Ihren Bereich gehört. Zu Arbeiten, die man sich angewöhnt hat, auf Sie abzuwälzen, weil Sie ja zu gutmütig (gleich dumm) oder zu eitel sind, um sie abzulehnen. Ja zu einem Gespräch oder Telefonat, bei dem Ihnen eine gute Freundin ausführlich all ihre Miseren ausmalt, ohne daß Sie ihr helfen könnten. Ja zu einer Party, die Sie eigentlich überhaupt nicht interessiert. Seien Sie hart, sagen Sie nein!

Das war noch nicht alles

Ich bin davon überzeugt, daß eine strikte Befolgung dieser zehn Regeln Ihnen bereits hilft, eine Menge Ihres kostbaren Guts, Ihrer Lebenszeit, einzusparen. Aber natürlich ist das noch nicht alles, was Sie wissen müssen. Sie sollten nicht denken, daß Sie nun nicht mehr weiterzulesen brauchen.

Das wäre nicht nur schade um das Geld, was Sie für dieses Buch ausgegeben haben, sondern auch schade um Sie und Ihr zukünftiges Leben.

Denn dieser »Crashkurs« zum Zeitsparen war gewissermaßen nur der Notverband für Zeitgeschädigte, eine erste Maßnahme, um den Blutverlust zu stoppen. Jetzt müssen wir darangehen, eine solide Schiene anzulegen, die Ihnen in Ihrem weiteren Leben Halt und Stütze im Umgang mit der Zeit gibt.

Ich möchte gern, daß Sie noch weit mehr erfahren. Beispielsweise, daß Sie bewußter auswählen sollten, was Sie lesen und was Sie sich im Fernsehen anschauen; wir werden ausführlich darüber sprechen, wie Sie das anfangen können – und welche Zeitspannen Sie auf solche Weise einsparen, ohne nun gleich befürchten zu müssen, weniger gut informiert zu sein. Wir werden davon reden, wie Sie einem der größten Zeitfresser, nämlich den Besprechungen und Konferenzen, den Giftzahn ziehen – da gibt es unerhörte Zeitgewinne zu machen.

Und schließlich möchte ich Ihnen Tips geben, wie Sie es anstellen, mehr Zeitkapital aus Ihrer Freizeit zu schlagen. Denn klingt es nicht verrückt und eigentlich völlig unverständlich, daß sich unsere sogenannte Wochenarbeitszeit zwar in den letzten hundert Jahren auf weniger als die Hälfte verringert hat, daß wir aber zugleich immer weniger Zeit haben? Nun, das ist in Wirklichkeit durchaus zu verstehen – und wir werden sehen, warum es so ist und wie wir dem abhelfen können.

Was den Menschen vom Tier unterscheidet

Glücklicherweise sind wir in der Lage, uns bewußt und vernünftig mit dem Problem des Zeitsparens zu beschäftigen. Denn der Mensch ist das einzige Lebewesen, das in der Zeit vorwärts- und zurückblicken kann.

Versuche mit Tieren haben ergeben, daß Ratten, Mäuse, Meerschweinchen und Affen nur über ein außerordentlich begrenztes Gedächtnis verfügen. Wenn man vor den Versuchstieren Leckerbissen unter einem von mehreren umgedrehten Töpfen verbirgt, vermögen sich kleine Affen noch anderthalb Minuten später (aber nicht länger) daran zu erinnern, unter welchem Topf etwas liegt. Ratten behalten das sogar, wie der amerikanische Zoologe SAMUEL GOUDSMIT herausfand, nur dreißig Sekunden lang im Gedächtnis.

Ebenso kann kein Tier, im Gegensatz zu uns, im Hinblick auf die Zukunft planen. (Diese Fähigkeit ist sicher einer der Hauptgründe dafür, daß wir Menschen uns bis zu unserem heutigen Stand von Kultur und Zivilisation entwickelt haben.) Zwar benutzen beispielsweise Schimpansen einen Stock, um mit diesem Ameisen als Delikatesse aus ihrem Hügel herauszustochern oder eine mit normalen Mitteln nicht erreichbare Banane herunterzuholen. Aber dies sind immer nur Augenblicksleistungen. Kein Affe legt sich eine Werkzeugsammlung an. Dagegen haben Archäologen Lagerstellen von Urmenschen mit großen Vorräten an Feuersteingeräten ausgegraben.

Gehen wir also mit unserer Zeit – und das bedeutet: mit unserer Zukunft – überlegt um. Wir Menschen können das!

Drittes Kapitel

Schärfen Sie Ihr Zeitbewußtsein!

Als ich begann, mich mit der Problematik der Zeitnot zu beschäftigen, machte ich mehrere bedeutsame Erfahrungen. Sie zeigten mir, daß sich durch das Befassen mit Zeit und Zeitmangel mein Zeitbewußtsein geschärft hatte: Ich bemerkte »Zeitdiebe«, die mir zuvor nicht aufgefallen waren. Ich war gewissermaßen aus einem trancegleichen, zeit-losen Zustand erwacht. Heute denke ich dabei an die Worte der prominenten Psychologin Professor ELISABETH MÜLLER-LUCKMANN, die mir einmal sagte: »Ohne Bewußtseinsschärfung geht es nicht, man kann nicht einfach so in den Tag hineindösen!«

Deshalb fordere ich Sie, meine Leserinnen und Leser, auf, Ihr Bewußtsein auf den Faktor »Zeit« in Ihrem Leben zu konzentrieren – an jedem Tag. Sie müssen sich darüber klarwerden, daß Sie »ständig im Kampf mit der Zeit liegen, die Sie besiegen müssen«, wie es Frau Müller-Luckmann ausdrückt. Sie sagt weiter: »Die Zeit hat etwas von einem Feind, mit dem man kämpfen muß. Sie rinnt uns unweigerlich weg, kein Augenblick kommt jemals zurück!«

Aber bitte keinen Krampf

Dazu lassen Sie mich aber gleich sagen, daß Sie nun dem Phänomen »Zeit« nicht verkrampft und verbissen gegenübertreten sollten. Gehen Sie es vielmehr mit der inneren Ruhe und Gelassenheit an, die sich dann einstellt, wenn man über einen Gegner (und sei es eben die Zeit) Bescheid

weiß, seine Angriffspunkte kennt und sich darüber im klaren
ist, wie man ihn seinerseits attackiert – oder, oft noch besser,
ihn sich zum Verbündeten macht. Um das zu lernen, lesen Sie
ja dieses Buch.

Zurück zu meinen Aha-Erlebnissen (wobei die Ihrigen, die
sich bestimmt bald einstellen werden, natürlich ganz anders
ausfallen können):

Ich bemerkte auf einmal, daß mich die gründliche Lektüre
meiner Tageszeitung Tag für Tag über eine Stunde Zeit
kostete. Dabei dachte ich an einen amerikanischen Zeitkriti-
ker, der – vielleicht überspitzt – formuliert hat: »Was nicht
wert ist, mehr als einmal gelesen zu werden, ist nicht wert,
überhaupt gelesen zu werden!«

Und mir fiel auf, daß ich mich immer öfter nach Fernsehsendungen fragte: »Mußtest du das nun sehen, was hat es
dir gegeben?« Mein kritischer Verstand in Sachen »Zeit«
war erwacht.

Die Antworten – auf die wir später genauer eingehen
werden, weil sie Allgemeingültigkeit haben und auch Ihnen
dienen können – lauteten für meine Beispiele: erstens *selektiv* lesen und fernsehen, also sehr wählerisch und überlegt
konsumieren, und zweitens: *die Lesegeschwindigkeit steigern.* (Beim Fernsehen kann man dieses zweite Rezept
natürlich nicht anwenden – *noch* nicht, denn es sind Versuche im Gange, aus dem gesprochenen und übertragenen
Wort winzige Elemente herauszufiltern, damit die Rede
rascher abläuft.)

In diesem dritten Kapitel aber geht es mir um etwas
anderes: prinzipiell Ihr Zeitbewußtsein zu prägen. Ihnen vor
Augen zu führen, *warum* wir keine Zeit mehr haben. Denn
nur ein Leiden, das man diagnostizieren kann, läßt sich auch
heilen. Das ist im Fall von Zeitnot nicht anders als bei der
Erkältung.

Warum wir keine Zeit mehr haben

Fünf Gründe lassen sich aufzählen dafür, warum trotz des
modernen Tempos – mit dem die Computer zur Nano-
sekunde (das ist eine Milliardstel Sekunde und uns Menschen
nicht mehr vorstellbar) vorstoßen, bei dem wir mit der
»Concorde« zu einem Zweieinhalbstundenflug über den Atlantik starten und drei Stunden Ortszeit früher ankommen,
als wir abgeflogen sind, bei dem schließlich ein Räuspern am
Telefon in Tokio eine Fünftelsekunde später in Tauberbi-
schofsheim zu hören ist – warum also bei aller rasenden Zeit-
verkürzung unsere Zeit selbst immer schneller zu rasen
scheint.

Erstens: Es gibt gehirnphysiologische Gründe dafür, daß
manche Menschen sehr gut mit ihrer Zeit umgehen können,
während andere kein Zeitgefühl haben; manche ohne den
Blick auf die Uhr auf fünf Minuten genau sagen können,
wie spät es ist, während andere wiederum völlig »schwimmen«. Die Gehirnforschung steht bei der Beschäftigung mit
dieser Erscheinung noch ziemlich am Anfang. Erst wenn
mehr Ergebnisse vorliegen, wird sich herausstellen, ob und
wie unser Zeitgefühl auf diesem Wege verbessert werden
kann.

So ist es eine allgemeine Erfahrung vor Gericht, daß viele
Zeugen und Angeklagte beispielsweise nicht wissen, in wel-
chem Jahr sie geheiratet haben, oder sie machen sich (da
das Lebensalter in vollen Jahren angegeben werden soll) im
Vorgriff älter: Sie verfügen über kein inneres Verhältnis zu
Zeitstadien sogar des eigenen Lebens.

Was die Forschung angeht, wissen wir jetzt schon, daß
die Zeitwahrnehmungen in der linken Gehirnhälfte lokali-
siert sind, also in derjenigen der beiden Hirnpartien, in der
rationales Überlegen, Denken, Planen zu Hause sind. (Die

rechte ist dagegen für Gefühle, Phantasie, Assoziationen zuständig.)

Die Gehirnforscher haben auch anhand ausgeklügelter Experimente herausgefunden, daß die Wahrnehmung »Jetzt« drei Sekunden dauert. Diese »Dreisekundenfotos« werden zum Eindruck »Gegenwart« oder »Vergangenheit« wie Schnappschüsse im Fotoalbum in unserem Hirn aneinandergereiht. Wir wissen auch, daß für alle Sinnesorgane – Sehen, Hören, Tasten – gleichermaßen mindestens drei hundertstel Sekunden vergehen müssen, um den Eindruck »nacheinander« statt »gleichzeitig« entstehen zu lassen.

Jeder empfindet Zeit anders

Diese Zeiten, die das Organ Gehirn setzt, sind für alle Menschen gleich. Jetzt beginnen aber die Unterschiede: Subjektiv, für jeden verschieden sind die Empfindungen, wie lange etwa eine Stunde dauert. Das hängt sowohl vom Lebensalter ab als auch davon, wie viele Eindrücke mit welcher Geschwindigkeit, Intensität und mit welchem Gefühlswert besetzt auf uns einstürmen. Eine bis zum Platzen ausgefüllte Stunde erleben wir als sehr kurz – freilich im *Rückblick* als besonders lang. Und umgekehrt ist es genauso: Was uns gegenwärtig langweilt, wird in der Erinnerung kurz. Die Wissenschaftler nennen dies das »subjektive Zeitparadox«.

Mit anderen Worten, die wir aus der Computersprache entnehmen: Je mehr »Input« das Gehirn eines Menschen erhält, desto knapper empfindet er die ablaufende Zeit.

Und es ist ja klar, daß wir enorm viel mehr mit Informationen »versorgt« werden als je nur eine halbe Generation vor uns: von den Nachrichten in allen Medien über die Musikberieselung im Kaufhaus, die Werbung, die Begegnung mit zahlreichen Menschen (es wird geschätzt, daß jeder von uns tausend andere Leute kennt!), die Ausflüge und Reisen (real oder virtuell), das riesige Warenangebot bis hin zu Kino und Bühne und Video und Tonband… Vom weltumspannenden Internet mit seiner nicht faßbaren Menge an Informationsmöglichkeiten ganz zu schweigen!

Hiermit wollen wir das Thema »Gehirn und sein Input« verlassen und uns den nächsten Grund für die rasende Zeit vornehmen:

Zweitens: Wir erleben mehr menschliche Interaktion als je eine Generation vor uns. Damit meine ich das überaus enge Geflecht von gegenseitigen Abhängigkeiten, besonders in unseren Städten und in der Wirtschaft. In früheren Jahrhunderten und heute noch auf dem Land (wenn es noch nicht von Touristen okkupiert ist, die ihre Hektik mitbringen) gab und gibt es weit weniger menschliche Begegnungen und weniger Aufeinandereinwirken.

Der menschliche Ameisenhaufen

Wir brauchen hier nicht einmal das Beispiel der modernen Industrie anzuführen, wo jede Zulieferung für ein kompliziertes Produkt (beispielsweise ein Auto) auf die Sekunde genau erfolgen muß. Um Kosten für große Lagerhallen und -halden einzusparen, zwingen die Großbetriebe die Lieferanten ihrer tausenderlei verschiedenen Einzelteile, ihre Lastwagen so lange herumfahren zu lassen, bis der Augenblick für die Abladerampe gekommen ist. Dieses System heißt »just-in-time«, genau zur richtigen Zeit.

Das gleiche gilt für moderne Bauwerke wie beispielsweise den dreiundsechzig Stockwerke hohen »Messeturm« in Frankfurt oder bei der »Großbaustelle Berlin«: Netzpläne mit Tausenden sich überkreuzender und verknotender Arbeiten, die pünktlichst fertig sein müssen, werden erstellt und angewandt.

Einem extraterrestrischen Besucher, der sich in einer fliegenden Untertasse unserem Planeten nähert, müssen unsere Städte und Industrieanlagen bei Betrachtung von oben vorkommen wie überaus raffiniert organisierte Ameisenpopulationen. (Wobei die Frage auftaucht, ob Ameisen über ein Zeitgefühl verfügen. Die Antwort, die der bekannte Verhaltensforscher Professor IRENÄUS EIBL-EIBESFELDT mir gab, lautet: Sie haben es in der Tat! Sie besitzen eine »innere Uhr«, die sich nach der Sonne richtet. So »computerisieren« sie jede Veränderung des Einfallswinkels des Sonnenlichts und halten beispielsweise auf dem Rückweg von einer Verrichtung, wenn die Sonne inzwischen gewandert ist, die gleiche Richtung ein wie auf dem Hinweg.)

Griechen gehen langsamer

Aber wir brauchen, wie ich schon sagte, gar nicht in eine Autofabrik zu gehen, um zu erfahren, was von Sekundenpräzision abhängende »Interaktion« bedeutet. Sehen Sie sich an einem beliebigen Mittag in einem populären Restaurant um: Sie werden außer den besetzten viele Tische finden, auf denen ein Kärtchen steht, wie zum Beispiel: »Reserviert für Herrn P. – drei Personen – ab 13.30 Uhr«.

Wenn der Geschäftsführer oder der Kellner nett (und auf zusätzlichen Umsatz aus) ist, wird man Ihnen – da Sie um Viertel vor eins das Lokal betreten – erlauben, den Tisch zu benutzen, bis Herr P. mit seinen zwei Begleitungen erscheint.

Das heißt, Sie dürfen nicht genüßlich zwei Stunden lang schlemmen wie in einem französischen Landgasthof (selbst wenn Sie heute die Zeit dazu haben sollten), sondern müssen über Kalbsbraten, Weinglas und Serviette hinweg ständig Ihre Uhr und den Eingang im Auge behalten, ob Herr P. kommt. Es wird also kein geruhsames Essen, sondern

Grundstein für Magengeschwüre. Aber eben – ein absolut
gängiges Vorkommnis aus unseren Tagen.

Denken Sie auch einmal an Ihren Arztbesuch und Ihren
Friseurtermin: Wenn Sie dort nicht pünktlich sind, erleben
Sie wahrscheinlich ein bedauerndes Schulterzucken. Leider
ist schon »der Nächste« dran.

Solche »Interdependenzen«, solche gegenseitigen Abhängigkeiten auf dem Zeit-Fließband, lassen uns permanent darauf traben – ohne Gemächlichkeit, ohne innere und äußere
Ruhe. Versteckte Filmaufnahmen von Verhaltensforschern
haben gezeigt, daß sich Menschen in Stuttgart oder München, Wien oder Zürich doppelt so schnell durch die Straßen
bewegen wie die Bewohner eines griechischen Dorfes.

Tausend Begegnungen sind mehr als zehn

Es dürfte wohl klar sein, daß Begegnungen, welcher Art
auch immer, mit tausend Personen mehr Zeit in Anspruch
nehmen als mit den zehn, die man in einem Dorf kennt
und am Stammtisch trifft. Aber anders funktioniert eben
unsere moderne städtische Gesellschaft nicht.

Drittens: Zeitfalle Nummer drei ist mit Bestimmtheit unsere
westliche Lebensphilosophie des inneren Zwangs zum Aus-
nutzen von Zeit. Ein Kulturkritiker hat einmal festgestellt,
das Regiment der Uhr sei in den USA am tyrannischsten
verbreitet und fände höchstens noch seinesgleichen in
Norddeutschland und der Schweiz. Kein Wunder: Genau
in diesen Regionen herrscht der Protestantismus vor, und
zwar in seiner Ausprägung als Calvinismus und Puritanis-
mus. Diese Glaubensgemeinschaften sehen nämlich Zeitvergeudung als »erste und allerschwerste sämtlicher Sünden«
an. Muße und Genuß sind ihnen verdächtig bis verhaßt,
nur das Handeln ist gottgefällig. Auch wenn den Betroffe-

nen diese religiösen Wünsche gar nicht mehr bewußt sein mögen – sie prägen immer noch.

»Der Preiß hat die Wurst gefressen«

Der Eindruck kommt auf, daß etwa Schweizer und Norddeutsche nicht nur Äonen trennen vom Zeitgefühl der überwältigenden Mehrheit der Menschen: nämlich den fünfundsiebzig Prozent der Erdbevölkerung in der Dritten Welt, deren völlig andere Zeitregeln und Zeitempfindungen uns fremd, suspekt und rätselhaft erscheinen. Auch sind sie meilenweit entfernt vom Zeitdenken und -fühlen von rund dreizehn Prozent ihrer eigenen Landsleute, nämlich den Kindern bis zu zwölf Jahren, die ihr eigenes und vom unseren gänzlich verschiedenes Zeitgefühl haben.

Nein, die Grenzen mögen schon da verlaufen, wo die weiß-blauen Pfähle des Freistaats Bayern stehen. Die fröhlich-barocker Lebensfreude und tolerantem Katholizismus hingegebenen Bayern kennen sechsundzwanzig Feiertage im Jahr – und begehen sie auch freudig; die Schweizer haben nur ganze fünf. Wir, die wir uns nicht zu diesem glücklichen Volk zählen, sondern »Zuag'roaste« und hier Geduldete sind, die wir auch außerhalb Bayerns und gar im Landesnorden oder bei den Eidgenossen leben – wir sind die wahren Zeitfetischisten. Ich denke da auch an die rührend-selbsterkennerische bayerische Redensart: »Bevor daß i Wurscht g'sagt hab', hat's der Preiß schon g'fressen.«

Übrigens hat der schiffbrüchige Seemann Robinson Crusoe in DEFOES berühmtem Roman ganz in der protestantischen Tradition gehandelt. Obwohl ihm auf seiner Südseeinsel die Stunden des Tages eigentlich ziemlich gleichgültig sein konnten, schuf er sich mit Hilfe eines geretteten Sextanten eine präzise Tageseinteilung: »Jeden Morgen werde ich zwei oder drei Stunden mit dem Gewehr hinausziehen.

Danach ist Arbeitszeit etwa bis elf, anschließend Mittagessen. Von zwölf bis vierzehn Uhr wird geschlafen, danach wieder Arbeitszeit bis zum Abend.« Keine Spur von dolce far niente. Robinson war eben Schotte.

Viertens: Dieser Punkt in unserer Untersuchung, *warum* wir keine Zeit haben (und was man davon profitieren kann), spricht die Tatsache an, daß wir den Umgang mit der Zeit nie gelernt haben. Obwohl beispielsweise Frau MÜLLER-LUCKMANN zu Recht sagt: »Was wir physiologisch mitbringen, ist minimal. Das meiste [zur Zeitbewältigung] ist soziales Lernen.« Aber niemand bringt eben unseren Kindern, so wie wir Eltern es auch niemals gelernt haben, den vernünftigen Umgang mit der Zeit bei. Das scheint mir ein Schulfach zu sein, das ebenso fehlt wie etwa jene, die den Umgang mit Geld, mit der Liebe, mit der Umwelt zum Thema haben ...
Sicher wäre es gut, diesen Fächern Platz einzuräumen – möglicherweise auf Kosten der unsäglichen Häduer und Allobroger, die keiner mehr kennt und für die sich auch niemand interessiert, die aber immer noch durch die vergilbten Seiten von CÄSARS »Gallischem Krieg« geistern.

Fünftens: Ein geradezu dramatisches Kapitel zum Thema »Zeitnot« hat der schwedische Wirtschaftswissenschaftler STAFFAN B. LINDER schon 1970 in einem zum Klassiker gewordenen Buch verfaßt. Er entdeckte damals als einer der ersten, daß nicht nur Ware, sondern auch Zeit gewissermaßen ein Konsumgut ist und daß, je mehr Dinge wir uns wünschen und wir uns diese auch leisten können, desto weniger Zeit dafür zur Verfügung steht: Konsumieren, Genießen, Hobbys fressen unsäglich viel Zeit.
Angesichts wachsenden Wohlstands schrieb er damals, daß uns auch ganze Säcke voll Kaffee nichts nutzen, wenn wir nicht die Zeit finden, auch nur eine Tasse Kaffee zu

trinken. Diejenigen, die das »Linder-Axiom« weitergedacht haben, gehen sogar so weit zu sagen, man solle Gebrauchsartikel lieber wegwerfen als pflegen und reparieren, um Zeit zu sparen. Linders Einsicht, daß »wirtschaftliches Wachstum zunehmende Zeitknappheit bedingt«, erscheint mir dermaßen wichtig und birgt ein so großes Spektrum an Möglichkeiten, wie sich tatsächlich im allgemeinen gedankenlos und scheinbar unumgänglich verplemperte Zeit sparen läßt, daß ich ihr ein eigenes Kapitel, das sechzehnte, reserviere.

Und was lernen wir daraus?

Ich habe Sie jetzt mit einem Instrumentarium versehen, mit dem Sie wie an einem Schleifstein Ihr Zeitbewußtsein schärfen können. Ds wird – je nach den einzelnen Punkten eins bis fünf – unterschiedliche Folgen haben, verschiedene Möglichkeiten bieten.

Mir war bei diesem Exkurs sehr daran gelegen, Ihnen einmal das Panorama der diversen Zeitfresser vorzuführen. Wenn Sie das Kapitel aufmerksam gelesen haben, werden Ihnen schon hier und da Ideen gekommen sein, wie Sie davon profitieren können. Wichtiger aber ist – und zwar so wichtig, daß ich es hier zum Kapitelschluß noch einmal festhalte: Dies war ein Kurs zur Förderung Ihres *Zeitbewußtseins*. Wenn Sie erkennen – und nur dann –, warum Sie keine Zeit haben, kann es Abhilfe geben.

Dieses Gegensteuern im Detail, das nur dann Wirkung zeigt, wenn Sie zuvor zeitbewußt geworden sind, schildere ich in den kommenden Kapiteln.

Viertes Kapitel

Lassen Sie sich Zeit!

In einem der vielen amerikanischen Zeitsparbücher für
Manager las ich die folgenden Sätze, die ich, wie ich gleich
sagen möchte, schrecklich und geradezu abwegig finde:
»Man arbeitet nicht, um zu leben, sondern man lebt, um
zu arbeiten. Hier findet man das Sprungbrett zum Verständ-
nis der Freizeit. Wenn die Arbeit in sich wertvoll ist, wenn
man lebt, um zu arbeiten, und in der Arbeit Erfüllung findet,
dann gewinnt die Freizeit einen Selbstzweck. Sie wird zu
einem Mittel der Selbsterneuerung, der Wiederbelebung
unserer Energien und Fähigkeiten für die freudige Verfol-
gung dessen, wofür wir uns am besten eignen.«
Also Freizeit nur als Mittel, die Batterien wieder aufzula-
den, um sich erneut auf die Arbeit zu stürzen? Freizeit ohne
eigenen Wert?

»Workaholic« ist amerikanisch

Natürlich drückt dieses Zitat aus einem – übrigens als Stan-
dardwerk geltenden – »Time-management«-Führer jene
puritanische Arbeitsbesessenheit (»nur das Handeln ist
gottgefällig«) aus, von der schon die Rede war. Wir haben
es hier mit der vollendeten Ausprägung eines Glaubens,
eines Lebensgefühls zu tun, das uns Europäer und die Amerikaner viel weiter trennt, als der Atlantik breit ist. Es hat
seinen guten Grund, daß das Wort »Workaholic« für einen
Arbeitsbesessenen (entsprechend »Alcoholic« für einen
Alkoholsüchtigen) amerikanischen Ursprungs ist und selbst

die höchstbezahlten Spitzenmanager in den USA nur mit zwei Wochen Jahresurlaub rechnen können – und das völlig richtig finden. Für sie gehen wir in Europa geradezu frivol mit unserer Zeit und unserem Leben um.

An dieser Stelle möchte ich nun darauf hinweisen, daß wir zwei Arten von »Freizeit« unterscheiden müssen. Hier führt uns das amerikanische Zitat unmittelbar zu etwas für uns überaus Wichtigem und Nützlichem:

Die eine Art der Freizeit ist die Lebenszeit, in der wir – eben im Gegensatz zum Geist jenes amerikanischen Buches – bewußt und guten Gewissens »frei« sind für uns selbst, unsere Familie, unsere Freunde. Wo wir entspannen, spazierengehen oder Sport treiben, lesen, träumen ...

So litt beispielsweise die Münchner Zeitberaterin ILSE PLATTNER, die aus den Erkenntnissen ihrer Doktorarbeit über das Zeitbewußtsein einen Beruf machte, in ihrer hektischen Studienzeit unter der Horrorvorstellung, sie könnte bei einer Begegnung mit ihrem Hollywood-Traummann TOM CRUISE nicht die Zeit finden, mit ihm eine Tasse Kaffee zu trinken. Jetzt hätte sie Zeit und ein reines Gewissen dabei ... (Aber hat sie Tom Cruise?)

Die andere Art der »Freizeit« jedoch hat einen unmittelbaren Bezug zum vernünftigen Umgang mit der Zeit, hier vor allem der Arbeitszeit. Ich meine die im wahrsten Sinne des Wortes schöpferischen Pausen. Ebendiese Unterbrechungen gehören unbedingt zur Arbeit, sind Mittel unseres Zeitmanagements. Der Inhalt dieses Kapitels unseres Buches könnte umschrieben werden mit »nichts tun ist nicht gleich Nichtstun«. Oder einfach mit dem alten Sprichwort »Eile mit Weile«. Das Kapitel steht zu Recht hier an diesem Platz, bevor wir dann (nach einem notwendigen kleinen Diskurs darüber, was »Zeit« eigentlich ist) zu den mehr technischen Details des Zeitsparens kommen.

Die »goldene Stunde«

Halten Sie einmal inne! Lassen Sie sich Zeit!
Gleich zu Beginn: Machen Sie sich das zur Gewohnheit,
was Zeitmanagementberater zuweilen die »goldene Stunde«
nennen. Nämlich eine ruhige Stunde (es darf auch ein kürzerer Zeitraum sein), in der Sie sich jeden Morgen gedanklich
auf Ihre Tagesarbeit vorbereiten. Allein!
Weder macht es Sinn, sich sofort wie ein Berserker auf
sein Tagespensum zu stürzen, noch ist es vernünftig, zuerst
mit dem Kollegen oder der Nachbarin über die Tagesneuigkeiten beziehungsweise die jüngsten Sportergebnisse zu
plaudern. Vielmehr: Bleiben Sie mit sich allein und lassen
Sie Ihre Gedanken – völlig dem kommenden Tag gewidmet – schweifen. Überlegen Sie, *was* Sie *wie* in Angriff nehmen. Und Sie werden erstaunt sein, wie viele gute und
nützliche Ideen Ihnen einfallen. (Dies ist kein Widerspruch
zu Punkt acht unseres »Crashkurses«, der besagt, daß Sie
sich gleich mit dem Tagespensum befassen sollen!)
Natürlich haben es einerseits Freiberufler, Studenten,
Hausfrauen und zum anderen leitende Angestellte oder
Beamte leichter, so souverän über ihre Zeit zu verfügen.
Aber auch wenn Sie im Büro in einem engen Zeitkorsett
stecken, ist dieser Ratschlag nicht unrealistisch: Nehmen
Sie sich Ihre schöpferische Denkpause nach dem Frühstück
zu Hause! Stehen Sie notfalls dafür zwanzig Minuten früher
auf – es lohnt sich!
Ich habe mir als Teetrinker angewöhnt, nach dem Frühstück genüßlich eine Extratasse zu konsumieren und dabei
meine Gedanken wandern zu lassen. Und es überrascht mich
selbst immer wieder, wie viele gute Ideen für den vor mir liegenden Arbeitstag mir solchermaßen zufliegen.
Das ist auch gehirnphysiologisch zu erklären: Forschungen an der Medizinischen Fakultät der Universität von

Colorado, USA, und im dortigen Biofeedback-Institut haben ergeben, daß bei großer Entspanntheit die normalerweise dominierende linke (also die logische) Gehirnhälfte zurücktritt und nun der eher intuitiven, emotionalen rechten Hälfte das Feld überläßt.

Pause muß sein

CLAUDE C. HOPKINS war Werbechef großer amerikanischer Konzerne – und mehr als das: Er gilt als der Begründer der modernen Werbung überhaupt (die man zu seiner Zeit, in den ersten Jahrzehnten dieses Jahrhunderts, noch »Reklame« nannte und ihn deren »König«, ohne dabei zu übertreiben). Es hat mir immer imponiert, daß dieser Mann, der in enormem Streß stand, der von früh bis spätabends am Schreibtisch saß und geniale Werbestrategien entwickelte, sich täglich eine Stunde Zeit nahm, um über seinen Tag (und auch über sein Leben, seine Lebensplanung) nachzudenken. Wenn also ein Mann wie Claude Hopkins dazu die Zeit fand, dann haben Sie sie auch!

Eine solche schöpferische Pause wird ganz besonders erforderlich, wenn Sie Gefahr laufen, an zu erledigenden Dingen zu ersticken, vor Zeitnot nicht mehr ein noch aus wissen – kurz: wenn Sie unseren Schnellkurs für Zeitgeschädigte (siehe Seite 16 ff.) brauchen. Bevor Sie die zehn Punkte dieses Programms absolvieren, lassen Sie sich Zeit! Legen Sie eine Verschnaufpause ein. Behalten Sie die Ruhe. Atmen Sie tief durch. Jetzt hat alles Pause – bevor es dann organisiert, systematisch und zeitsparend losgeht.

Uralte innerliche Zeitmesser

Ganz generell, in jeder Lebenslage und für jedermann aber gilt: Gönnen Sie sich auch *zwischendurch* Pausen! Und zwar alle anderthalb Stunden – notfalls auch schon früher. Als Regel prägen Sie sich bitte unbedingt ein: Nach äußerstenfalls drei Stunden *muß* eine Pause gemacht werden. Sie verschleißen sonst Ihre körperliche, geistige und seelische Substanz!

Den Grund dafür hat eine relativ junge Wissenschaft herausgefunden, die sich »Chronobiologie« nennt. Sie erforscht die geheimnisvollen Rhythmen, nach denen alles Leben – von Pflanzen, Tieren und eben auch von uns Menschen – unentrinnbar verläuft. Margeriten, Molche wie Menschen leben nach solchen grundlegenden, uralten innerlichen Zeitmessern. Die Forscher können bisher nur von der Vermutung ausgehen, daß sie seit Vorzeiten in unseren Genen angelegt sind, um unser Überleben zu sichern.

Dieses überaus komplizierte System von »eingebauten« Schrittmachern reguliert alles in und an uns: von Blutdruck und Körpertemperatur bis hin zu Verhaltensweisen und Stimmungen. Sie lassen uns Hunger und Durst, Drang zu schlafen oder Lust auf die Liebe verspüren. Sie veranlassen, daß wir glücklich oder krankheitsanfällig sind. Alles in uns schwingt im Rhythmus – der Sekundenbruchteile, Minuten, eine bestimmte Zahl von Stunden, Tagen, Wochen, Monaten oder Jahren dauern kann. (Tiere und Pflanzen leben nach anderen Takten.)

Die Wissenschaft der Chronobiologie sollte nicht mit den Erkenntnissen über den Biorhythmus verwechselt werden. Der Unterschied zwischen beiden ist so groß wie zwischen Astrologie und Astronomie, das heißt zwischen meßbaren, beweisbaren Fakten und Vermutungen, Deutungen. Sie wird heute schon an großen Universitäten und medizinischen Zentren der ganzen Welt gelehrt; Chronobiologen arbeiten unter anderem für die amerikanische Weltraumbehörde NASA. (Wer mehr über dieses faszinierende Wissensgebiet erfahren möchte, dem empfehle ich das Buch von SUSAN PERRY und JIM DAWSON: »*Chronobiologie – die innere Uhr Ihres Körpers. Entdecken und nutzen Sie den eigenen Rhythmus!*«, Ariston Verlag, Kreuzlingen/München.)

Unterbrechungen im Neunzigminutentakt

Die Chronobiologen haben nun herausgefunden, daß es im menschlichen Körper neben vielen anderen einen grundlegenden Ruhe-Aktivitäts-Rhythmus gibt, der etwa neunzig Minuten dauert. Im wachen Zustand nimmt unsere Konzentrationsfähigkeit alle anderthalb Stunden ab, und unsere Bereitschaft zu Tagträumen wächst. Vielleicht kommt aus diesem Grund der beobachtete Neunzigminutentakt zustande, in dem die Neigung größer wird, etwas zu essen oder sich eine Zigarette anzuzünden. Der gleiche Rhythmus beherrscht auch unseren Schlaf. Ungefähr alle anderthalb Stunden träumen wir.

Die Ursache dieses Takts ist noch unbekannt. Die Wissenschaftler nehmen an, daß er dazu dient, uns an die fällige Erholung zu erinnern. Denn wenn schon keine Maschine ununterbrochen auf Hochtouren laufen kann, vermag es unser Organismus erst recht nicht.

Damit ist wissenschaftlich die unbedingte Notwendigkeit von Unterbrechungen in unserem Arbeitsrhythmus bewiesen: Körper, Geist, Seele verlangen alle neunzig Minuten nach ihnen. Es ist interessant, daß sich dieser Pausentakt auf sechzig Minuten – oder noch weniger – verringert, wenn wir unter Streß stehen. Daher lautet meine Aufforderung: Nach spätestens drei Stunden (zweimal neunzig oder drei-

mal sechzig Minuten) muß vorerst einmal Schluß sein. Für
zehn Minuten, maximal eine Viertelstunde – das genügt als
Pause.

Die Seele muß nachkommen

Vielleicht wundert es Sie, daß in einem Buch über den
Umgang mit der Zeit nicht Hetze, nicht Tempo angeraten
werden, sondern im Gegenteil schon ziemlich weit vorn auf
die Wichtigkeit des Pausenmachens und des Ausruhens hin-
gewiesen wird. Aber gerade darum, nämlich um das ent-
spannte, lockere, eben nicht gesundheitsschädigende Verhältnis zur Zeit, geht es ja. Sie sollen gelassen mit Ihrer
täglichen und Ihrer Lebenszeit umgehen, so daß Sie die
Tausende von Tagen, die Sie vermutlich noch vor sich haben,
fröhlich und bei bester Gesundheit verbringen können.

Der Schweizer Verleger EMIL OESCH, einer der Pioniere
des Zeitmanagements, berichtet von einem europäischen
Forschungsreisenden auf einer Expedition durch den süd-
amerikanischen Urwald. Er erlebte eines Morgens, daß sich
seine Indioträger nicht dazu bewegen ließen, ihr Nachtlager
zu verlassen, das Gepäck aufzunehmen und weiterzumar-
schieren. Sie blieben einfach hocken. Auf die Vorwürfe des
Forschers antwortete ihr Anführer: »Ihr weißen Männer
seid in so großer Hast vorwärtsgeeilt, daß unsere Seelen
nicht nachgekommen sind. Jetzt müssen wir warten, bis sie
uns wieder eingeholt haben.«

Um eine solche Erfahrung zu machen und ihre tiefe Wahrheit zu erkennen, muß man gar nicht bis nach Südamerika
reisen. Ein Bekannter von mir berichtet, daß er einmal genau
das gleiche Erlebnis hatte wie die Indios – nach einer Fahrt
in einem Sportwagen mit Spitzengeschwindigkeiten von
zweihundert Stundenkilometern: über dreihundert Kilome-

ter in hundert Minuten. Er war dem unter Autofahrern weitverbreiteten Irrtum verfallen, daß man schnell fahren müsse, um eher zum Zeitpunkt des Entspannens zu gelangen.

Der Denkfehler liegt darin, daß die Notwendigkeit der Entspannung um so größer wird, je schneller man fährt; deshalb ist gerade im Sinne des Zeitsparens das Rasen auf der Autobahn kontraproduktiv. (Mein Freund brauchte seinerzeit am Ziel seiner Hetztour eine volle Stunde, um sich »wiederzufinden« – genauso, wie die Indios sich von ihren Seelen »einholen lassen« mußten.)

Als HELMUT SCHMIDT Bundeskanzler war, kam er oft erst nach Mitternacht nach Hause. Er fühlte sich dann häufig zu müde, um mit seiner Frau noch zur Entspannung Schach zu spielen. Aber das Entspannen mußte sein. Deshalb forderte er seine Frau LOKI dann zum – wie er es nannte – »Idiotenspiel« auf, einem ganz simplen Kartenspiel. Auch er brauchte diese Frist an Zeit, um gewissermaßen seiner Seele aus dem Bundeskanzleramt das »Nachkommen« zu ermöglichen.

Ich glaube, daß Ihnen jetzt die Vernünftigkeit der Entspannungspausen einleuchtet. Nur mit ihnen werden Sie Herr in Ihrem Zeit-Haus.

Fünftes Kapitel

Was ist das eigentlich – Zeit?

Daß ich eine derartige Frage überhaupt diskutierten möchte, bedeutet – dessen dürfen Sie sicher sein – beileibe keine Zeitverschwendung für Sie. Im Gegenteil: Diese kurze Betrachtung wird Ihnen großen praktischen Nutzen bringen. Warum? Schließlich wollen wir über das Phänomen, das uns so quält, Bescheid wissen – nur dann können wir besser damit umgehen.

Es wird sich zeigen, daß Zeit etwas von uns Menschen Geschaffenes ist. Ohne uns – so lautet zumindest eine moderne Anschauung, die ich mir zu eigen gemacht habe – würde sie gar nicht existieren.

Wenn Sie mir für einen Augenblick die Abschweifung in die Philosophie nachsehen: Der französische Schriftsteller HENRI QUEFFÉLEC hat einmal die kühne These aufgestellt, daß »Gott die Menschen braucht« – zwar seien wir Menschen seine Geschöpfe, doch benötige er auch uns, um zu existieren. Das klingt schlüssig und verführerisch, und mir steht es nicht zu, ihren Gehalt zu prüfen oder zu diskutieren. Aber ich behaupte dies nun mit voller Überzeugung von der *Zeit*. Viele Denker der Gegenwart vertreten eine gleichlautende Meinung.

Wenn dies aber so ist, wenn wir die Zeit geschaffen haben und immer wieder neu entstehen lassen – was ich belegen werde –, dann brauchen Sie keine Angst vor ihr zu haben! Dann stellt Ihre Selbstbehauptung gegen sie keine furchterregende, eher aussichtslose Aufgabe für Titanen dar, sondern sie läßt sich mit ein wenig Wissen (das ich Ihnen in diesem Buch vermitteln will) bewältigen. Darin liegt also der Sinn dieses Kapitels: Es hat einen höchst praktischen und realistischen Gehalt.

Wie definieren Sie »Zeit«?

Ich möchte Sie auffordern, einmal mit Ihren Worten den Begriff von »Zeit« zu interpretieren zu versuchen. Sie werden sehen, daß das nicht nur gar nicht so einfach ist – es scheint fast unmöglich. Bei vielen schwierigen Begriffsschilderungen können wir, wenn uns die Worte fehlen, unsere Zuflucht zu Gesten nehmen. Stellen Sie sich nur vor, wie Sie beispielsweise einen so banalen Begriff wie »Wendeltreppe« erklären; führen Sie einmal das Experiment mit Ihren Freunden durch. Fast jeder wird mit der Hand eine Spirale in die Luft malen. Oder »Elefant«: Ich wette, daß Sie und Ihre Bekannten die Arme zu »riesig groß« ausbreiten. Habe ich recht?

Aber »Zeit«? Ich wage zu behaupten, daß Sie mit einiger Sicherheit weder Worte noch Gebärden finden werden, um dieses Phänomen zu erläutern. Jedoch sollte Ihnen das nichts weiter ausmachen. Denn in zweieinhalb Jahrtausenden abendländischer Geistesgeschichte – seit ARISTOTELES den nicht sehr befriedigenden Satz prägte: »Die Zeit ist die Zahl der Bewegung nach dem Früher oder Später« – besteht darüber, was denn nun »Zeit« ist, keine Einigkeit unter den bedeutendsten Denkern.

Die bekannteste und lange Zeit praktikabelste Definition ist diejenige, die der englische Physiker ISAAC NEWTON vor dreihundert Jahren fand: »Die absolute, wahre und mathematische Zeit fließt aufgrund ihrer eigenen Natur und aus sich selbst heraus ohne Beziehung zu etwas Äußerem gleichmäßig dahin.« Demzufolge wäre »Zeit« etwas, das außerhalb und ohne Einfluß von uns Menschen existiert.

Jedoch gelangte Newton bereits zu der Erkenntnis, daß
es gleichfalls eine »subjektive« Zeit gebe, also eine Zeit,
deren Ablauf von jedem Individuum anders erlebt wird. Er
hat auch zu ihr eine Definition geliefert, deren Wiedergabe
ich mir an dieser Stelle ersparen möchte. Denn darüber hat
es schon viele Debatten ohne Ende gegeben. Niederschrei-
ben will ich nur – weil sie griffig und witzig ist – die Erklärung des zeitgenössischen amerikanischen Physik-Nobel-
preisträgers RICHARD FEYNMAN: »Zeit ist, was passiert,
wenn sonst nichts passiert.«

Mit Einstein wurde alles anders

Die Newtonsche Erläuterung von »Zeit« blieb über die
Jahrhunderte hinweg das beste Werkzeug für alle, die mit
der Zeit zu tun hatten, und auch die herkömmliche Physik
greift bis zum heutigen Tag auf sie zurück. Aber in der
hochgestochenen modernen theoretischen Physik änderte
sich mit einem Schlag alles, als ALBERT EINSTEIN 1905 seine
»spezielle Relativitätstheorie« veröffentlichte.

Sie müssen jetzt nicht aufhören zu lesen und brauchen
auch keine Furcht zu haben, von mir etwa mit den Einzelheiten dieser berühmten Theorie behelligt zu werden. Nur
soviel gehört hierher, damit wir besser verstehen, was es
mit der Zeit auf sich hat: Einstein behauptete nämlich kühn
(und komplizierte Experimente scheinen inzwischen die
Richtigkeit bewiesen zu haben), daß die Zeit verschieden
schnell vergeht – je nachdem, mit welcher Geschwindigkeit
sich der Betrachter (der Mensch, das Auto, die Weltkugel)
im Verhältnis zu einem anderen bewegt. Hier erkennen Sie,
was »Relativitätstheorie« eigentlich bedeutet: daß auch die
scheinbar unverrückbare, laut NEWTON ja angeblich »absolute, wahre und mathematische Zeit« eben nur relativ ist.

Also abhängig – von der Bewegung. (Übrigens lautet Einsteins Theorie weiter, daß, gäbe es nur einen einzigen Körper im Weltall, für diesen überhaupt keine Zeit existierte, weil er sich nicht in Beziehung zu einem anderen Körper bewegen könnte.)

Genug der Theorie! Es genügt uns zu wissen, daß der Definition Newtons von »Zeit« ein empfindlicher Dämpfer verpaßt wurde. Heute vertreten viele Wissenschaftler eine andere Meinung als er. Sie gehen davon aus, daß Zeit *keine* Eigenschaft der Natur ist und sich auch im menschlichen Bewußtsein nicht von vornherein eingenistet hat! Sie existiert diesen Denkern zufolge überhaupt nicht »als solche«, sie sei vielmehr erst eine »Erfindung« der bürgerlichen Gesellschaft. Das versuchte ich zu Anfang dieses Kapitels auszudrücken: Die Zeit ist abhängig von uns.

Eine solche Erkenntnis hat viel für sich, vor allem die Logik der geschichtlichen Entwicklung.

Sehen wir uns einmal an, was es beispielsweise vor hundertfünfzig Jahren mit der Zeit auf sich hatte. Damals waren die meisten Europäer noch Bauern, und die Wahrscheinlichkeit spricht dafür, daß – hätten Sie und ich damals gelebt – auch wir es gewesen wären. Und unser Leben hätte sich, wie der französische Wirtschaftler und Buchautor Jean-Louis Servan-Schreiber feststellt, kaum von dem germanischer oder früher ägyptischer Bauern unterschieden: Unser Tagesablauf wäre wie der einer Katze allein von der Sonne gestaltet worden, und zwar nur sehr grob: aufstehen, arbeiten (aber geerntet wurde erst, wenn die Ähren reif waren; dies ließ sich in keiner Weise beschleunigen), essen, ausruhen, schlafen gehen ...

Dann aber erfolgte der dramatische Umschwung. Die bäuerlichen Menschen verließen ihre Heimat, um in einer Fabrik zu arbeiten. Plötzlich mußten sie zu einer bestimm-

ten festen Uhrzeit vor dem Werkstor stehen. Und da immer
mehr produziert werden sollte, mußte die Zeit permanent
in kleinere Portionen zerhackt werden – die Arbeitstakte,
nachdem HENRY FORD das Fließband erfunden hatte. Mittlerweile sind wir sogar darüber schon wieder hinaus: Die
»gleitende Arbeitszeit«, vor einem Vierteljahrhundert in
einem kleinen Ort im Schwarzwald erdacht und eingeführt,
hat heute weite Felder zumindest von Büroberufen erobert.
(Aber auch die »Gleitzeit«-Schreibtischarbeiter unterliegen
natürlich nach wie vor einem feinmaschigen Netz von tägli-
cher Zeiteinteilung, von der Abfahrt des Busses bis zur
»Tagesschau« am Abend.)

Da wir eben das Fernsehen erwähnt haben: Schon im
vorigen Jahrhundert wuchs die moderne Welt durch Eisen-
bahnen und Schiffe mit festen Fahrzeiten, später durch die
elektronischen Medien stetig zusammen. Und immer fester
wurde das Zeitnetz um die ganze Welt gezurrt. Heute erfolgt
die Messung der Weltzeit in den Millionstelsekunden, mit
denen die Elektronen eines Cäsiumatoms schwingen.

Wir werden immer schneller

o Im Mittelalter galt Nachtarbeit vielfach als Gottesfrevel.
  Heute leistet rund ein Fünftel aller Berufstätigen Nacht-
  und Schichtdienst.
o »Primitive« Kulturen kannten und kennen kaum Zu-
  kunftssicherung. Heute sind wir als Bevölkerung der Industriestaaten zumeist in Renten- und Lebensversicherungen
  eingebunden.
o Für unsere Vorfahren waren der menschliche Schritt und
  als dessen Steigerung das galoppierende Pferd und der ab-
  geschossene Pfeil das Schnellste, das sie kannten. Alles ging
  langsam. Heute leben wir atemlos: Wir essen bei McDo-

nald's oder Burger King, nach einer Illustriertenumfrage stellt für vierundachtzig Prozent aller Männer der »Quickie«, der Sex »auf die Schnelle«, den Gipfel aller erotischen Wünsche dar, und die Zeitansage der Post ist die am häufigsten benutzte Telefondurchsage, siebenundachtzigmillionenmal im Jahr angewählt.

Übrigens möchte ich Kritikern, die dieses »Immer schneller« verdammen, doch entgegenhalten, daß in der ökonomischen Nutzung der Zeit das Geheimnis unseres wirtschaftlichen Erfolgs liegt. Er hängt von der Leistung ab, und diese hat sogar physikalisch einen engen Bezug zur Zeit: Die diesbezügliche Formel heißt »Leistung gleich Arbeit pro Zeiteinheit«.

Wir haben die Zeit gemacht!

Warum ich dies alles berichtet habe, dürfte wohl auf der Hand liegen: Wie ich schon eingangs dieses Kapitels sagte, ist mit alledem sicher hinlänglich bewiesen, daß *wir Menschen* die Zeit machen. Daß sie von uns abhängt. Archaische Kulturen kennen überhaupt keine vorwärtsschreitende Zeit – für sie bewegt sich alles in einem großen Kreislauf des Werdens und Vergehens und der unendlichen Wiederkehr. Erst wir modernen Menschen haben das geschaffen, was wir heute »Zeit« nennen.

Daher also noch einmal: keine Angst vor der Zeit, keine Furcht, sie nicht in den Griff zu bekommen. Sie (und alles, was in ihr geschieht) ist ja unser Geschöpf! Uns von ihr beherrschen zu lassen macht absolut keinen Sinn, würde eine Umkehrung der natürlichen Ordnung bedeuten.

Sie sind auch jetzt noch skeptisch? Bitte lesen Sie noch etwas weiter. Ich werde Ihnen mit anderen Argumenten

beweisen, daß Zeit relativ – also manipulierbar, beherrsch-
bar – ist.

Ein Jahr mit neunhundert Tagen

Als Stromatolite werden die Überreste von Bakterien und
Algen bezeichnet, die im Laufe von Jahrmilliarden verstei-
nert sind, aber ihre grünblaue Farbe beibehalten haben. Ihre
Ablagerung erfolgte in nur hauchdünnen, nur Bruchteile
von Millimetern starken Schichten. Diese Stromatolite sind
etwas Aufregendes: Reste der ältesten Lebewesen überhaupt, die jemals unsere Erde besiedelten. Und sie vermitteln den Wissenschaftlern heute faszinierende Erkenntnisse
über die Frühzeit der Welt.

Denn wie an dickeren und dünneren Baumringen läßt
sich an ihren Überlagerungen das Schicksal unseres Planeten
ablesen, nahezu Jahr für Jahr, je nach Maß und Struktur.
Die bisher ältesten Stromatolite, die im US-Bundesstaat
Wisconsin und in der südafrikanischen Provinz Transvaal
gefunden wurden, stammen aus der Urzeit der Erde: Sie
sind zwei bis zuweilen drei Milliarden Jahre alt. (Unser
Planet selbst wird auf etwa viereinhalb Milliarden Jahre seit
seiner Entstehung geschätzt, und das menschliche Leben
darauf nur auf eine winzige Spanne von zwei Millionen
Jahren, also den zweitausendsten Teil.)

Das Erregendste an diesen versteinerten Frühformen des
Lebens aber dürfte folgende Tatsache sein, die man auch
von ihnen ablesen kann: Zu ihrer Zeit dauerte ein Jahr rund
neunhundert Tage!

Das heißt, daß die Erde sich damals viel schneller um ihre
Achse drehte als heute. In unserer Zeit rotiert sie, während
sie einmal um das Zentralgestirn kreist, dreihundertfünf-
undsechzigmal, die eben das heutige Jahr ausmachen. Zur

Zeit der Stromatolite drehte sie sich viel schneller, die Tage waren kürzer.

Und eine andere Tendenz setzt sich, wie die Experten der Physikalisch-Technischen Bundesanstalt in Braunschweig herausgefunden haben, ebenfalls bis in unsere Zeit fort. Die Erde dreht sich nicht nur weniger schnell, sie bewegt sich auch immer langsamer um die Sonne. Die »Atomuhr«, die als eine von dreien auf der Welt die Zeit am genauesten mißt, steht in einem mit Kupfer ausgeschlagenen, fensterlosen Raum. Und sie mußte seit 1972 immer wieder einmal zu Neujahr um eine Sekunde zurückgestellt werden – die betreffenden Jahre waren also um eine Sekunde länger. Denken Sie nicht, daß eine solch kleine Zeitdifferenz nichts ausmacht.

Im Gegenteil. Wenn unsere Erde ihren Lauf um die Sonne jährlich um diese Sekunde verzögert, macht das in den nächsten hundert Jahren etwa anderthalb Minuten aus. Das bedeutet, daß es nicht nur immer weniger Tage im Jahr gibt, sondern auch die Jahre länger werden.

Unser wichtigster Zeitmesser geht falsch

Nun beruht aber fast unser ganzes Zeitmeßsystem auf der Bewegung der Erde um sich selbst und um die Sonne. Ein Jahr macht eine Umlaufbahn aus. Und ein Tag heißt: Der Erdball dreht sich einmal um sich selbst. Die Monate gehen auf die wechselnde Anziehungskraft des Mondes zurück, die auch die Gezeiten steigen und fallen und die Erdkruste sich bis zu vierzig Zentimeter aufwölben und wieder zurücksinken läßt. Der Wochenrhythmus schließlich ist offenbar von vielen körperlichen Takten wie Herzschlag, Blutdruck und Temperatur bestimmt und tief in uns verwurzelt: Sowohl die französischen Jakobiner als auch die Sowjets versuchten nach dem Sieg der Revolution in ihren Ländern, eine »vernünftige« Zehntagewoche einzuführen, mußten aber scheitern, weil die Menschen mit der Umstellung nicht zurechtkamen.

Wenn nun aber unsere Erde »falsch geht« und unsere menschliche Konstruktion, nach ihr die Uhren zu stellen, sich als Trug erweist – heißt das nicht, daß wir mit eben-dieser Zeit machen können, was wir wollen? Ich denke, schon. In uns selbst müssen wir das Maß finden und schaf-fen. Wir können es.

Das Bier fließt nicht ins Glas zurück

Noch eine kurze Bemerkung zu unserem modernen Zeitge-fühl. Es ist nicht selbstverständlich, daß wir »die Zeit« als etwas Vorwärtsgerichtetes, in eine Zukunft Voranschreiten-des erleben. (Nur so sind etwa Teilzahlungskäufe oder das Kreditkartensystem möglich!) In früheren Kulturen oder in Entwicklungsländern wäre es etwa – machen Sie sich das Umwälzende bitte einmal klar – unmöglich gewesen bezie-hungsweise ist heute noch unvorstellbar, daß ein DARWIN seine Abstammungslehre entwickelte: von primitiven tieri-schen Anfängen über immer höhere Formen bis zu den Primaten und schließlich zum Menschen. Denn das bedeutet ja, daß man von einer Vorwärtsentwicklung ausgeht statt einem ewigen Kreislauf! Das gleiche gilt für KARL MARX' fragwürdige Voraussagen.

(In der Wissenschaft bezeichnet man dieses unumkehrbar auf die Zukunft gerichtete Fortschreiten als »physikalischen Zeitpfeil«: Die Ereignisse entwickeln sich immer nur in einer Richtung fort – beispielsweise fließt das Bier nicht wieder aus dem Mund ins Glas, die zu Boden gefallene und zerschellte Tasse setzt sich nicht wieder zusammen und schwebt nicht auf den Tisch zurück, aber auch etwa das zerstrahlte, zerfallene Atom bildet sich nicht neu. Auf diese Weise, und das ist einer der Hauptsätze in der Physik, nimmt die Unordnung, das Chaos in der Welt in geschlossenen Systemen, beständig zu.)

Mit Jehova fing alles an

Wenn Sie gelegentlich Karten spielen, dann haben Sie dabei gewissermaßen die Zeit in der Hand. Hätten Sie gedacht, daß unsere französischen Spielkarten die moderne Fassung eines Kalenders aus dem alten Ägypten sind: nämlich – so erklären Wissenschaftler – Reproduktionen eines in zweiundfünfzig handliche Teile geschnittenen Papyrusstreifens, auf dem die gleiche Anzahl der altägyptischen Wochen zu sieben Tagen niedergeschrieben war?

Die vier Kartenzeichen stammen direkt oder auf Umwegen von Symbolen der Pharaonenzeit für Wasser, Erde, Luft und Feuer und zugleich eben für die Wochen ab. Der Wechsel von Schwarz und Rot soll allein zur besseren Übersichtlichkeit auf dem Papyrus aufgetragen worden sein, die Doppelansichten entsprechen Tag und Nacht – und da zweiundfünfzig Wochen zu je sieben Tagen erst dreihundertvierundsechzig Tage ergeben, das Jahr aber, wie auch den alten Ägyptern schon wohlbekannt war, 365 Tage hat, kam noch eine Karte dazu: der Joker.

Die Geschichte der Zeiteinteilung ist lang. Sie beginnt mit einer Unterscheidung in Mondjahre und Mondmonate im alten Babylon, wo das Nachtgestirn der Hauptgott war. Auf diese Weise, so schreibt der Kulturhistoriker RUDOLF WENDORFF in einer faszinierenden Untersuchung, bekam die religiöse Weltschau »das beunruhigende Phänomen Zeit

gewissermaßen in den Griff«. So hatte es ein erstes Mal ein
Ende mit dem »In-den-Tag-hinein-Leben«.

Später bedienten sich Ägypter und Griechen der Hilfe
von Sonnenuhren, um eine feinere Einteilung auch noch
des Tages zu erhalten; ebenso wurde in Küstenbereichen an
den Gezeitenwechseln die Tageszeit bestimmt. Die Perser
verehrten einen mächtigen Zeitgott namens Zurvan. Und
über das Rom der Kaiserzeit schrieb der Komödiendichter
PLAUTUS: »Die ganze Stadt ist voller Uhren.«

Aber die Idee der fortschreitenden, nicht wiederkehrenden Zeit haben wir dem jüdischen Volk zu verdanken: Die
Israeliten glaubten an einen göttlichen Plan für die Zukunft,
den Jahwe (gleich Jehova) verfolge und der allen Ereignissen ihren Sinn gebe. Somit trat also erstmals eine propheti-
sche, zukunftsbezogene Religion in Erscheinung; die »Geschichte« war geboren. Und diese Weltanschauung wurde
vom Christentum übernommen, mit Fortschritten, Stok-
kungen und Rückschlägen bis zum heutigen Tag.

»Tempo« – erst seit hundert Jahren

Immer nachdrücklicher machte sich das Zeitbewußtsein
bemerkbar; 1820 wurden die Stoppuhr und die Stechuhr
erfunden. »Tempo« und »Rekord« sind auch erst Errungen-
schaften des 19. Jahrhunderts. Bis hin zum *Guinness-Buch
der Rekorde,* das erstmals 1955 erschien, bis hin zu Science-
fiction und Zukunftsforschung als wissenschaftlichem Fach
geht die immer rasantere Entwicklung.

Aber das alles gilt nur für unsere jüdisch-christlich ge-
prägte Weltreligion. Nur wir verfügen über ein derartig
ausgeprägtes Zeitbewußtsein (so daß der Wissenschafts-
publizist Professor HEINZ HABER sogar meinte, wir hätten
einen eigenen Sinn dafür, auch wenn er nicht als Organ im

Körper lokalisierbar sei). Anders sieht es etwa in Südamerika aus, wo der Indio »morgen« sagt und vielleicht vier Monate später kommt; in Afrika, in China und auch unter dem Gros der schwarzen Bevölkerung der USA, deren völlig verschiedene Zeiteinteilung mit C.P.T., »colored people's time«, bezeichnet wird. Ihnen allen ist gemeinsam: Sie sind nicht faul, verdorben, haltlos – sie leben einfach mit einem anderen Zeitgefühl, auf einer anderen »Zeitebene«.

Um dieses Zeitbewußtsein zu erleben, müssen wir aber gar nicht nach Übersee blicken. Es genügt ein Blick auf unsere eigenen Kinder. Er kann uns helfen, sie besser zu verstehen. Und auch, besser mit unserer eigenen Zeit umzugehen.

»*Gorbatschow ist uralt*«

Es geschah vor einiger Zeit auf dem Fernsehschirm. In FRITZ EGNERS wunderschöner Sendung »Dingsda« sollten zwei Knirpse einen Staatsmann beschreiben: MICHAIL GORBATSCHOW. Es fiel das Wort, »er ist sehr alt – uralt«. Und die Zahlen für das, was dem kleinen Mädchen und dem Jungen als »uralt« erschien, wurden gleich nachgereicht: »vierzig« … »sechzig« … »achtzig Jahre«.

Ein Zeichen dafür, daß Kinder eben in einem Zeitmeer treiben, dessen Ufer sie nicht kennen, weil sie diese noch nicht betreten haben. Ich erinnere mich an meine frühe Kindheit. Meine Urgroßmutter starb mit neunundachtzig Jahren. Für mich als Sechsjährigen bedeutete das ein unfaßliches Alter. Daraus ergab sich das Problem, wer denn diese Frau wirklich war, welche Beziehung sie wohl zu mir, ich zu ihr hätte.

Man nimmt an, daß ein Kind höchstens acht Jahre alt sein

muß, um die Uhr ablesen zu können, aber zwölf Lebensjahre braucht, um das System »Zeit« mit seiner Einteilung in Vergangenheit, Gegenwart und Zukunft zu verstehen. Wir alle, die wir Kinder haben, kennen die Auseinandersetzungen mit ihnen, wenn es um das Einhalten der von uns gesetzten Zeitmaße geht: »Trödel doch nicht so herum«; »Räum endlich dein Zimmer auf, und zwar schnell!«; »Bleib doch nicht schon wieder stehen!« Kinder vermögen uns da einfach nicht zu folgen – als sprächen wir eine fremde Sprache.

Sie begreifen nicht, warum irgend etwas möglichst schnell vonstatten gehen soll, da man doch alles – die Wanderung, das Aufräumen, das Anziehen und das Essen – zu einem herrlichen Spiel machen kann, in dem sich die ganze Umgebung vergessen läßt. Es ist an uns, den Erwachsenen, der kleinen, in sich geschlossenen anderen Welt unserer Kinder mit Ruhe und Geduld gegenüberzutreten, statt sie im bösen zu etwas zu zwingen, dessen Sinn sie gar nicht verstehen können.

Von den Kindern lernen

Aber auch uns täte es gut, von unseren Kindern ein wenig zu lernen. »Die Kinder können uns helfen, den Wechsel vom rationellen, leistungsorientierten Umgang mit der Zeit bei unserer Arbeit zum Abschalten und Genießenkönnen in der Freizeit zu vollziehen«, schreibt REGULA SCHRÄDER-NAEF zu Recht. Kinder empfinden Zeit eben »ökologisch«.

Ja, das Zeitbewußtsein ist auf der Welt denkbar unterschiedlich. Eine Stubenfliege, die nur ein paar Wochen lebt, erlebt die Dauer eines Flügelschwirrens sicher in einem anderen Zeitmaß als wir. Und ein Baum wiederum, der dreißig Jahre lang wächst, der seine Blätter allmählich entfaltet, sie zur Sonne wendet und seine Blüten sich öffnen läßt,

hat seinen eigenen Maßstab. »Ein jegliches hat seine Zeit«,
sagt der Prediger SALOMO. So ist es.

Aber Sie, die Buchleserin oder der Buchleser, wissen nun,
was es mit der kostbaren Lebenszeit, die noch vor Ihnen
steht, auf sich hat. Wir wollen uns im folgenden darum
bemühen, daß Sie aus ihr den höchsten Gewinn ziehen können. Beileibe nicht in erster Linie Geld, sondern in voller, bewußter, in arbeitsamer, aber auch reuelos genießender Fülle.

Sechstes Kapitel

Sie selbst sind Ihr größter Zeitkiller

Dies ist vielleicht das wichtigste Kapitel von allen in diesem Buch. Denn es befaßt sich direkt mit Ihnen, mit Ihrer Persönlichkeit – bis auf den Grund. Wobei Sie nun fragen können, was denn Ihre Person, Ihr Wesen, mit der Kunst des Zeithabens zu schaffen hat. Meine Antwort lautet kurz und bündig: »Alles!« Sie bestimmen, was aus Ihrer Zeit wird. Sie haben keine Zeit? Noch einmal: Fassen Sie sich an die eigene Nase!

Ob Sie gut oder schlecht mit Ihrer Zeit auskommen, ist nämlich eine Frage eben Ihrer Persönlichkeit, des Verhältnisses zu Ihrem eigenen Ich. Glauben Sie mir: Ihr Verhalten gegenüber Ihrer Zeit ist der klarste Spiegel Ihrer Person. »Der Umgang mit der Zeit ist auch Umgang mit dem eigenen Ich«, sagt die Psychologin MÜLLER-LUCKMANN. Alle Ihre Stärken und Schwächen werden davon reflektiert, wie Sie mit der Zeit auskommen.

Das läßt sich ganz einfach erklären:

Die Menge der vorhandenen Zeit ist für alle Menschen gleich, egal, ob sie weiß oder schwarz, arm oder reich, Deutscher oder Chinese, Wirtschaftsboß oder Arbeitsloser sind. Jeder verfügt über gleich viel; weshalb man sagen kann, daß die Zeit von allen Gütern der Welt das am demokratischsten verteilte darstellt. Aber die gewaltigen Unterschiede beginnen in diesem Moment. Nicht jeder geht gleich gut oder gleich schlecht mit seinem Geschenk um.

»Die Zeit beherrschen heißt sich selbst beherrschen!«

Zunächst liegt das an Zusammenhängen, die weniger in der eigenen Person begründet sind als in Gruppenmerkmalen:
Wissenschaftlern ist bekannt, daß die Art der Behandlung von Zeit bereits geprägt wird beispielsweise durch das soziale Milieu, den Bildungshintergrund, die regionalen und religiösen Überlieferungen; sie sprechen in diesem Zusammenhang von der »sozialen Zeit«. Der französische Soziologe GEORGES GURVITCH unterscheidet auf diese Weise acht verschiedene Typen von Zeit.

Aber das soll uns hier weit weniger interessieren als die verschiedenen *persönlichen* Ausprägungen der Zeitbehandlung. Ich behaupte (und mit mir nicht wenige Fachleute für das Zeitmanagement): Wer einen starken, ausgeformten, gereiften Charakter hat, wer mit sich selbst und seiner Umgebung gut zurechtkommt (in erster Linie mit sich selbst!), der hat auch mit seiner Zeit keine Probleme. JEAN-LOUIS SERVAN-SCHREIBER formuliert es so: »Die Zeit beherrschen heißt sich selbst beherrschen!« Wie wahr! Da wir schon davon gesprochen haben, wie naiv und ahnungslos Kinder im Zeitmeer umherpaddeln, kann man auch die Feststellung treffen, daß guter Umgang mit der Zeit als ein Meßpegel für das persönliche Erwachsensein gilt: er-wachsen aus der kindlichen Zeitlosigkeit hinaus ins verantwortungsvolle Erwachsenenleben.

Jetzt mag es Ihnen nicht mehr so seltsam vorkommen, wenn ich wiederhole, was ich schon sagte: »Sie selbst sind Ihr größter Zeitkiller.« Und das ist keine unbewiesene Behauptung. Sie wurde experimentell belegt!

Nicht die anderen sind schuld

Machen wir einen Test. Notieren Sie auf einem Blatt Papier Ihre nach Ihrer ehrlichen Meinung größten Zeitfresser. Unabhängig davon, in welcher beruflichen und Lebenssituation Sie sind – ich bin sicher, daß sich die Listen meiner Leserinnen und Leser ziemlich ähneln. Da wird stehen: Telefonate, Besucher (egal ob geschäftlich oder privat), Warten, Besprechungen, Papierkram ... alles Dinge also, für die Außenstehende die Verantwortung tragen.

Aber das ist eine optische Täuschung! Wenn Sie es wirklich ernst damit meinen, mehr Zeit für das Wesentliche zu gewinnen, dann loten Sie einmal tiefer aus. Und Sie werden feststellen, daß *Sie* fast immer verantwortlich sind.

Der renommierte amerikanische Unternehmensberater PETER F. DRUCKER hat einmal ein Experiment durchgeführt, dessen Ergebnis besser als jeder gesprochene oder geschriebene Satz beweist, was ich soeben sagte. Er stellte vierzig Managern eines bedeutenden Unternehmens die gleiche Aufgabe, die ich Ihnen soeben vorgeschlagen habe: eine Aufstellung der größten Zeitverschwender im täglichen Ablauf anzufertigen. Hier ist das Resultat. Als Gründe für Zeitverluste wurden angegeben:

1. Keine vollständigen Informationen für die Lösung von Schwierigkeiten
2. Mitarbeiter mit Problemen
3. Mangelnde Delegierung von Aufgaben durch Vorgesetzte
4. Telefongespräche
5. Routineaufgaben
6. Mittagessen
7. Diverse Unterbrechungen
8. Konferenzen
9. Keine Prioritätensetzung von oben

10. Krisensituationen
11. Beaufsichtigung von Mitarbeitern
12. Verpflichtungen außerhalb der Firma
13. Mangelhafte Kommunikation
14. Fehler durch Mitarbeiter

Nun machte Drucker etwas Hochinteressantes. Er hatte einen Film drehen lassen, dem er den Titel »Zeitmanagement« gab. Darin besuchte er einen (fiktiven) Unternehmer und ließ ihn bewußt alle Kardinalfehler begehen, die einem selbst im guten Umgang mit der Zeit unterlaufen können. Diesen Streifen führte er seinen vierzig Testpersonen vor. Und er ließ sie nach Ansehen des Films ihre Zeitsünden-Liste noch einmal überarbeiten.

Jetzt kamen auf einmal ganz andere Punkte zusammen; das Zeitbewußtsein der Manager war durch die Filmszenen geweckt worden, und sie faßten sich – wie ich Ihnen anfangs vorschlug – »an die eigenen Nasen«. So sah die zweite Aufstellung der Zeitfresser aus:

1. Versuche, zuviel auf einmal zu tun
2. Unrealistische Zeitvorausschätzung
3. Schlendrian
4. Mangelhafte Organisation
5. Mangelnde Fähigkeit zum Zuhören
6. Alles selbst erledigen wollen
7. Unfähigkeit, nein zu sagen
8. Weigerung, Arbeiten durch andere ausführen zu lassen
9. Übertragung von Aufgaben ohne gleichzeitige Delegation von Weisungsbefugnissen (siehe dazu achtzehntes Kapitel)
10. Ungezielte Verteilung der Aufgaben auf zu viele Schultern
11. Umgehung des (als gut befundenen) Dienstwegs
12. Überstürzte Entscheidungen

62 *Sie selbst sind Ihr größter Zeitkiller*

13. Abwälzen der Schuld auf andere
14. Erledigung firmenfremder Angelegenheiten (vor allem privater) während der Arbeitszeit

Sie sehen: Hier kristallisieren sich auf einmal *nur* Dinge heraus, die zu ändern im Ermessen des Befragten selbst gestanden hätten. Und der Fehler, »die Schuld an Zeitverlusten auf andere abzuwälzen«, wurde sogar als eigener Punkt 13 erkannt.

Lassen Sie mich gleich sagen, daß dieser Versuch von Peter Drucker nicht nur für Manager gilt! Es geht ja auch gar nicht um diesen oder jenen einzelnen Punkt, der in Ihrer Lebenssituation vielleicht nicht vorkommt. Wichtig ist das Prinzip: Die meisten Zeitsünden begeht man selbst.

Sicherlich gehört es zu den Eigenschaften des Menschen, die Verantwortung für Fehlleistungen gern anderen in die Schuhe zu schieben. Aber damit gewinnen Sie keine kostbare Zeit. Es ist vielmehr jetzt der Moment für eine – möglicherweise schmerzhafte – Neueinschätzung und Selbstkritik gekommen.

Lernen Sie, nein zu sagen!

Überlegen Sie einmal bei allem, was Sie im Laufe nur eines einzigen Tages unternehmen, ob Sie mit der Tätigkeit oder mit der Art ihrer Ausführung nicht zum Zeitdieb an sich selbst werden. Prüfen Sie: Welche »Zeitfallen« (ein Ausdruck des amerikanischen Unternehmensberaters R. ALEC MACKENZIE) werden von *außen* gestellt und welche von *innen*, also von Ihnen persönlich. Ich bin sicher, Ihr Ergebnis läuft auf das gleiche hinaus wie jenes der vierzig Manager: Sie sind Ihr größter Zeiträuber.

Nun wollen wir es aber nicht etwa bei der Analyse belassen. Im Gegenteil: Ich möchte Ihnen sagen – deshalb haben Sie ja wohl dieses Buch gekauft –, was Sie ändern können, und zwar sofort.

Sehen Sie sich noch einmal die zweite, realistische Liste der amerikanischen Testpersonen an. Sie finden als Punkt 7 der »Zeitfallen«: die Unfähigkeit, nein zu sagen. Die Wichtigkeit dieser Aussage läßt sich nicht hoch genug bewerten; sie ist ein Schlüssel zum guten Umgang mit der Zeit – und mit sich selbst. (Denn wie Mackenzie sagt: »Der Kern der Zeitbeherrschung ist das Management Ihres Selbst.«)

Den meisten Menschen fällt es schwer, Ablehnung auszudrücken – sei es gegenüber dem Zeitschriftenwerber an der Wohnungstür, dem Freund, der Sie zu einer Party einlädt (und dabei wissen Sie doch genau, daß Sie dort überhaupt keine interessanten Leute treffen werden), der Kollegin oder der Kommilitonin, die Sie ums Babysitten bittet. Beobachten Sie sich selbst: Es ist viel leichter, eine Ausrede zu erfinden oder etwa, sollte Sie ein Bettler ansprechen, einfach fortzusehen und wegzuhasten, als klar und deutlich (*aber* freundlich und höflich!) das Wörtchen NEIN auszusprechen. Doch nur das hilft wirklich und auf Dauer.

Bedenken Sie: Die anderen haben kein Anrecht auf Ihre Zeit, die nie wiederkommt, die buchstäblich Ihr Leben ist! (Natürlich mache ich hier eine Ausnahme bei wirklichen Notlagen, sei es ein Unfall oder eine Krankheit oder einfach eine Lebenskrise, in die ein Freund geraten ist, der sich einmal aussprechen muß.)

Das typisch deutsche Nein

Am Rande bemerkt: Es hat keinen Zweck, wenn Sie sich
jetzt selbst überwachen und überrascht und stolz feststellen,
wie oft Sie das Wort »nein« in täglichen Unterhaltungen
gebrauchen. Es ist eine seltsame Eigenheit von uns Deutschen (die ausländische Beobachter zu tiefsinnigen Rück-
schlüssen auf unseren Nationalcharakter veranlaßt hat),
unsere alltäglichen Feststellungen mit einem Nein einzulei-
ten. Ein typisches denkbares Dialogbeispiel soll dies veran-
schaulichen:

A.: »Heute haben wir schlechtes Wetter.«

B.: »Nein, gestern war es noch schlechter.«

In den USA, beispielsweise, würde dieses Zwiegespräch
dagegen so lauten:

C.: »Heute ist schlechtes Wetter.«

D.: »Ja, Sie haben recht, aber gestern war es noch schlechter.«

Doch diese nationale Neigung zu einer rhetorischen Flos-
kel ist natürlich etwas anderes als das, wovon ich hier spreche: nämlich seinen Standpunkt klar zum Ausdruck zu bringen. Deutlich zu machen, was wir eigentlich wirklich
wollen, und das dann auch zu vertreten – hier und jetzt.
Sie haben völlig recht, wenn Sie meinen, das erfordere innere
Kraft, ein Ja gehe viel leichter über die Lippen als ein Nein.
Sehen Sie, das meinten ich und andere mit der Bemerkung,
die Kunst des guten Umgangs mit der Zeit stehe direkt in
Zusammenhang mit Ihrer Persönlichkeit und dem Verhältnis, das Sie zu Ihrem eigenen Ich haben. Der bekannte
Psychologe und Psychotherapeut Professor KURT TEPPER-
WEIN drückt es so aus: »›Nein‹ zu sagen bedeutet in Wirk-
lichkeit, ›ja‹ zur eigenen Identität zu sagen.«

Stärke kann man lernen

Ich habe weiter vorn in diesem Kapitel bereits davon gesprochen, daß der rechte Umgang mit der Zeit eine starke, gefestigte Persönlichkeit charakterisiere. Ich möchte annehmen, daß Sie mir dies jetzt glauben. Und diese innere Kraft läßt sich entwickeln.

Am Anfang davon steht, wie immer im Leben, die Erkenntnis, sich in einer bestimmten Richtung verändern zu müssen. Und daß man diese Veränderung – das Neinsagen – dann erproben muß, immer und immer wieder, bewußt und selbstsicher. Unterziehen Sie sich dieser Mühe, und Sie werden feststellen: Es funktioniert. Wir wissen heute, daß man mit Trainingsmethoden seinen Intelligenzquotienten und sogar das eigene Immunsystem positiv beeinflussen kann. Warum dann nicht auch den Umgang mit sich selbst?

Wenn ich Ihnen jetzt einige Schlagworte dazu angebe, dann sollten Sie nicht glauben, ich predigte Ihnen Kaltschnäuzigkeit und Hartherzigkeit. Die folgenden kurzen Formeln lassen sich jedoch besser und nachhaltiger einprägen als längere Abhandlungen. Wiederholen Sie also stets innerlich diese Parolen:

Härter werden!
Abschmettern lernen!
Das Gesetz des Handelns in die Hand nehmen!
Agieren statt reagieren!

Doch noch einmal: Dies soll Sie nicht daran hindern, sich liebevoll einem behinderten Kind zuzuwenden oder einen Blinden fürsorglich über die Straße zu führen. Nur: Sie haben durchaus das Recht auf eine gesunde Portion Egoismus. Er dient zur Selbstverteidigung, nicht als Angriffswaffe. Und Selbstverteidigung ist das Gebot, wenn es um das Kostbarste geht, über das wir verfügen: die Zeit.

Telefonterror und offene Tür

Ich möchte Ihnen dazu gleich zwei praktische Beispiele
– keine theoretischen Betrachtungen – geben:

Erstens: **das Telefon**
Kaum eine Störung in unserem Zeitablauf ist so allgegen-
wärtig und widerwärtig wie – ich nenne es ganz deutlich
so – der Terror des Telefons. Ich kannte einen amerikanischen Farmer, einen einfachen Mann, der sich beharrlich
weigerte, auf das Läuten des Apparates zu reagieren. Er
begründete dies damit, das Telefon schließlich deshalb ange-
schafft zu haben, um andere Leute erreichen zu können,
und nicht, um ständig bei seiner Arbeit unterbrochen zu
werden, wenn er den Anrufer gar nicht sprechen wolle. Das
hatte etwas für sich.

Niemandem würde es wohl einfallen, einen Chirurgen
während einer Operation, einen Pianisten im Konzert, einen
Rechtsanwalt mitten im Plädoyer zu unterbrechen, um sie
ans Telefon zu rufen – schon gar nicht BORIS BECKER während des Aufschlags. Diese Wahrheit muß man sich einmal
ganz klarmachen: Die Menschen, die *Sie* anrufen, können
ja auch nicht wissen, ob Sie nicht gerade – geschäftlich oder
privat – mit etwas höchst Wichtigem beschäftigt sind! Es
gehört zu Ihrem guten Recht, diese Zeitfresser zu bändigen.

Sollten Sie im Büro eine Sekretärin haben, lösen Sie das
Problem am einfachsten folgendermaßen: Sie bitten sie, die
Anrufer zu notieren und Ihren Rückruf anzukündigen –
zu einem Zeitpunkt, der *Ihnen* paßt. In den meisten Fällen
will der Anrufer ja etwas von Ihnen ... (Und bündeln Sie
dann alle Rückrufe auf eine bestimmte halbe oder ganze
Stunde. Davon noch später.)

Sollten Sie selbst den Hörer abnehmen müssen, dann empfehle ich Ihnen eine Methode, die ich selbst anwende – auch

während der Arbeit an diesem Buch: Ich habe das Telefon auf die geringste Lautstärke gestellt und meinen Anrufbeantworter eingeschaltet. Läutet mich jemand an, so kann ich zunächst die Stimme des Anrufers hören. Ist *mir* der Anruf wichtig genug, verbleibt genügend Zeit, mich persönlich zu melden.

Zweitens: **die offene Tür**
Dies ist ein Beispiel speziell für gestreßte Chefs. Es hat sich in der Nachkriegszeit allgemein eingebürgert, die eigene Bürotür offenstehen zu lassen. Das gilt als demokratisch – auch der Chef ist jederzeit für jedermann zu sprechen. Mein dringender Rat: Machen Sie die Tür zu! Ebensowenig wie im Fall unkontrollierbarer Telefonate können Sie bei geöffneter Tür entscheiden, ob Ihnen der Besucher überhaupt paßt. Und ich bin sicher: Mindestens der Hälfte aller, die zu Ihnen hereinschneien, sind Ihnen lästig. Warum bürden Sie sich also diese Zeitdiebe auf?

(Es gibt eine Abweichung von der Regel: Der Karikaturist Loriot beispielsweise hielt stets die Tür seines Arbeitszimmers für seine beiden Töchter geöffnet. Sie sollten wissen, daß sie jederzeit zum Vater konnten, um einen Kummer zu besprechen. Sie waren ihm wichtiger als jede noch so dringende Arbeit. Aber ich glaube, Sie sehen selbst, wo der Unterschied liegt.)

Siebentes Kapitel

Die Zukunft planen

Kinder wachsen in einer von anderen (vor allem den Eltern, später der Schule – und auch dem Fernsehprogramm) verplanten Zeitwelt auf. Sie kennen, wie bereits erwähnt, bis zum Alter von rund zwölf Jahren überhaupt noch kein Zeitgefühl, das sich mit jenem von uns Erwachsenen vergleichen ließe; wir Großen regeln und planen alles für sie.

Deshalb fällt es dann heranwachsenden jungen Menschen sehr schwer, auf einmal selbständig für ihre Zeit Verantwortung zu tragen. (Erinnern Sie sich an Ihre eigene Teenagerzeit!) Plötzlich unterliegt man nicht mehr einer »Fremdbestimmung«, sondern soll unabhängig über seine Zeit verfügen. Das ist ein wahrer Kulturschock – vergleichbar vielleicht mit dem der Pubertät –, der im Hinblick auf junge Menschen viel zuwenig beachtet wird. Da ist die eigene Bude (und damit »Sturmfreiheit« auch in der Zeitgestaltung), da fängt man an zu studieren und soll den ganzen Ablauf des Universitätslebens auf sich allein gestellt organisieren. Aber schon beim ersten Urlaub in eigener Regie macht man entsprechende Erfahrungen.

Die meisten von uns lernen deshalb, und das ist ganz logisch, überhaupt niemals richtig mit ihrer Zeit umzugehen. Erschwert wird diese Situation noch durch ein Phänomen, das ich bereits erwähnt habe: die Erscheinung, die von Wissenschaftlern als »subjektives Zeitparadox« bezeichnet wird. Damit meinen sie die Erfahrung, daß wir einen zum Bersten mit Ereignissen ausgefüllten Zeitraum, *während* wir ihn durchleben, als sehr kurz empfinden, *in der Erinnerung* aber als besonders lang.

Auch von unserer Stimmungslage hängt die Empfindung »kurz« oder »lang« ab. Sind wir mit Begeisterung bei einer Sache – indem wir uns im Fernsehen ein Fußballspiel oder eine Quizshow anschauen (wobei wir anmerken können, daß auch höchst erwachsene Quizmaster die Zeit schlecht einschätzen und verplanen können und deshalb immer wieder ihre Sendezeit überziehen) oder zu einem zärtlichen Rendezvous verabredet –, bei allem Erfreulichen also verfliegt die gegenwärtige Zeit. Quälen wir uns aber mit etwas herum, etwa mit einer Prüfungsaufgabe oder einer Zahnbehandlung, dann schleicht sie dahin.

Aber wiederum: In der Rückschau erinnern wir uns an den genau umgekehrten Zeitverlauf! Das Zeitparadox tritt überall auf.

So einfach ist es nicht

Weil das aber so ist, vermögen wir einfach keine richtige Einschätzung vergangener Zeit abzugeben. Und wenn das bereits für die hinter uns liegende Zeit gilt, wenn wir nicht einmal einigermaßen exakt definieren können, wie lange etwas Erlebtes gedauert hat – wie sollte uns das angesichts noch vor uns liegender Zeitstrecken gelingen! Wir Menschen können uns im Gegensatz zu den Tieren zwar eine Zukunft ausmalen; aber wie lange etwas Zukünftiges dauern wird – das richtig zu taxieren, sind auch wir nicht in der Lage. Zumindest nicht ohne spezielles Training – dazu gleich mehr!

Das ist der Grund, weshalb so viele Menschen sich bei der Zukunftsplanung vertun. Sie nehmen sich vor, ein Fitneßprogramm zu absolvieren, sie bestellen einen Spanisch-Fernkurs, sie wollen Reiten oder Golf lernen oder täglich eine halbe Stunde joggen. Aber immer wieder bleiben die guten Vorhaben (denken Sie an den letzten Silvesterabend) im Ansatz, nach den ersten paar Versuchen, stecken.

(Übrigens können wir auch kurze verstreichende Zeitspannen nicht korrekt einschätzen. Versuche von Psychologen haben ergeben, daß die meisten Menschen ohne Blick auf die Uhr bei der Taxierung einer Minute um rund zehn Sekunden danebenliegen.)

Hier kommt Hilfe!

Die beschriebene Situation, die annehmen läßt, daß wir hilflos im Netz der Zeit zappeln, läßt sich jedoch ändern! Wir können lernen, die Zeit rückwärts und vorwärts besser in den Griff zu bekommen – und damit auch unsere kostbare Lebensfrist. Was ich Ihnen jetzt beschreiben werde, hilft Ihnen auf dem Weg, ein Zeitsouverän zu werden.

Zunächst zur Zeiterinnerung, zum Abschätzen der *vergangenen* Zeit. Da ist es sehr hilfreich, sich bestimmte Zeitmarken zu setzen: Fixpunkte, an denen Sie sich bei der Rückschau festhalten können. Sie werden natürlich für jeden Menschen je nach seiner Biographie anders aussehen.

Für mich zum Beispiel sind solche Festpunkte, die meine Rückschau stützen, meine Heirat vor vierundzwanzig Jahren, ein schwerer Autounfall vor fünfzehn Jahren, eine Zeit, die ich vor neun Jahren in New York verbrachte, und die Öffnung des Brandenburger Tores im Herbst 1989. (Ich kenne einen jüngeren Mann, dessen Zeit-Koordinationssystem nach hinten einfach von den Erinnerungen an seine diversen Freundinnen gebildet wird – »das war in der Zeit von Anita, also vor fünf Jahren, und jenes zur Zeit von Barbara vor drei ...«)

Solche Zeitmarken sind wie Bojen im Zeitmeer, die dem geistigen Auge einen Halt in der Unendlichkeit geben.

Und nun kommt das Großartige: Diese Methode läßt sich ebenso für die zukünftige Zeit anwenden. Wir können lernen, auch in dieser Hinsicht solche Zeitmarkierungen zu setzen. Sie haben den gleichen Effekt wie die Kilometersteine an der Landstraße, die von Ihren Augen bei der nächtlichen Autofahrt im Licht der Scheinwerfer als Entfernungsmerkpunkte wahrgenommen werden.

Eine gute Maßeinheit: das Jahr

Ich möchte Ihnen dafür das Maß eines Jahres vorschlagen. Psychologen erachten den Ausblick auf größere Zeitstrekken als ein Jahr als nicht praktikabel und sogar gefährlich: Eine zu weite Entfernung kann, weil sie ein Gefühl des Unfaßlichen, ja sogar des Unheimlichen vermittelt, zu Depressionen führen. Ein Jahr dagegen ist ein gut überschaubarer Zeitraum.

Auch unser Körper schwingt ja, wie uns die Chronobiologie lehrt, sehr stark in Jahresrhythmen. Während einer Jahresspanne nehmen jeweils im Herbst und Winter bei den dafür Anfälligen die Depressionen und die Schlaflosigkeit zu; manche Wissenschaftler glauben sogar, daß *alle* Menschen im Winter mit seinen kürzeren Tagen in seelisch schlechterer Verfassung sind. Doch mag dies nur als Beispiel für derartige »zirkanuelle« (jahresrhythmische) Erscheinungen dienen.

So ist etwa unser Sexualtrieb im Spätsommer und Frühherbst stärker als sonst (und nicht etwa im Frühling, wie die Dichter verkünden), was damit zusammenhängt, daß der Nachwuchs unter den leichteren Lebensbedingungen des Sommers zur Welt kommen soll. Auch wachsen Kinder im Sommer schneller als im Winter, und unsere Muskeln und Lungen erreichen in dieser Jahreszeit eine höhere Leistungsstärke. Doch abgesehen von unseren körperlichen Jahresrhythmen: Auch psychologisch ist ein Jahr mit seinen Fixpunkten Silvester, Fasching/Karneval, Ostern, Urlaub, Weihnachten sehr gut zu überblicken.

Die Autoren von Fachbüchern für vom Zeitstreß geplagte Manager verlangen nun an dieser Stelle, daß ihre Leser ziemlich komplizierte Tabellen mit Zielsetzungen für Jahre, Monate, eine oder zwei Wochen und alle einzelnen Tage – wobei das Ganze zusätzlich noch späteren Kontrollen unterliegt – ausfüllen. Ich möchte Ihnen das nicht zumuten.

Kurz- und längerfristige Ziele

Nur eben zwei kurze Listen zusammenzustellen, bitte ich Sie. Und zwar innerhalb des Maßes eines künftigen Jahres. Beide sollten zusammen nicht mehr als rund ein Dutzend Punkte umfassen.

Die erste – wenn Sie wollen, auf einem Schmierzettel notierte – kann die kurzfristigen Ziele beinhalten, die Sie erreichen wollen und müssen: Ihren Sohn in der Musikschule anzumelden, ein neues Auto zu bestellen, endlich Ihren Jugendfreund anzurufen – und ebenso natürlich, die liegengebliebene Korrespondenz und die aufgelaufenen Telefonrückrufe im Geschäft zu absolvieren oder es wirklich zu schaffen, schon fünf Minuten vor der Donnerstagskonferenz im Besprechungsraum einzutreffen. (Sie sehen schon: Auch das Private soll für Ihr Leben wichtig sein!)

Alle diese Ziele liegen zwischen dem nächsten und den kommenden sieben bis zehn Tagen. Setzen Sie für jedes Vorhaben, und das ist wichtig, nach Möglichkeit Datum und Uhrzeit ein.

Nun folgt die zweite Aufstellung. In ihr sind Ihre längerfristigen Pläne zusammengestellt: für die kommenden zwölf

Monate. Und sie sollte nicht etwa aus Banalitäten bestehen wie »Heizöl ordern« oder »Winterreifen montieren«, sondern beispielsweise folgendes enthalten: »Zum Tanzkurs anmelden« oder »diesmal rechtzeitig Karten für die Salzburger Festspiele bestellen«, ebenso wie »endlich den Chef um Gehaltserhöhung bitten« oder »EDV-Seminar mitmachen«. Wiederum legen Sie Datum und möglichst Uhrzeit fest.

Sie sehen schon, worauf ich hinauswill: daß Sie die wesentlichen Ziele innerhalb der überschaubaren Zukunft fixieren und sich damit exakte Zeitbojen setzen. Sie werden erstaunt sein, was Sie alles an Zielen in dieser Zeit unterbringen – und dann auch wirklich realisieren. Weil Sie jetzt nicht mehr hilflos in einem Nebelmeer der Zeit ohne Ufer und Horizont dahindümpeln.

Nichts Unmögliches vornehmen!

Zweierlei sollten Sie beachten: Ihre – wenn das Wort im »real existierenden Sozialismus« nicht so mißbraucht worden wäre, würde ich sagen: Selbstverpflichtungen – müssen erstens ganz konkret und exakt formuliert sein und zweitens von Ihnen auch bei kritischer Abwägung wirklich in die Tat umgesetzt werden. Kaum etwas kann schlimmer sein, als sich Ziele zu setzen, die von vornherein außerhalb jeder Reichweite liegen. Die berüchtigte Midlife-crisis basiert auf nichts anderem als der Erkenntnis, unrealistische Ziele nicht erreicht zu haben – was nun erst recht nicht mehr möglich ist.

Im Gegensatz zu manchen Autoren von Zeitmanagement-Büchern lehne ich es ab, Projektlisten für mehr als ein Jahr aufzustellen. Sie könnten Sie seelisch überfordern und überwältigen. Gehen Sie gelassen Schritt für Schritt – im Jahresrhythmus, den die Natur uns vorgegeben hat. Ihre sehr langfristigen Pläne werden sich ohnehin, wie vielfach erwiesen, immer wieder verändern. So manches von dem, was Ihnen heute erstrebenswert erscheint, wird Sie in fünf Jahren überhaupt nicht mehr interessieren.

Die »innere Landkarte«

Ich habe Ihnen mit gutem Grund geraten, sich dieser doch wohl kleinen Mühe der *schriftlichen* Festlegung zu unterziehen. Das ist eine probate Technik, die Vorhaben im Unterbewußtsein zu verankern. (Ich kann Ihnen übrigens empfehlen, sie auch beispielsweise für wichtige Besprechungen zu benutzen. Damit spannen Sie gewissermaßen ein festes Netz unter das Hochseil des Ungewissen; notieren Sie, was Sie sagen wollen und welche Wendungen das Gespräch eventuell nehmen könnte.)

Nachdem Sie nun also Ihre Fixpunkte im Ozean der Zeit markiert haben, gehen wir noch einen Schritt weiter.

Wir haben schon davon gesprochen, daß Hochleistungssportler bereits vor dem Startsignal die zu fahrende Strecke im Geist bewältigen. Hierzu noch ein anderes Beispiel. Nach den neuesten Erkenntnissen des amerikanischen Sportpsychologen JAMES E. LOEHR absolvieren seine Schüler – darunter waren oder sind die Tenniscracks MONICA SELES, GABRIELA SABATINI, ANDRE AGASSI und MARTINA NAVRATILOVA – vor jedem Aufschlag ein sekundenschnelles vierteiliges Mentalprogramm. Die letzte Phase: ein »Imaginieren« des kommenden Ballwechsels.

Sie sollten – und Sie können – ein solches Erwartungsprogramm auch für die kommenden zwölf Monate entwickeln, sich also möglichst plastisch vorstellen, wie das vor Ihnen liegende Jahr ablaufen wird. Verzweifeln Sie nicht, wenn Ihnen das auf Anhieb nicht gelingt. Dazu gehört außer Ihrer

Intelligenz auch Phantasie. Aber völlig phantasielose Menschen gibt es nicht! Und: Man kann die Phantasie trainieren! Ich möchte Ihnen sogar »technische« Hilfe für diese gedankliche Vorwegnahme zukünftiger Dinge anbieten. Der Psychologe Professor TEPPERWEIN, den ich schon erwähnte, gibt sie in einem lesenswerten Buch (KURT TEPPERWEIN: *»Kraftquelle Mentaltraining«*, Ariston Verlag, Genf/München 1988).

In dem Kapitel »So können Sie Ihre Imaginationsfähigkeit trainieren« führt er Sie Schritt für Schritt: von der Visualisierung von Farben (es gibt tatsächlich nicht wenige Menschen, denen es schwerfällt, sich einfach »Rot« oder »Blau« vorzustellen) über das imaginäre Sehen von wirklichen oder erdachten Gegenständen und weiter über das Vor-sich-hin-Zaubern von realen vergangenen Handlungsabläufen (Sie denken an den verflossenen Tag zurück) bis schließlich hin zum Imaginieren *erdachter* – also *zukünftiger* – Handlungsabläufe. Dabei betont er, daß bewegte Bilder sich weitaus tiefer ins Unterbewußte eingraben als unbewegte.

In der Wahrnehmungspsychologie gibt es den Begriff »innere Landkarte«. Fahren Sie im Geist Ihre Hauptstrecken ab. Wenn es Ihnen liegt, stellen Sie sich beispielsweise wichtige Besprechungen so sehr im Detail vor, daß Sie leise oder laut vor sich hersagen, was da gesprochen werden könnte.

Keine Angst vor Rückschlägen

Sicherlich wird manches von dem, was Sie nun auf Ihrer »inneren Landkarte« angesteuert haben, sich in der Wirklichkeit *trotz sorgfältiger Einschätzung* nicht realisieren lassen. Das geht auch den Erfolgreichsten so. Der US-Psychologe CHARLES A. GARFIELD hat besonders erfolgreiche und tatkräftige Menschen getestet, um herauszufinden, was sie von der Masse unterscheidet.

Einer der Punkte, auf die er in jahrzehntelanger Forschung stieß, bestand im Mut der Getesteten zum »kalkulierten Risiko«: Diese Menschen waren bereit, Risiken auf sich zu nehmen, wenn sie abzusehen vermochten, was schlimmstenfalls geschehen würde. Sahen sie sich imstande, einen Fehlschlag verkraften zu können, gaben sie sich »grünes Licht«. Also: Seien Sie nicht entmutigt, wenn etwas von dem, was Sie sich vorgenommen haben und das möglich gewesen wäre, schiefgeht. Jedoch überlegen Sie sich vorher, ob Sie mit einem Mißerfolg leben können!

Die Zukunft träumen

Was ich Ihnen jetzt am Ende dieses auf die Zukunft ausgerichteten Kapitels sagen möchte, wird Ihnen beim ersten Blick als krasser Widerspruch zu dem wenige Seiten zuvor von mir Niedergeschriebenen erscheinen: daß ich nämlich strikt davon abgeraten habe, die – in Listen erfaßten – konkreten Zukunftspläne auf Zeiträume über ein Jahr hinaus auszudehnen. Nun, dabei bleibe ich auch. Die Wörter, die den Widerspruch auflösen, heißen »*planen*« einerseits und »*träumen*« andererseits.

Planungen, konkrete, sogar mit Datum und Uhrzeit versehene Pläne sollten Sie eben keinesfalls für Zeiträume vorsehen, die über ein Jahr hinausgehen. *Aber* ich möchte Ihnen nun noch etwas völlig anderes vorschlagen – einmal ganz unabhängig von den beiden Plan-Listen gelegentlich eine andere zu erstellen, auf der Sie zusammentragen, welche *Wunschträume* Sie weit längerfristig für Ihr ferneres Leben hegen: auf »die Insel« überzusiedeln und »auszusteigen«; im Gegenteil vielleicht eine Firma mit Ihnen als Ihrem eigenen Chef zu gründen; ein Buch zu schreiben, die Paris-Dakar-Rallye mitzufahren und so weiter. Dies alles sind, ich sage es noch einmal, und Sie sehen es ja auch sofort selbst, wohl keine für einen von uns innerhalb von zwölf Monaten zu verwirklichenden *Pläne*. (Es sei denn, Sie gewinnen den Jackpot im Lotto.) Trotzdem: Schreiben Sie diese schönen *Träume* einmal auf. Ich will Ihnen gleich erklären, warum.

Der Mensch kann im Gegensatz zum Tier, wie wir gesehen haben, in die Zukunft vorausschauen. Tut er das nicht, so meint SERVAN-SCHREIBER sehr illustrativ dazu, »hat er im Zug keinen Sitzplatz, am Monatsende kein Geld und zum Abendessen nichts im Kühlschrank«. Diese Fähigkeit zur Vorausschau haben wir Menschen seit Urzeiten bewiesen. Von der Zeit an, da unsere steinzeitlichen Vorfahren entdeckten, daß man Fleisch räuchern und Fisch trocknen und sich so einen Nahrungsvorrat eben für fernere Zeiten schaffen kann.

Erweiterung des Zeithorizonts

Jedoch behaupte ich – und Psychologen sind meiner Meinung –, daß wir die Erweiterung unseres Zeithorizonts nach vorn gar nicht genug trainieren und ausbauen können. Wir müssen in der Zukunft heimisch werden – mit gleich zwei Zielen vor Augen:

Zum einen hilft die Voraussicht dabei, unsere konkreten Wochen- und Jahrespläne und -ziele viel deutlicher wahrzunehmen und als Realitäten anzusteuern. Weil wir uns allmählich wie ein geübter Schwimmer im Zeitmeer tummeln können: Wir erobern die Dimension »Zukunft«. Andererseits aber eröffnet uns die konkrete Beschäftigung mit unseren Zukunfts*träumen* eine ganz neue geistige Welt: Wir

erkennen auf einmal, wer wir sind und welchen Sinn wir
in unserem Leben suchen. Und wissen wir nicht schon, daß
die Kunst, die Zeit zu beherrschen, unlöslich mit der Reife
unserer Persönlichkeit verbunden ist?

Deshalb also schlage ich vor, einmal zu fixieren, was Sie
als Wunschträume für die nächsten fünf oder zwanzig Jahre,
ja für Ihr Leben – vielleicht nicht einmal ganz bewußt – in
sich tragen. Sie werden sich selbst entdecken! Dabei schadet
es überhaupt nichts (sogar das Gegenteil ist der Fall!), wenn
sich diese Träume über die Zeit hin völlig verändern: daß
Sie vielleicht, anstatt in einem Landrover über Saharapisten
zu rumpeln, lieber in Ruhe und Gelassenheit, ein Glas
Sherry in der Hand, später einmal – mit Fünfundfünfzig
oder Achtundfünfzig – auf der Terrasse Ihrer Eigentums-
wohnung an der Riviera sitzen möchten. Jedenfalls ist der
Zweck der Übung, sich bewußter in der Dimension »Zukunft« einzurichten, erreicht. Und: Gerade solche Wandlun-
gen Ihrer Lebenswünsche führen Ihnen deutlich Ihre eigene
Entwicklung als menschliches Individuum vor Augen.

WILHELM VON ORANIEN, der im 16. Jahrhundert die Nie-
derlande von den Spaniern befreite, hat einmal gesagt: »Es
gibt keinen günstigen Wind für den, der nicht weiß, in
welche Richtung er segeln will.«

Achtes Kapitel

Jedes Ding hat seine Zeit

»Mit nichts vergeuden die Deutschen mehr Zeit als mit dem Biertrinken«, hat Bismarck einmal gesagt. Nun, ich glaube, daß der einstige Reichskanzler, der ja selbst ein großer Freund guten Essens und Trinkens war, damit unrecht hatte. Näher kommt der Wahrheit wohl der Befund des »*Wall Street Journal*«, der bedeutenden New Yorker Wirtschaftszeitung, die den Finger täglich am Puls des (Geschäfts-)Lebens der amerikanischen Metropole hat:

»Berufstätige verschwenden fast vierzig Prozent ihrer Zeit, weil ihnen die Techniken fehlen, mit denen man die wachsende Arbeitslast der heutigen Zeit in den Griff bekommt.«

Überlegen Sie bitte nur einen Augenblick, was das bedeutet: Im Verlauf einer einzigen Vierzigstundenwoche sind dies sechzehn Stunden, die dem Menschen verlorengehen, die spurlos verschwinden; in einem Arbeitsjahr von zweihundertfünfzig Tagen vergeuden Mann oder Frau am Arbeitsplatz (wobei die Art der Beschäftigung ganz egal ist) nicht weniger als hundert Tage! Das sind erheblich mehr, als einem als Urlaubszeit zusteht! Es ist müßig, das Ganze auch noch auf die Lebensarbeitszeit oder die gesamte arbeitende Bevölkerung umzurechnen – es kämen Zeitverluste heraus, die einen schaudern machen. Wohlgemerkt: Es geht hier um nie wiederkommende Tage, Wochen, Monate des Lebens, die zu nichts dienen, zu überhaupt nichts. Weder der Produktivität noch der Lebensqualität, der »Zeitökologie«. Nicht einmal, um auf den Fürsten Bismarck zurückzukommen, dem gemütlichen Biertrinken. Bei dem, in Maßen

genossen, doch vom »Vergeuden« der Zeit überhaupt nicht
die Rede sein kann.

Die Zeit strukturieren

Obwohl ich, wie gesagt, die Bismarcksche Feststellung für
irrig und für das Resultat eines griesgrämigen Augenblicks
halte, kann sie uns unversehens ein Stück an die notwendigen Techniken heranführen, die dem aberwitzigen Zeitleer-
lauf ein Ende machen. Wann nimmt man sich denn die Zeit
zum Biertrinken? Am Abend, nach Feierabend – also zu
einem dafür geeigneten Tagesabschnitt. So führt uns die
Bemerkung des »Eisernen Kanzlers« direkt zum ersten einer
Reihe von Zeitsparrezepten, auf die ich in diesem und den
folgenden Kapiteln eingehen möchte. Durch sie können wir
den erschreckenden vierzig Prozent Verlust beikommen.
Ich habe dieses achte Kapitel mit dem SHAKESPEARE-Zitat
»Jedes Ding hat seine Zeit« (Prediger SALOMO: »Ein jegliches hat seine Zeit«) überschrieben, weil es genau das trifft,
was die erste unserer Lektionen beinhaltet: nämlich unsere
Tätigkeiten *planmäßig* über den Tag zu verteilen. Jede hat
darin ihren Platz, nach einer inneren Ordnung, die man
lernen kann. Ich nenne das: die Zeit »strukturieren«.

Sie kennen eine derartige Situation. Man weiß nicht, wo
einem der Kopf steht. So viel ist zu erledigen. Man beginnt
das eine, läßt es liegen, weil einem das andere dringlicher
erscheint (oder jemand anruft oder zur Tür hereinschneit),
und beschäftigt sich in der Folge mit diesem. Dann mit
einem dritten ... Beispielsweise im Büro: die Post lesen und
von einem Besucher unterbrochen werden, Briefe diktieren
und mittendrin zu einer Besprechung fortmüssen, Unterlagen studieren und plötzlich die schon lange fällige Aktenno-

tiz beginnen. Oder im Haushalt: die Schulaufgaben der Kinder beaufsichtigen und abrupt aufstehen, weil noch die Grillkohle fürs Wochenende gekauft werden muß; das Abendessen kochen und unterbrechen, um Klein-Jörgs Lieblingsjeans zu stopfen, und – während das Kartoffelwasser überkocht – die Waschmaschine füllen und anschalten. Derweil klingelt das Telefon. Und so weiter.

Die tägliche »Strukturierung« der Zeit

Es ist immer das gleiche: Hektik, Unordnung, Chaos, Streß – die im allgemeinen von uns, dies sollten Sie sich immer wieder vor Augen halten, selbst verursacht werden. Und Streß, der aus Hektik und Chaos geboren wird, macht krank und kann zum Tod führen. (Es gibt auch, nach den Worten des kanadischen Entdeckers dieses Phänomens, Professor Hans Selye, einen positiven, notwendigen, förderlichen Streß, den er »Eustreß«, den »guten Streß«, nannte. Aber von ihm, der in Maßen anregt, uns »wachkitzelt« und guten Mutes macht, ist hier nicht die Rede, sondern von dem »Distreß«, der zum Herzinfarkt führt.)

Was bleibt also zu tun? Wir müssen unsere tägliche Zeit »strukturieren«! Was heißt das? Ich will Ihnen zunächst statt theoretischer Darlegungen zwei praktische Beispiele schildern.

Das eine handelt von einem mir gut bekannten Frauenarzt mit einer großen Praxis und eigener Klinik. Er steht jeden Morgen um halb fünf Uhr auf (was Ihre Sache nicht sein mag – die meine ist es auch nicht; aber wir reden hier ja von einem Beispielfall fürs Strukturieren unserer täglichen Zeit). Dieser Gynäkologe erledigt dann, bevor um neun Uhr seine Sprechstundenhilfen und die ersten Patientinnen eintreffen, alles, was nicht mit der Ordination zu tun hat:

Korrespondenz, das Verfassen von Büchern, eine riesige
Menge von Fachlektüre, erste Besprechungen mit Kollegen,
Mitarbeitern, Verlegern, Journalisten – die allesamt aufstöh-
nen, wenn sie für halb acht gebeten werden. Dann, mit dem
Glockenschlag neun Uhr, ist der Arzt nur noch für seine
Patientinnen da – einen langen Arbeitstag.

Doktorprüfung im fahrenden Auto

Der zweite Fall ist der eines mir ebenfalls bekannten Hoch-
schulprofessors der Betriebswissenschaft. Er fährt jeden Tag
mit dem Wagen von seinem Wohnort zur Universitätsstadt,
wo er lehrt. Die Fahrt dauert etwa zwei Stunden – eine
lange Zeitspanne, deren »Verlust« den sehr zeitbewußten
Professor ärgerte; er fühlte sich nicht ausgelastet. Bis er auf
den Gedanken kam, Mitarbeiter, die er sprechen mußte, ja
auch Doktoranden, die er zu prüfen hatte, zur Mitfahrt
einzuladen. Unterwegs hält er jetzt Besprechungen und eben
sogar Doktorprüfungen ab. Natürlich handelt es sich um
monotone Autobahnfahrten, und der Professor behält trotz
der Dialoge genau den Verkehr im Auge. Er hat herausgefunden, daß er sogar besonders aufmerksam und kreativ ist,
wenn er geradeaus blickt und seinen Gesprächspartner nicht
ansieht. Offenbar, sagt er, setzt »das Autofahren eine Menge
Gehirnzellen frei«.

Nun will ich sofort Ihrem Einwand zuvorkommen, ich
predigte anhand solcher Geschichten ein Vollstopfen jedes
Tages und jeder Stunde bis zum Platzen. Das ist keineswegs
der Sinn dieser Beispiele.
    Vielmehr sollen sie zeigen, wie man die nötigen Tätigkei-
ten eines Tages richtig *gewichtet* und dann entsprechend
verteilt.

Daß das nötig ist, wissen wir alle. Die Überfülle der Dinge, die täglich zu absolvieren sind, kann jeden erdrükken. Nicht nur den Manager, der nach neuesten Studien täglich etwa zweihundert »Episoden« bewältigen muß. Sondern sogar Rentner, denen Hektik und Chaos drohen (wie beispielsweise die Münchner Zeitberaterin ILSE PLATTNER bei ihrer Arbeit entdeckt hat), weil sie ihr Zeitbudget mit Volkshochschulkursen, Vortragsterminen, Seniorentreffs und Busausflügen dramatisch überziehen.

Es kommt darauf an, was Sie wann tun

Den Schlüssel zur planvollen, systematischen Zeiteinteilung über den Tag hin – und auch gleich zu den beiden berichteten Fallgeschichten von Arzt und Professor – hat mir der Managementberater Dr. WERNER SIEGERT geliefert. Ich lernte ihn bei einem Zeitmanagement-Seminar kennen, das er leitete. Wenn man erst einmal weiß, was es mit A-, B- und C-Tätigkeiten und mit Zeiten erster, zweiter und dritter Klasse auf sich hat, greift alles wie in einem Puzzle ineinander, ergänzt sich eines mit dem anderen. Und es gilt eben beileibe nicht nur für Manager – jedermann mit Zeitproblemen kann daraus Nutzen ziehen!

A-Aktivitäten sind Siegert zufolge Tätigkeiten von hoher Wichtigkeit,
o die ganz wesentlich zur Wahrnehmung Ihrer Dienstpflicht gehören (als Selbständiger: Ihres Geschäftsinteresses; als Hausfrau: Ihrer Verpflichtungen gegenüber der Familie; als Student: Ihrer Studiendisziplin und dergleichen), um wesentliche Ziele zu erreichen,
o die nicht delegiert werden können oder müßten,
o deren Aufschub Schaden verursachen würde.

Dabei müssen für eine A-Aufgabe alle drei dieser Kriterien erfüllt sein!

B-Aktivitäten beinhalten wichtige Tätigkeiten (wie A), die aber nicht unbedingt an diesem Tag erledigt zu werden brauchen und hinter A-Aktivitäten zurückstehen müssen.

C-Aktivitäten müssen auch vollzogen werden, sind aber eher nebensächlich oder (noch) unwichtig. Sie müßten eigentlich delegiert werden. Meistens handelt es sich um angenehme, leichte, anspruchslose Verrichtungen.

(Dr. Siegert nennt auch noch eine D-Kategorie, also völlig überflüssige Tätigkeiten, die aber immer mal wieder vorkommen.)

Um nun diese verschiedenwertigen Tätigkeiten vernünftig und logisch auf den Tag zu verteilen, benutzt Dr. Siegert die Zeichnung eines Uhrenzifferblatts. In die Räume der zwölf Stunden trägt er alle üblicherweise auftretenden Störungen ein – ebenfalls von Klasse A gleich »unverschiebbare Unterbrechung« bis D gleich »Schnickschnack«.

Die chaotischen Stunden

In jedem derartigen Diagramm kommen deutlich sichtbar Stunden vor, in denen es von gerade dann hereinbrechenden Störungen wimmelt – »in bestimmten Stunden ist Chaos angesagt«, nennt es Dr. Siegert. Dagegen bleiben andere Zeiträume fast völlig von Unterbrechungen frei. Die hektischen Zeitspannen liegen je nach Branche, je nach Arbeitsplatz anders. Ein Beispiel aus der Büropraxis: Die Stunde von zehn bis elf Uhr vormittags ist normalerweise diejenige, in der es Besprechungen, Besuche, Telefonate hagelt. Trotzdem setzen sich die meisten Geschäftsleute in den Kopf, ausgerechnet zu dieser Zeit Post zu diktieren. Diktate gehören aber wegen der erforderlichen hohen Konzentration zu den Arbeiten erster Klasse und sollten nicht während einer drittklassigen, einer Zeit größter Unruhe, absolviert werden.

Unbedingt der vordringlichsten Kategorie zuzuordnen sind auch anspruchsvolle Arbeiten (Planungen, Entscheidungen), die einen hohen Grad von Aufmerksamkeit und Kontinuität verlangen. Logischerweise müssen sie in die störungsärmste Tageszeit, die Phase der Klasse eins, gelegt werden. Das kann beispielsweise der frühe Morgen sein, noch bevor Zeitung und Eingangspost gelesen werden (höchst selten enthält die Post Briefe höchster Priorität, die sofort erledigt werden müssen), ja sogar bevor Kollegen und Mitarbeiter kommen. Es sei denn, Ihre tägliche biologische Leistungskurve wäre dann noch zu niedrig – dazu mehr im dreizehnten Kapitel.

Wenn die Batterien aufgeladen sind

Hierzu noch ein Gedanke: Zeitmanagement überhaupt und analytische Planung und Entscheidung sind Aufgaben für die logische, methodische linke Gehirnhälfte (wir haben darüber schon gesprochen). Sie verbraucht jedoch sehr viel Energie, weit mehr als ihre rechte Schwester – die musische, ganzheitliche –, die sehr bescheiden ist in ihren Ansprüchen. Löst man also gleich am Morgen ein großes Problem oder kommt seiner Bewältigung zumindest ein gutes Stück näher, dann tut man das, solange die »Batterien« noch nach der Nachtruhe frisch aufgeladen sind. Und: Solche Dinge schon angepackt, gelöst oder der Lösung näher gebracht zu haben stellt ein Erfolgserlebnis dar, das einen dann den ganzen Tag lang beflügeln kann. Der berühmte englische Volkswirt-

schaftler JOHN MAYNARD KEYNES, Begründer des nach ihm
benannten Ökonomie-Wissenschaftszweigs, fällte am Vormittag innerhalb von zwei Stunden alle wichtigen Entscheidungen, die er dann für den Rest des Tages aus seinem
Gedächtnis verbannte.

Ich fasse noch einmal zusammen: So, wie es *Aktivitäten*
der Klasse A (höchst wichtig), B (auch noch wichtig) und
C (weniger wichtig) gibt, existieren im Tagesablauf *Zeiten*
der Klasse eins (keine Störungen), Klasse zwei (weniger
Störungen) und Klasse drei (voller Störungen). Die Technik
ist so einfach, daß ein Schulkind sie begreifen könnte: keine
A-Tätigkeit in drittklassige Zeit verlegen, und umgekehrt
für keine C-Aktivität Zeit der raren Qualität eins vergeuden!
Ziemlich anspruchslose Arbeiten, bei denen Unterbrechungen nichts ausmachen, wie Zeitunglesen, Durchsicht der
Post, Unterschriften, Kurztelefonate, gehören in die Stör-
phasen der Klasse drei.
   Seltsamerweise (und das zeigt, wie wichtig solche doch
eigentlich beinahe banalen Regeln sind) verstoßen unzählige
Männer und Frauen im Büro, auch in Führungspositionen,
gegen diese simple Logik. Um es mit Dr. SIEGERTS Worten
auszudrücken: »Gelesen wird in den ruhigsten, störungs-
ärmsten Zeiten; dann kann man auch eine Tasse Kaffee so
richtig genießen. In den von Telefonanrufen und Rückfra-
gen kleingehackten Stunden versuchen viele, wichtige und
anspruchsvolle Projekte durchzuarbeiten – eine vermeid-
bare, distreßfördernde Verhaltensweise ...«

Erste-Klasse-Zeiten und A-Aktivitäten

Es bedarf keiner großen Phantasie, um zu erkennen, daß diese Zeitstrukturen eben nicht nur für Manager brauchbar sind, sondern auch – sicherlich in völlig anderer Verteilung über den Tag – etwa für die Hausfrau, die eine Halbtagsberufstätigkeit ausübt. (Für sie bedeuten A-Aufgaben etwa die Arbeit und die Beschäftigung mit den Kindern, und die Zeiten erster Klasse sind wahrscheinlich der frühe Morgen und der späte Abend.)

Jetzt, nachdem wir uns mit diesem Schema vertraut gemacht haben, entschlüsseln sich auch unsere Beispielgeschichten auf höchst simple Weise: Für den Betriebswirtschaftsprofessor stellen die Autobahnfahrten eine ideale störungslose Zeit erster Klasse dar, in die er dann eben Besprechungen und Prüfungen, also mindestens B-Tätigkeiten, verlegte. Und für den Gynäkologen sind die frühen Morgenstunden vor Praxisbeginn die ruhige Zeit der Klasse eins, die er wie der Professor für Aufgaben der Kategorien A und B nutzt. Während der Praxisarbeit – natürlich ebenfalls A-Aktivität für ihn – läßt er sich dann so gut wie gar nicht, höchstens in Notfällen, von außen stören.

Eine Menge Tips für Sie!

Im fünfzehnten Kapitel werden Sie einige Tabellen kennenlernen, die vier Versuchspersonen (drei Frauen und ein Mann in höchst unterschiedlichen Lebens- und Berufsstellungen) mit ihren exakten Tagesabläufen versehen haben. Dann nahm Dr. SIEGERT die Auswertung und Kommentierung der Bögen vor und erteilte praktische Ratschläge für einen besseren Umgang mit der Zeit. Das wird Ihre Kenntnis dieser Methode vertiefen.

Sie werden auch in den kommenden Kapiteln noch weitere Lektionen bezüglich »Zeitsparen im Ablauf eines Tages« lesen können. Beispielsweise, daß und wie man sich bei der Arbeitsverteilung auch nach seiner jeweiligen »Form« richtet, da man ja nicht immer gleich gut ist. Sie werden erfahren, wie man einzelne Tätigkeiten »bündelt« und somit viel unnötig vergeudete Immer-wieder-Anlauf-Zeit einspart und wie man einen Großteil überflüssiger und zeitfressender Informationsaufnahme einfach wegläßt und ganze Stunden gewinnt, die sonst vom Nachrichtenschrott geschluckt werden.

Weiter, wie man Prioritäten setzt, also erkennt, welche Aufgaben denn nun überhaupt zur Kategorie A oder B gehören. Und schließlich, daß man auf keinen Fall seinen Tag zu hundert Prozent im voraus verplanen sollte. Sie können nämlich sicher sein, daß erfahrungsgemäß etwa zwanzig bis dreißig Prozent des Tages sowieso nicht nach dem vorgefaßten Plan ablaufen; da muß »Luft« für das Unerwartete bleiben!

Frauenzeit ist anders als Männerzeit!

Das unter diesem Zwischentitel zusammengefaßte Thema ist so wichtig, interessant und geradezu brisant, daß ich es gern in einem eigenen Kapitel abgehandelt hätte. Sie werden aber bei der Lektüre der folgenden Sätze selbst merken, daß es hier – wo von der Strukturierung der Zeit gesprochen wird – genau am richtigen Platz steht: »Die Zeit der Frauen ist anders strukturiert und wird anders behandelt als die Zeit der Männer«, stellt beispielsweise die Wiener Soziologieprofessorin HELGA NOWOTNY fest. In späteren Kapiteln werden wir auch noch in anderen Zusammenhängen auf die besonderen Zeitbedürfnisse, Zeitnöte von Frauen und Zeitrezepte für sie eingehen.

Was Frau Nowotny und andere engagierte weibliche Autoren recherchiert und was streitbare Feministinnen angeprangert haben, ist zunächst einmal die weit größere Arbeitszeitbelastung der Frauen gegenüber den Männern: Trotz aller Technik im Haushalt bleibt der Berufstätigen nach Langzeiterhebungen nur ein Drittel der Freizeit ihres Mannes (und dabei ist sie bei Hausarbeit und Kindererziehung noch eine unbezahlte Kraft). Frauen, die außerhalb des Hauses einem Beruf nachgehen – was ja in den letzten Jahrzehnten massiv zugenommen hat und bei rund dreißig Prozent in den alten Bundesländern so ist und bei über neunzig Prozent in den neuen Bundesländern der Fall war –, schneiden im Vergleich zu den Männern sogar permanent schlechter ab. Und das seit über hundert Jahren:

Ein Mann verbrachte 1871 noch sechsundfünfzig Jahre seines Lebens mit Arbeit; in den achtziger Jahren dieses Jahrhunderts waren es nur noch sechsundvierzig; die Männer gewannen volle zehn Jahre Freizeit hinzu. Umgekehrt die Frauen. Damals arbeiteten sie – wohlgemerkt, es ist hier immer von Erwerbstätigkeit außerhalb des Haushalts die Rede! – zusammengerechnet zwanzig Lebensjahre lang. Ein Jahrhundert später, in unserer Zeit, aber dreißig Jahre. Sie haben verloren, was die Männer errangen.

Mehr Freizeit oder längerer Urlaub?

Da aber die arbeitenden Frauen mehrheitlich im »Nebenberuf« auch noch Hausfrauen und Kindererzieherinnen sind, bekommen sie, wie schon gesagt, zwei Drittel weniger vom Freizeitkuchen ab als die Männer. Deshalb ist für sie die »Strukturierung« der Zeit, in der sie diesen »Nebenberuf«

ausüben, besonders wichtig. Denn die – im allgemeinen unbezahlte – Tätigkeit als Hausfrau und Mutter verleitet noch mehr zu Hektik und Chaos und damit zum Verschleudern des kostbaren Gutes »Zeit«. Die Mutter, schreibt Professor Nowotny, »verbindet die Aufsicht über die Kinder mit unzähligen, überlappenden ›Neben‹-Tätigkeiten, die gleichzeitig, immer wieder mit unzähligen Unterbrechungen, in der Routine eines Haushalts anfallen«.

Deswegen wünschen sich auch Frauen eher eine Verkürzung der wöchentlichen Arbeitszeit und mehr Teilzeitarbeitsplätze, um sich intensiver den Kindern und dem Haus widmen zu können, während die Männer einem längeren Jahresurlaub den Vorrang geben – eine dramatische Ungleichheit der Wunschvorstellungen. Und gerade diese »Freizeit«, die doch noch keinesfalls wirklich »freie Zeit« ist, müßte anders aussehen. Während Männer eher größere Zeitphasen zur Verfügung haben, die sie dann wahrhaftig in Freizeit zum Tennisspielen oder Kegeln, zum Wandern oder Lesen oder Nichtstun umwandeln können, verbleiben den Frauen mit Heim und Kindern nur derart »fragmentierte« Zeitsplitter, daß sie mit ihnen nicht mehr viel anfangen können.

Aus wenig viel machen

Für genau diese unbefriedigende Situation hat die Psychologin Elisabeth Müller-Luckmann eine Antwort: Gerade kleine Zeiteinheiten, die »übrigbleiben«, sollen mit Unwesentlichem oder Mehrfachtätigkeiten ausgefüllt werden! Wobei sie mit dem wenig Wesentlichen die Tätigkeiten der Gruppe C meint. (Sie erinnern sich – auch diese bedürfen der Erledigung, sind aber eher nebensächlich und unwichtig: leichte, angenehme, anspruchslose Verrichtungen.) Dazu

kann das Lackieren der Fingernägel ebenso gehören wie
das rasche Wegbügeln von Wäschestücken (freilich: Ist dies
nun den »angenehmen« Aktivitäten zuzurechnen?) oder der
längst fällige Brief an die Großtante.

Dagegen bedeutet »Mehrfachtätigkeiten« einfach, ein
paar unwesentliche Dinge zugleich zu tun. Beispielsweise
beim Fernsehen den Pulloverärmel zu Ende zu stricken und
noch in der Küche den Backofen auf richtige Zeit und Temperatur einzustellen.

Die letzten Möglichkeiten: *bewußt* faul sein, mit den Kindern spielen, entspannen; vielleicht autogenes Training ...

»Lieblingsbeschäftigung: schlafen«

Solche C-Tätigkeiten wie die eben genannten, die ja letzten
Endes doch auch getan werden müssen, verlegen Sie also
in die »Splitterzeiten«. Denn, so MÜLLER-LUCKMANN, »es
gibt sehr viele Zeiteinheiten, die man verrinnen läßt«. Schade
darum! Wobei ich nochmals anmerke: Schade darum, wenn
solche »übrigbleibenden« Zeitsplitter eben nur fürs Herum-
trödeln, für Leerlauf und nicht für Positives, egal was, verwendet werden – was ebensosehr irgend etwas Produktives
bedeuten kann wie auch ein behagliches Viertelstündchen
auf der Couch, mit Hund oder Katze auf den Beinen!

Der Erfolgsautor JOHANNES MARIO SIMMEL hat einmal,
als sich eine Redaktion in einem Fragebogen nach seiner
»Lieblingsbeschäftigung« erkundigte, ernsthaft und guten
Gewissens geantwortet: »schlafen«. Bravo! Denn das ist
wohl das Entscheidende an einer guten Ausnutzung unserer
Zeit: daß man hinterher nicht bereut, was man in ihr und
mit ihr getan hat.

Zeitstrukturierung – sogar im Gefängnis!

Dies ist kein politisches Buch. Es dient nicht der Diskussion politischer Gegenstände, politischer Ideen, Sympathien oder Feindseligkeiten. Deshalb erwähne ich hier – und zwar als positives, beherzigenswertes Beispiel – die Geschichte der Gefängniszeit eines Mannes aus der obersten Führungsetage der deutschen Nationalsozialisten: des Stararchitekten und späteren Rüstungsministers ALBERT SPEER. Er wurde vom Nürnberger Kriegsverbrechertribunal zu zwanzig Jahren Haft in der Berliner Festung Spandau verurteilt. Ich halte meine Leser und Kritiker heute, nahezu ein halbes Jahrhundert nach dem Untergang des Nazireiches, für mündig genug, um nüchterne Argumentation als solche zu erkennen.

Albert Speer also, ein hochintelligenter Mann, erkannte in Spandau die Gefahr, angesichts der täglichen Monotonie seines Einzelzellendaseins zwischen Wecken und »Licht aus!« geistig zu verkümmern, zu resignieren, ja zu verblöden. Deshalb ging er – als einziger der Häftlinge – daran, seine Tage zu strukturieren: jetzt Gymnastik, dann Lektüre, danach Gartenarbeit, schließlich Zeichnen und Entwerfen – alles zu bestimmten Stunden. Er setzte sich Ziele, beispielsweise täglich dreißig Seiten THOMAS MANN zu lesen oder jeden Tag im Garten Runden von sieben Kilometern zu absolvieren und sich dabei die Städte-Stationen und Landschaften einer Weltumwanderung vorzustellen – nun Athen, nun Peking ... Auf diese Weise schaffte er es, bei seiner Entlassung am 1. Oktober 1966 geistig völlig frisch zu sein; er schrieb noch mehrere Bestseller und war ein gesuchter Interviewpartner.

Disziplin ist das Entscheidende

Ich habe das Beispiel Albert Speers so ausführlich geschildert, um auf die Disziplin hinzuweisen, die der Exminister sogar im Gefängnis zur Organisation seiner Zeit aufbrachte. Nur mit dieser – vielleicht heute nicht gerade in der »In«-Rubrik zu findenden – Eigenschaft »Disziplin« läßt sich ein persönliches Zeitmanagement überhaupt und eine Tageszeit-Strukturierung im besonderen praktizieren!

Welchen enormen Nutzen dieses »Zeitstrukturieren« tatsächlich bringt, zeigt eine klassische Anekdote aus dem amerikanischen Big Business. R. ALEC MACKENZIE schildert sie in einem Buch vom Anfang der siebziger Jahre. »Zeigen Sie mir eine Möglichkeit, mit meiner Zeit mehr anzufangen«, sagte damals der Präsident der Bethlehem Steel Corporation, CHARLES SCHWAB, zu seinem Berater IVY LEE, »und ich zahle Ihnen jedes Honorar innerhalb vernünftiger Grenzen.«

Das Wichtigste zuerst

Lee reichte Schwab einen Bogen Papier und antwortete: »Schreiben Sie die wichtigsten Dinge auf, die Sie morgen zu erledigen haben, und numerieren Sie sie ihrer Bedeutung nach. Wenn Sie morgen früh ins Büro kommen, fangen Sie mit Aufgabe Nummer eins an und bleiben so lange daran sitzen, bis sie erledigt ist. Überprüfen Sie dann Ihre Prioritäten noch einmal, und packen Sie danach Nummer zwei an. Wenn Sie für irgendeine Aufgabe den ganzen Tag benötigen, macht das nichts. Bleiben Sie daran sitzen, solange es sich um die wichtigste handelt.«

Und weiter: »Wenn Sie nicht alle erledigen, würde es Ihnen mit einer anderen Methode auch nicht gelingen, und ohne irgendein System würden Sie wahrscheinlich nicht einmal die wichtigste Aufgabe bestimmen können. Machen Sie dies zu Ihrer Gewohnheit für jeden Arbeitstag. Wenn das System bei Ihnen funktioniert, geben Sie es an Ihre Mitarbeiter weiter. Probieren Sie es, solange Sie wollen. Dann schicken Sie mir einen Scheck über den Betrag, den Ihnen dieser Ratschlag wert ist.«

Der Hundert-Millionen-Dollar-Ratschlag

Ein paar Wochen später bekam Lee von Schwab einen Scheck über fünfundzwanzigtausend Dollar, was damals gewaltig mehr war als heute, mit einer Kurznotiz, daß diese Lektion die gewinnträchtigste gewesen sei, die er jemals gelernt habe. Wie im Märchen fährt MACKENZIE fort, daß daraufhin Bethlehem Steel zum größten unabhängigen Stahlproduzenten der Welt wurde und Schwab ihr bekanntester Stahlmanager. Und daß dieser Ratschlag ihm zu einem Vermögen von hundert Millionen Dollar verholfen habe. Doch es war keineswegs ein Märchen, sondern Realität, die Zeit für harte Arbeit klug zu strukturieren.

Neuntes Kapitel

Bündeln Sie Ihre Zeit!

Als ich dieses Buch verfaßte, war ich zeitweise überhäuft mit Arbeit; ich hatte nebenher auch noch mehrere aktuelle Zeitschriftenbeiträge zu schreiben und saß sieben Tage in der Woche von früh bis spät an der Maschine. Freunde und Kollegen fragten mich manchmal ironisch: »Ausgerechnet du, der selbst nie Zeit hat, schreibst ein Buch mit guten Ratschlägen fürs Zeitsparen?« Ich konnte nicht guten Gewissens sagen, daß sie unrecht hatten.

Aber – und daraus zog ich den großen Gewinn bei meiner Beschäftigung mit dieser Thematik – jeden Arbeitstag, an dem ich mich intensiver mit ihr und ihren vielen verschiedenen Aspekten befaßte, lernte ich selbst mehr über die Kunst des Zeithabens. Zum Teil aus Gesprächen und Lektüre, zu einem größeren Teil durch eigene Erfahrung und Überlegung. Was ich lernte, wandte ich gleich an. Sie dürfen mir also glauben: Ich weiß, wovon ich spreche. Viele der Tips, die ich in diesem Buch niederlege, sind selbst erprobt. (Und zwar mit Erfolg: Das Manuskript wurde pünktlich fertig.)

In diesem neunten Kapitel will ich darlegen, daß das, was man tut, nicht planlos durcheinander erfolgen sollte. (Wenn Sie so wollen, ist es eine Fortführung des vorigen Abschnitts – nur daß ich Ihnen nunmehr detaillierte Vorschläge zur Feingestaltung der bereits im groben Raster »strukturierten« Zeit geben möchte.) Dabei erinnere ich mich an zwei eigene Erfahrungen aus der Zeit des Buchschreibens. Sie betrafen ebensolche »Bündelungen« von Zeit, wie ich sie Ihnen jetzt unterbreiten möchte:

Telefonieren nur mittwochs

Wir haben schon darüber gesprochen, wie teuflisch einen
unter Zeitknappheit leidenden Menschen das läutende Telefon aufhalten, ablenken und seine Zeit fressen kann und
wie man dagegen vorgeht. Nun, das gilt natürlich auch für
Gespräche, die *wir selbst* führen müssen – also hinausge-
hende Telefonate. Sie lassen sich ja auf Dauer doch nicht
vermeiden. Also tat ich etwas, was ich Ihnen auch raten
möchte:

Ich griff nicht jedesmal nach dem Hörer, wenn mir gerade
einfiel, ich müsse den oder jenen anrufen. Vielmehr setzte
ich den Anruf auf eine Liste und fixierte für das gesamte
Bündel von notwendigen Gesprächen den Mittwoch der
betreffenden Woche. (Natürlich ist es völlig egal, an welchem Wochentag Sie die Telefonschleuse öffnen.) Dabei
bemerkte ich, daß kaum ein Anruf darunter war, der nicht
ruhig hätte einen, zwei Tage warten können. Noch mehr:
Ich teilte allen Anrufern mit, daß ich sie am Mittwoch,
meinem »Telefon-Tag«, zurückrufen würde. Niemand war
darüber böse.

Der Trick mit dem Besorgungsdienst

Und genauso faßte ich alle notwendigen Einkäufe (da ich
jetzt allein lebe, muß ich mich mit allem – vom Farbband
bis zum Toastbrot – selbst versorgen) auf einer Einkaufsliste
zusammen: für Donnerstag.

Übrigens hängen in »meinem« Supermarkt an den Kassen
Schilder: »Bitte halten Sie das Kleingeld abgezählt bereit,
um den Kassiervorgang nicht unnötig zu verzögern.« Und
selten fühle ich mich so gehetzt wie beim Verstauen meiner
Einkäufe in die Tragetasche – schnell, schnell, schnell, die

Nachfolgenden drängen schon, und ein paar Minuten Zeitgewinn ist unser Ziel auch dort. Meine bäuerlichen Groß-
eltern fuhren einmal in der Woche mit dem Pferdewagen
zum Markt, wobei die Einkaufstour – mit Kaffee und
Schnäpschen im Wirtshaus – einen ganzen Tag in Anspruch
nahm.

Ich habe auch schon, als ich auf keinen Fall den roten
Faden meines Manuskriptes verlieren wollte, aber dringend
die Wäsche aus der Reinigung, Pfeifentabak, Geld von der
Bank und ein Medikament brauchte, eines der zumindest
in den Großstädten ihre Dienste anbietenden Besorgungs-
unternehmen alarmiert. Das hat mich zwar einen Fünfzig-
markschein gekostet, aber mir einen halben Arbeitstag
buchstäblich eingespart. Denken Sie immer daran: Zeit stellt
das Kostbarste dar, über das wir verfügen. Sie ist wertvoller
als Geld. Geld können Sie immer wieder neu erwerben,
Zeit nicht!

Sie erkennen, worauf ich hinauswill: Gleichgültig, wo (im
Büro, zu Hause) und was Sie arbeiten – es ist ein gutes
Rezept, Tätigkeiten gleicher Wertigkeit auf einen bestimmten dafür vorgesehenen Zeitraum zu konzentrieren. Zum
Beispiel Post zu diktieren, zu telefonieren, kurze Besprechungen über Detailfragen mit Mitarbeitern und Kollegen
aneinanderzureihen, Formulare auszufüllen …

Arbeitsblöcke bilden!

Dies ist eine Grundregel (deren Formulierung in solch prä-
ziser Form vom amerikanischen Managementberater Joseph D. Cooper stammt): Eine größere Menge Arbeit der
gleichen Art ist einfacher zu bewältigen als die fortwährende
Anpassung an völlig verschiedene Fragen und Situationen.
Das heißt: Wenn Sie sich spontan mit allen gerade anfallen-

den Aufgaben (ein Telefonat, einen Brief, eine Aktennotiz) befassen, geht viel Zeit verloren.

Warum das Bündeln von Arbeiten, das Bilden von »Arbeitsblöcken« so zeitsparend ist, läßt sich einfach erklären: Ihr Gehirn benötigt nicht jedesmal eine neue Einarbeitungs- und Anlaufzeit (es ist physiologisch meßbar, daß es sie braucht), um sich einem immer wieder neuen Thema zu widmen. Ihre Konzentration bleibt erhalten. Sie müssen nicht bei jedem Neubeginn nach den verlorengegangenen Fäden suchen, sich abermals den neuen Anforderungen anpassen – und Sie können auch gleich noch von den einmal vorhandenen Unterlagen, Geräten, Hilfspersonen profitieren. Sie werden sehen: Ihre Nerven werden mehr geschont, der Streß verringert sich, wenn Sie am Ball bleiben.

Natürlich gibt es Widerstand

Dieses Rezept: »bündeln«, »Arbeitsblöcke bilden« gilt ebenso für wichtige Tätigkeiten, wo Sie beispielsweise den Inhalt der einmal gelesenen Dokumente, Texte, Statistiken noch im Kopf haben – bei Abbruch und Neubeginn nach einer Weile müßten Sie sie wahrscheinlich noch einmal studieren –, wie für nicht so wichtige: Sie behalten das Diktiergerät auf dem Schreibtisch und drücken dann nur erneut auf den Startknopf, Sie belassen das gleiche Computerprogramm auf dem Bildschirm, statt jedesmal neu zu suchen, oder Ihr Assistent bleibt gleich sitzen. Es entspricht einfach den Tatsachen, daß Sie in sechzig Minuten Arbeit der gleichen Art mehr schaffen als in sechs über den Tag verstreuten Zehnminutenepisoden.

Möglicherweise werden Sie bemerken, daß sich in Ihrem Inneren Widerstand gegen eine solche Rationalisierung Ihrer Zeit regt (wie gegen alles Zeitmanagement). Ich kenne überaus tüchtige Frauen und Männer, die ihre »Freiheit«, ihren Lebensrhythmus nicht derart – wie sie es empfinden – in eine Zwangsjacke stecken lassen wollen. Nun, es ist jedermanns eigene Lebenszeit ...

Hier noch einmal als Erinnerung aus dem vorigen Kapitel: die wichtigen, Konzentration erfordernden Arbeiten (die »A-Aktivitäten«) als erste aufgreifen (nicht erst Kleinkram erledigen, um einen »leeren Schreibtisch« zu haben!) und dafür sorgen, daß man sie ungestört und in einem Zuge abwickeln kann. Dies ist die immer und überall gültige Quintessenz der wahren Anekdote über den Stahlboß CHARLES SCHWAB. MACKENZIE nennt das die extrem bedeutende »Geheimformel Durchhaltevermögen«. Um sie anzuwenden, müssen Sie kein Genie sein. Es genügt, wenn Sie zeitbewußt (geworden) sind.

Wie im Film

Weil die Bündelung von Aufgaben so wichtig ist, bitte ich Sie, sich einmal die folgenden Vergleiche bildhaft vorzustellen. Wenn Sie männlichen Geschlechts sind, liegt Ihnen der erstere wahrscheinlich am nächsten: Mit einem Schlagbohrer können Sie viele verschiedene Arbeiten ausführen – Löcher bohren, Oberflächen abschleifen, sie polieren ... Nur müssen Sie jedesmal zuvor einen neuen Werkzeugaufsatz anbringen. Was Zeit kostet. Nicht anders ist es mit dem Gehirn, wenn es sich immer wieder auf neue Arbeiten einstellen soll.

Oder wenn Sie eine Frau sind: Genau das gleiche gilt für moderne Küchenmaschinen – sie rühren, kneten, schlagen Schnee und so weiter. Wiederum muß aber jedesmal zuerst der Apparat »umfunktioniert« werden.

Den einleuchtendsten Vergleich bieten wohl Filmdrehar-
beiten. Da jede Stunde, jede Minute dabei viel Geld kostet,
werden zwecks Beschleunigung häufig alle Einstellungen in
ein und derselben Kulisse hintereinander abgedreht, auch
wenn sie später im Film oder gar über Tage und Wochen
verteilt in Fernsehserien in ganz verschiedenen Szenen
erscheinen. Oder: Bei einem Gespräch wird zuerst etwa der
weibliche und hinterher erst der männliche Hauptdarsteller
(oder umgekehrt) in einem Zuge mit allen Dialogbruchstük-
ken aufgenommen, und im Schneideraum erfolgt dann die
Zusammenstellung des Puzzles. Sehen Sie – so sparsam mit
Ihrer Zeit sollten auch Sie sein. Selbst wenn Sie Zeitverlust
kein Vermögen an Geld kostet – Sie wissen ja, es geht um
noch mehr: um Ihr kostbarstes Kapital, das Zeitbudget.

Im Haushalt wie im Büro

Ich habe schon betont, daß dieser »Zeitberater«, den Sie
gerade in der Hand halten, beileibe nicht nur als Lektüre
für Manager dienen soll. Hausfrauen geraten beispielsweise
genauso in stetig wachsenden Zeitstreß. So versteht es sich
von selbst, daß nahezu alles hier Gesagte auch in Küche
und Bügelstube gilt (und für die vielen, vielen berufstätigen
Hausfrauen mit Doppel- oder bei Kindern sogar Dreifach-
belastung natürlich erst recht). Ein gutes Beispiel für Not
und Abhilfe gleichermaßen fand ich kürzlich in einer großen
Frauenzeitschrift. Unter der Überschrift »Hilfe – mir rennt
die Zeit davon!« wurde Zeitmangel als »das aktuelle Problem« behandelt, »das uns Frauen bewegt«.

    »Zeitkiller« fielen der Redaktion beispielsweise im Zu-
sammenhang mit Haushaltsarbeit auf, wenn sie *unsyste-
matisch* vonstatten geht (unser Thema in diesem Kapitel!):
»Beim Bügeln wird ein loser Saum entdeckt. Ordnung muß

sein, also her mit der Nähmaschine. Leider fehlt das passende Garn. Dafür geht man extra los zum Supermarkt, obwohl der tägliche Einkauf bereits am Morgen erledigt wurde. Und obwohl man Rock oder Hose ja gar nicht sofort braucht.«

Die männlichen Leser sollten jetzt nicht von Banalitäten reden. Wir sind ja doch wohl heute so weit, daß wir Hausarbeit als genauso ernste Angelegenheit betrachten wie die Tätigkeit in Büro oder Werkstatt. Und zwischen dem »losen Rocksaum« und einem ebenso zeitfressenden Hin und Her am Schreibtisch oder Computer vermag ich keinen Unterschied zu sehen.

Denken Sie nicht an die nächste Aufgabe!

Ich möchte sogar noch einen Augenblick bei diesem Artikel (es handelt sich um die »*Frau im Spiegel*«) bleiben, weil er uns ein höchst wichtiges Stichwort gibt. Da werden Soziologen zitiert, die als einen der Gründe unserer heutigen Zeitnot den Mangel an Konzentrationsfähigkeit hervorheben, ausgelöst beispielsweise durch Verkehrshektik, Vielfalt der Unterhaltungselektronik, unser gigantisches Freizeitangebot. (In der Tat ist gerade die stetig wachsende Flut von Offerten für immer mehr Tun in »Freiheit« ein mörderischer Zeitfresser, den wir in einem der nächsten Kapitel eingehend betrachten werden.)

»Versuchen Sie, sich hundertprozentig auf die jeweilige Tätigkeit zu konzentrieren«, heißt es in dem Artikel. »Wer in Gedanken schon seine nächste Aufgabe vor sich sieht, ist nicht voll bei der Sache. Die Folge: Fehler schleichen sich ein, alles dauert länger als nötig.« Wie wahr! Im Zen-Buddhismus heißt es: »Wenn ich esse, esse ich. Wenn ich trinke, trinke ich. Wenn ich schlafe, schlafe ich.«

Nun läßt sich jedoch natürlich gut darüber reden, man
möge sich »hundertprozentig konzentrieren« – wenn man
dem Leser, der Leserin nicht sagt, wie man das macht. Dazu
im nächsten Kapitel mehr.

Endstation Depression

Genau deshalb rate ich aber schon hier noch einmal zum
Einlegen einer Pause. Wir alle kennen die erregte Diskussion
um die Ersetzung menschlicher Arbeitskräfte durch Roboter. Der Grund: Die Automaten brauchen keine Erholungs-
pause, sie arbeiten sogar vierundzwanzig Stunden lang
durch. An dieser Stelle möchte ich mit Nachdruck betonen:
Wir Menschen sind keine Roboter und werden es auch
niemals sein!

Wer sich zwischen den Tätigkeiten des Tages keine Unterbrechung gönnt, der wird – das belegen sogar Krankenge-
schichten aus psychiatrischen Kliniken – eines Tages an
einen Punkt gelangen, wo er überhaupt nicht mehr arbeiten
kann. Weil wir selbst (und vielleicht auch die Chefs, obwohl
ich ihnen so viel Unverstand, der sich gegen ihre eigenen
Interessen richten würde, gar nicht zutraue) es von uns
erwarten, hetzen wir von einer Tätigkeit zur anderen, ohne
innezuhalten. Das hat mit »Arbeitsmoral« oder gar »Dynamik« wirklich nichts mehr zu tun – es ist schlichtweg barer
Unsinn! Solche Hetze kann in schweren Depressionen
enden, in denen der Mensch dann zu überhaupt nichts mehr
fähig, geradezu gelähmt ist.

Daß man – kleine – Pausen einlegen sollte, um wieder
hellwach zu werden, ist nicht nur eine Erkenntnis, die in
japanischen Firmen zu Fitneßübungen in regelmäßigen
Abständen während der Arbeit geführt hat (warum eigentlich nicht bei uns?). Man kann die leistungssteigernde Wir-

kung von Kurzpausen sogar messen. Der Züricher Arbeitspsychologe ETIENNE GRANDJEAN kam bei solchen Untersuchungen auf folgende Werte: Ohne offizielle Pausen betrug die effektive Arbeitszeit in einem gegebenen Zeitraum nur 78,5 Prozent – der Rest wurde »verbummelt«. Dagegen stieg die produktive Arbeitszeit auf 87,5 Prozent, wenn regelmäßig kurze Pausen eingelegt wurden. In einem untersuchten Industriebetrieb stieg die Tagesproduktion bei *verordneten* Pausen von 1 770 auf 2 212 Stück. (Übrigens brauchen sie auch nicht lange zu dauern, weil nachgewiesenermaßen die Erholungswirkung zu Beginn der Pause am weitaus größten ist.)

Professor Grandjean fällt nach lebenslangen Forschungen das allgemeingültige unverrückbare Urteil: »Die Arbeitspause ist ein unentbehrliches, physiologisches Erfordernis im Interesse der Erhaltung der Leistungsfähigkeit.«

Das Rezept Ernest Hemingways

Nun kommt aber irgendwann der Punkt, an dem, ob mit oder ohne Pausen, keine Arbeitsleistung mehr möglich ist: der »Frustrationspunkt«. Seine Kennzeichen: Unlust, Müdigkeit, Leere im Kopf, Ungeschick in den Händen. Wenn Sie – und *nur* wenn Sie – einmal bis zu diesem Frustrationspunkt gelangt sind, rate ich, den Arbeitsgegenstand zu wechseln oder ganz und gar aufzuhören (je nach Arbeitsplatz und Tageszeit). In einem solchen Fall übernimmt nämlich Ihr Unterbewußtsein den Gegenstand, mit dem Sie vergeblich gerungen haben, und findet mühelos Lösungen, auf die Sie wachen Sinnes nie gekommen wären. »Ein Problem lösen heißt, sich vom Problem lösen«, formuliert es treffend Dr. SIEGERT.

ERNEST HEMINGWAY als Schriftsteller kannte diese Lö

sung ganz genau. (Aber sie funktioniert unter Garantie auch, wenn Sie EDV-Spezialist oder Student oder Inhaberin eines Reisebüros sind.) Er nannte das Unterbewußtsein, das dann die Regie übernimmt, die »geheimnisvolle Quelle, die sich über Nacht wieder auffüllt«. Nichts hindert Sie, diese Quelle anzuzapfen!

Zehntes Kapitel

Informationsmüll und Nachrichtenschrott – weg damit!

Ich möchte zu Anfang dieses Kapitels noch einmal auf die Zeit-bedrohende Konzentrationsschwäche zurückkommen, von der wir im vorhergehenden sprachen. Vielleicht haben Sie das neunte Kapitel unbefriedigt hinter sich gelassen, weil Sie meinten, allein mit dem Pausenmachen sei eine genügende Erhöhung der Konzentration denn doch nicht zu erreichen. Sie haben recht: Sich zu konzentrieren auf das, was man gerade tut, und so kostbare Zeit durch Fahrigkeit nicht zu »verplempern« hat noch andere Kraftquellen.

Psychologen wissen aus ihren Sprechstunden, daß Konzentrationsschwäche (wozu sich vor allem bei Kindern und Jugendlichen Unruhe, gesteigerte Aktivität und Motorik hinzugesellen) auch eine Folge der Reizflut ist, die in immer steigendem Maße von außen auf uns eindringt. Wir wollen zunächst einmal das riesige Unterhaltungsangebot, dem wir Tag für Tag ausgesetzt sind, außer acht lassen und uns auf die Betrachtung der Informationen – in welcher Form auch immer, von der »Tagesschau« und »Heute« über Anzeigenblätter bis zu Beipackzetteln von Medikamenten – beschränken. Kommunikationswissenschaftler sprechen da geradezu von einem »Informations-Overkill«, mit dem wir konfrontiert werden. Das ist ein Ausdruck aus der Militärsprache, der besagt, ein vorhandenes Waffenpotential reiche nicht nur für eine einmalige, sondern für eine dauerhafte Vernichtung des Gegners aus.

Der Bestseller, den niemand las

Sie halten das alles für übertrieben? Ich glaube nicht. Die folgenden Tatsachen sprechen für sich.

Die Informationen, die auf uns hereinprasseln, steigern sich Erkenntnissen der Kommunikationsforschung zufolge alle fünf Jahre auf die doppelte Menge: eine Flut, die beängstigend immer mehr anwächst und uns eigentlich längst ertränkt haben müßte. Ein paar Zahlen mögen dies verdeutlichen: Im Mittelalter verfügte die Bibliothek der Pariser Sorbonne, schon damals ein Zentrum der Gelehrsamkeit, über ganze 1 338 Bücher; ein Zeitgenosse hätte wohl noch alle Kenntnisse der damaligen Welt in sich aufnehmen können. Dagegen enthielt zu Ende des 17. Jahrhunderts die Bibliothek im britischen Oxford bereits über fünfundzwanzigtausend Bände – schon zu diesem Zeitpunkt wäre es ein verzweifelter, vergeblicher Versuch gewesen, sich alles einverleiben zu wollen, was es an Wissen gab. Noch einmal hundert Jahre später hätte dies auch ein GOETHE bei weitem nicht mehr geschafft, der dessenungeachtet immer noch als der letzte »universal gebildete« Mensch gilt ...

Zum Vergleich nun die heutige Lage. In der »Library of Congress« in Washington, dem unbestritten umfangreichsten Depot allen menschlichen Wissens, gibt es über hundert Millionen Bücher und andere Informationsträger. Aber so weit brauchen wir nicht einmal zu gehen. Denn die alljährliche Frankfurter Buchmesse präsentiert in jedem Oktober rund hunderttausend neuerschienene Bücher, darunter achtzigtausend deutschsprachige. Der französische Publizist JEAN-LOUIS SERVAN-SCHREIBER fragte sich einmal zu Recht, auf welche aberwitzigen und völlig unrealistischen Zeiträume man wohl käme, wenn man die wirklich verkauften Bücher mit der theoretisch nötigen Lesezeit multiplizierte – es ergäbe Jahrzehnte, wir hätten nichts anderes mehr zu tun.

Hier sei eine Lösung, die wir Menschen instinktiv gefunden haben, schon vorweggenommen: Wir kaufen Bücher – oder bekommen sie geschenkt –, lesen sie an und stellen sie weg ins Regal. Erkundigungen bei Käufern des Umberto-Eco-Bestsellers *»Im Namen der Rose«* ergaben, daß der Siebenhundertsiebzig-Seiten-Wälzer im Durchschnitt nur bis zur achtzigsten Seite gelesen wurde.

»Der Mensch wird immer dümmer«

Der ungeheure Strom an immer neuen Informationen ergießt sich über uns alle, wenn wir nur eine große Bahnhofsbuchhandlung betreten: Da liegen tagtäglich zwischen sechs- und siebentausend Titel aus. Und die Sturzflut erfaßt auch in einem Maße, daß die Wissenschaftler der verschiedensten Disziplinen machtlos und hilflos sind, alle einzelnen Fachbereiche – Zehntausende bis Hunderttausende von neuen Veröffentlichungen im Jahr von der Chemie bis zur Germanistik. In den USA sind auf ebenfalls Hunderttausenden von Magnetbändern Lawinen von Daten gespeichert, die Raumsonden, Raumschiffe und Satelliten gesammelt haben; niemand wird das meiste davon jemals auch nur anrühren, geschweige denn auswerten.

Da der Prozentsatz des vorhandenen Wissens, den wir noch bewältigen können, ständig sinkt, hatte der *»Spiegel«* völlig recht, wenn er eine Betrachtung zu diesem Thema mit dem provozierenden Titel *»Der Mensch wird immer dümmer«* überschrieb.

Nun aber zurück zu dem Problem, das uns in diesem Buch beschäftigt: der Zeitnot. Der Mensch wird permanent *»dümmer«*, könnte man sagen, obwohl er sich immer noch viel zuviel Zeit nimmt, um mit dem Informationsüberfluß

Schritt zu halten. Wir verbringen zwei Stunden und vierzig Minuten täglich vor dem Fernseher, eine halbe Stunde pro Tag mit der Tageszeitung und dreizehn Minuten mit einer Zeitschrift in der Hand. Wohlgemerkt, dies sind Durchschnittswerte, ermittelt an der Universität Saarbrücken, die für Männer und Frauen jeden Berufsstandes gelten. Ich bin (wobei ich mich selbst als Beispiel nehme) davon überzeugt, daß gerade Menschen mit Zeitproblemen wie Sie und ich noch viel mehr Minuten und Stunden des Tages mit irgendwelchen Medien vor Augen verschenken. Zu viele Minuten und Stunden! Zuviel Abfall der Konzentration!

Seelisch krank durch die Informationsflut

Wir unter der Zeitnot Leidenden kranken bewußt (und fast alle Menschen unbewußt) daran, daß sich jeder einem permanenten Trommelfeuer von Informationen ausgesetzt sieht: Ein jeder weiß, daß er auswählen und sich beschränken muß – aber wie, damit wir andererseits doch als über das Nötige informierte Mitbürger und Mitstreiter im Existenzkampf überleben? Nun, Psychiater kennen die Folgen dieses Problems: seelisch Erkrankte, zerrissen, verstört, deprimiert durch den Kampf gegen den Moloch Informationsflut.

Unsere vierzehn Milliarden Gehirnzellen versuchen uns sogar, ohne daß wir es merken, vor der Sintflut an Neuem zu schützen, indem sie einfach unseren Aufnahmemechanismus abschalten: Wir registrieren sehr viel überhaupt nicht mehr, obwohl wir es vor Augen haben; und was doch von uns aufgesogen wurde, vergessen wir zum größten Teil schnell wieder – ein erstaunlicher Panzer gegen den Informationshagel.

In Zahlen: Über neunzig Prozent dessen, was wir in

Schriftform vor uns haben, und fast siebenundneunzig Prozent des Fernsehprogramms bekommen wir »gar nicht mit« – als »Müll« oder »Schrott« rauscht alles an uns vorbei. Wortanzeigen widmen wir automatisch nicht mehr als zwei Sekunden. Und seit hundert Jahren schon wissen die Gedächtnisforscher, daß bis zu achtzig Prozent des tatsächlich neu Aufgenommenen vierundzwanzig Stunden später schon wieder vergessen sind.

Das hört sich positiv an: All diese Abwehr- und Filtermechanismen bewahren uns im Normalfall davor, durchzudrehen, Amok zu laufen, geisteskrank zu werden. Das mag schön und gut sein. Aber sie können uns nicht davor behüten, daß wir zunächst einmal viel Zeit, viel zuviel Zeit aufwenden, um uns mit der Informationsmasse zu beschäftigen: lesend, hörend, sehend. Und *das*, der Zeitverlust, ist ja das Problem, das wir in diesem Buch behandeln.

Die Zeitvernichtungsmaschine

Gestatten Sie mir, bevor ich dann auf geradem Weg zu Antwort, Lösung und Hilfe komme, noch einen kleinen Abstecher in die Psychologie und die Gehirnforschung. Um nämlich darzulegen, warum wir beispielsweise fernsehend (vor allem fernsehend!) überhaupt nicht bemerken, wie die Zeit vergeht. Erst hinterher stellen wir mit einem erschrockenen Blick auf die Uhr fest, daß wir wieder einmal Stunden vor dem Bildschirm gesessen haben, und nun ist der Tag vorbei, verronnen ...

Der Fernseher, lehrt uns die Gehirnforschung, ist die »Zeitvernichtungsmaschine« Nummer eins – was sich folgendermaßen erklären läßt: Wir haben bereits über das »subjektive Zeitparadox« gesprochen, jene Erscheinung, daß wir intensiv erlebte Phasen zum Zeitpunkt, da sie stattfinden, als kurz empfinden, im Rückblick jedoch als lang. Die Gründe hierfür: Zum einen hat das Gehirn in vergangenen Abschnitten, die voller »Input« waren, viele Haltepunkte, an denen es die Erinnerung festmachen kann – sie dehnt sich. Leerzeiten dagegen schnurren zusammen. Zum anderen aber bekommt jedes Ereignis, das wir erleben, eine »emotionale Ladung« mit wie eine Duftmarke; der Münchner medizinische Psychologe Professor ERNST PÖPPEL nennt einen solchen Vorgang die »förmliche Durchseuchung« des Informationsstroms mit Gefühlen. Was einen großen Gefühlswert besitzt – gleich, ob positiv oder negativ, ob Freude oder Leid –, das vergeht wie ein Rausch, bleibt aber im Rückblick intensiv und langdauernd. Was dagegen nicht mit Gefühlen besetzt ist, geht im Vorbeifliegen der Zeit unter.

Die Zeit ist einfach weg

Anders ist es mit den Bildern im Fernsehen (oder auch mit der Landschaft, die vor dem Zugfenster vorbeihuscht): Sie haben kaum einen oder gar keinen Gefühlswert für uns. Ein Unglück, eine Seuche, eine Überschwemmung, ja ein Krieg, bloß elektronisch auf die TV-Glasscheibe übertragen, berühren uns im Innersten weit weniger (auch wenn wir vielleicht spontan Mitleid mit Notleidenden empfinden und uns vornehmen, Geld zu spenden), als wenn wir solche Katastrophen in der Wirklichkeit, in unserem eigenen Leben und persönlich erfahren würden.

Das aber bedeutet eben: Die emotionale Ladung ist schwach oder überhaupt nicht vorhanden. Demzufolge bleibt keine Zeitmarke haften. Wir empfinden weder die verstreichende noch die verstrichene Zeit. Sie ist einfach weg.

Nach dieser Abschweifung, die nebenbei – so hoffe ich – ein verbreitetes modernes Phänomen als wahren Zeitfresser entlarvt hat, wenden wir uns wieder der zu bändigenden Informationsflut zu.

Wie ein Müllschlucker

Um gegenüber der die Zeit wie ein Müllschlucker vernichtenden Neuigkeitslawine bestehen zu können, raten uns die Psychologen, dabei klare Zielvorstellungen zu entwickeln und Prioritäten zu setzen. Also von vornherein völlig bewußt auszuwählen und vieles einfach wegzulassen. Ich weiß aus eigener Erfahrung, wie schwer das ist. In vergangenen Jahren hatte ich neben meiner umfangreichen Tageszeitung und einem Wochenblatt noch sechs Zeitschriften abonniert, allgemeine wie fachliche. Bis ich bemerkte, daß sich die teuren Hochglanzhefte zu ungelesenen Bergen stapelten, die ich dann eines Tages entschlossen zum Altpapier-Container trug.

Übrigens waren zwei Nachrichtenmagazine – *»Spiegel«* und *»Time«* – sowie der *»Reader's Digest«* dabei, also Medienformen, die bezeichnenderweise bereits gegründet wurden, um demjenigen, der keine Zeit hat, einen vorausgewählten, zusammenfassenden Überblick zu liefern. Aber selbst die Lektüre dieser komprimierten Informationen vermochte ich nicht mehr zu bewältigen.

Ich habe die meisten der Abonnements inzwischen gekündigt.

Man muß nicht alles wissen!

Genauso erging es mir mit dem Fernsehen. In den Abendstunden betrieb ich das, was Fachleute »Zapping« nennen – das weitverbreitete Hin- und Herspringen zwischen den Kanälen mittels Fernbedienung. Und blieb länger als vorgesehen immer wieder an einer Sendung hängen, die mich reizte. Während ich mich besser zum Schlafen hingelegt hätte, um am nächsten Tag ausgeruht zu sein.

Inzwischen habe ich gelernt – und meine, daß diese Entdeckungen auch für andere nützlich sind: Ich muß nicht alles wissen! Nicht alles sehen, nicht alles lesen. Dafür ein paar Beispiele:

Ich muß nicht am Bildschirm miterleben, wie der Präsident von Papua-Neuguinea (sicher ein sympathischer Vertreter eines sympathischen Landes) in Bonn mit Nationalhymne, Ehrenkompanie und rotem Teppich empfangen wird. Die Zahl der Staatsbesuche ist groß – die Vereinten Nationen zählten, als ich dies schrieb, 166 Mitglieder! (Der Schriftsteller Hans Magnus Enzensberger bezeichnet solche Zeitkiller als »Null-Meldung«, und aus solchen ist auch er rigoros ausgestiegen.)

Ich muß auch nicht (Feministinnen mögen mir verzeihen) eine Sendung über die Identitätsprobleme einer Siebzehnjährigen im afrikanischen Burkina Faso miterleben. Oder die bevorstehende – wievielte? – Regierungsbildung in Rom. Oder noch eine »Game Show« in einem der Privatkanäle: Gewinnt Gertrud oder Volker, die mir eigentlich beide schnurzegal sind? Wobei natürlich einem jeden seine Auswahl selbst überlassen bleibt ...

Das gleiche praktiziere ich mit der Zeitung: Ich hatte mir als ersten Schritt angewöhnt, ganze Teile zu überblättern – etwa die Nachrichten aus der bayerischen Region, die mindestens zwei Seiten täglich ausmachten. Ein Beispiel: Muß ich wissen, daß in dem Dorf Kasberg bei Gräfenberg in der Fränkischen Schweiz nach langem Ringen mit Einwohnern und Ämtern ein Heim für achtzehn Alkoholiker eingerichtet wird? Nein, ich muß es nicht! Bitte – hier ist meine kritische Überlegung:

Erstens kenne ich den Ort nicht, kann mir schwer vorstellen, wo genau er liegt, und werde höchstwahrscheinlich mein Leben lang nicht dorthin kommen. Zweitens: Ich habe weder privat noch beruflich mit Alkoholikern zu tun, und ihre Problematik liegt mir fern. Der ganze zweispaltige Bericht war für mich also das, was lieblos als »Informationsmüll« bezeichnet wird.

Die Null-Meldung

Damit wir uns richtig verstehen: Natürlich respektiere ich die Bemühungen der Fachleute, ein solches Rehabilitationsheim zu etablieren – und ich respektiere auch die Arbeit des Reporters und des Redakteurs, die für den Bericht verantwortlich waren. Natürlich freut es mich als Mitmenschen, daß Alkoholkranke dort eine neue Chance bekommen sollen. Aber: Für mich hat der Beitrag nicht den geringsten Informationswert. Er war eine Null-Meldung, zwei Spalten lang, die mein Zeitbudget vollkommen unnötig belastet hätte.

Freilich muß ich zugeben, daß es sehr schwerfällt, sich dem »Sog« einer Zeitungsseite zu entziehen – der sicherere Weg ist, rasch weiterzublättern.

Die einflußreiche »*New York Times*«, die ich sehr schätze, trägt unter ihrem Titel den traditionellen Satz »All the news that's fit to print« – »Alle Nachrichten, die geeignet sind, gedruckt zu werden«. Mag sein. Aber ich möchte Ihnen lieber raten, nur »all the news that's fit to *read*«, also jene Meldungen, die das *Lesen* wert sind, zu beachten.

Der Schweizer Zeitmanagement-Pionier und Buchverleger EMIL OESCH hat das Phänomen, daß »der Durchschnittsleser täglich viel zuviel Zeit an das Lesen von Tageszeitungen und Wochenblättern wendet«, so beschrieben: Aus Gewohnheit oder Neugierde werde statt bloß der Schlagzeilen Satz für Satz, Spalte für Spalte verschluckt. Wie wenig »glücklicherweise« (die Anführungszeichen sind von mir!) hängenbleibe, könnten wir leicht feststellen: indem wir uns im Zug beispielsweise bei einem Mitreisenden, der zwei Stunden lang seine Zeitung vorwärts und rückwärts auswendig gelernt habe, einmal erkundigten, was er von der Seite drei oder vier noch zu berichten wisse.

Thema verfehlt

Ich habe das Wort »glücklicherweise« mit An- und Abführungszeichen versehen, weil ich meine, daß der höchst verdienstvolle Emil Oesch hier einmal das Thema verfehlt: Es geht uns ja beim Umgang mit unserer kostbaren Zeit nicht darum, Belastung für das Gehirn zu vermeiden (das paßt, wie wir wissen, schon ganz allein auf!), sondern eben Zeit zu sparen – das heißt, sie *vernünftig* und *sinnvoll* zu verwenden. Wenn also der Mitreisende zwei Stunden lang seine Zeitung studiert und doch nichts behalten konnte, dann hat er es nicht »glücklicherweise« vergessen, sondern unglücklicherweise zwei Stunden vergeudet.

Nun können Sie sich (und mich) natürlich fragen, was dieser Reisende denn sonst und besser mit diesen zwei Stunden hätte tun sollen. Die Antwort ist einfach: Statt des sowieso schnell wieder aus der Erinnerung entschwundenen »Nachrichtenschrotts« könnte er a) etwas lesen, das die Zeit

lohnt, b) etwas arbeiten (wenn sein Beruf so etwas zuläßt),
c) nichts tun, dösen, sich entspannen ...
Ich fahre oft längere Strecken mit dem Zug, weil ich es
schätze, mich ebendiesen Dingen dort widmen zu können.
Dabei erlebe ich immer öfter, vorzugsweise im Großraum-
wagen, Manager, die ihren Laptop-Computer bedienen.
Nun sagen Sie bitte nicht, es sei ja schrecklich, daß ich (und
diese Manager) nun auch noch das letzte Quentchen Zeit
auf eine nutzbringende Weise ausquetschen. Im Gegenteil:
Was die Herren in dezenten Nadelstreifen – und ich selbst –
im Zug erledigen, brauchen wir nicht zu Hause zu tun, und
dort können wir die kostbaren Stunden wirklich genießen.

Aber was soll man denn nun lesen?

Natürlich ist es keine Frage, daß man Nachrichtenmedien
konsumieren muß, um über das Geschehen zu Hause und
in der Welt informiert zu sein. (Auch ENZENSBERGER, der
dem »Bonner Tratsch« seine gepfefferte Absage erteilt hat,
empfindet sich nicht etwa als »unpolitisch«.) Es gibt nun
unter den Zeitberatern zwei verschiedene Meinungen darüber, wie man es beispielsweise mit der Zeitung halten solle:
Die einen meinen, man möge, statt drei oder vier durchzu-
blättern, sich lieber mit einer einzigen gründlich befassen,
also die Menge reduzieren. Die anderen raten, ganz im
Gegenteil, mit »diagonalem Überfliegen« mehrerer Blätter
täglich in wenigen Minuten zu lesen, also: Rationalisierung.
(*Wie* man es anfängt, »quer« und schnell zu lesen, das erkläre
ich Ihnen ausführlich in einem späteren Kapitel.)
Auf welche Weise, der ersten oder der zweiten, man sich
die täglichen Neuigkeiten intensiv und trotzdem zeitsparend zuführt, das sollte nach meinem Dafürhalten jeder für
sich selbst entscheiden. Meine endgültige persönliche Lö-

sung sieht noch anders aus und mag vielleicht ein bißchen seltsam erscheinen: Ich lese überhaupt keine Tageszeitung mehr!

Ich informiere mich vielmehr im Frühstücksfernsehen und dann noch einmal in einer der Spätausgaben der TV-Nachrichten. Ich habe erkannt, daß ich auf diese Weise die gleichen Nachrichten, die erst am kommenden Morgen Schlagzeilen in der Zeitung machen und dort die Seite eins füllen, schon am Vorabend kenne und sogar analysiert und mit Hintergrundinformationen vorgesetzt bekomme. Zusätzlich lese ich (was man wunderbar zum Beispiel im Zug tun kann) wegen des breiteren Themenkreises wöchentlich einmal ein Nachrichtenmagazin. Dabei ist mir noch nicht aufgefallen, daß ich mit dem solchermaßen gewonnenen Informationsstand nicht einer noch so lebhaften Diskussion standhalten könnte. Nicht zuletzt bietet das Internet wirklich zeitsparende Möglichkeiten gezielter, höchst aktueller Information – wenn man nicht der Versuchung unterliegt, schnell noch einmal hierhin und dorthin zu »surfen«: denn dann gehen leicht alle Zeitersparnis und aller Zeitgewinn flöten! Womit wir wieder beim Thema Disziplin und Prioritäten wären (siehe zweites und sechzehntes Kapitel).

Und die Bücher?

Was Bücher angeht, haben wir bereits weiter vorn davon gesprochen, daß wir Menschen uns geradezu instinktiv vor Gehirn- (und Zeit-)Ballast schützen, indem wir sie häufig nicht zu Ende lesen. Bitte fragen Sie sich aber, was Ihnen das »Anlesen« und Wegstellen nützt – es sei denn, Sie wollten auf Ihre mit Bücherrücken geschmückte Schrankwand stolz sein. Sicherlich können Sie dann auf Partys damit prunken, daß Sie Ecos *»Foucaultsches Pendel«*, Hawkings *»Kurze Geschichte* *der Zeit«* oder GAARDERS *»Sofies Welt«* kennen. Aber Vorsicht: Vielleicht hat jemand ein Dutzend Seiten weiter gelesen als Sie! Solche Diskussionen können enden wie der berühmte Ritt über den Bodensee.

Der Rat, den ich Ihnen geben möchte, klingt geradezu trivial. Es ist der gleiche Gedanke, der dieses ganze Kapitel über den Umgang mit Informationen und Medien prägt: auswählen, selektiv vorgehen!

Die Soziologin AGNES KRUP-EBERT drückt das Rezept in ihrem kürzlich erschienenen Buch *»Welt der Information«* so aus: »die Medienrealität der Lebensrealität unterordnen«. Das bedeutet im Hinblick auf Buchlektüre: Informieren Sie sich, bevor Sie ein Buch kaufen, darüber, werden Sie sich klar, ob Sie es auch wirklich bis zu Ende lesen wollen und lesen können. Hierbei helfen schon Klappentext und (beim »Querlesen« entdeckte) Zeitungsrezensionen.

Ebendies sollten Sie zum Kriterium machen: Interessiert mich das Buch genug, um es ganz zu lesen? Wenn Ihre Antwort ja lautet, kaufen Sie es. Ich habe, was diesen Gegenstand »Bücher« betrifft, überhaupt keinen falschen Hochmut. Es ist mir egal, ob das Buch Ihrer Wahl moderne Lyrik, esoterische Informationen oder eine Abenteuerstory enthält. Wenn es *für Sie* bedeutet, daß die Lektüre Ihre Lebensqualität erhöht, greifen Sie »zeitökologisch« zu.

Elftes Kapitel

Der »atmende«
Terminkalender

In der Privatklinik eines befreundeten Psychiaters lernte ich
kürzlich einen seiner Patienten kennen: einen gutaussehen-
den Mann Anfang Vierzig, sportlich gebräunt und teuer
gekleidet. Aber er hatte Augen, die erschreckend müde und
trübe wirkten, seine Bewegungen waren langsam, und sein
Gang war schlurfend. Der Befund lautete: »Erschöpfungs-
depression«.

Wir ahnen gar nicht, auf wie viele Menschen – Männer
wie Frauen – diese Diagnose heutzutage zutrifft: Man ver-
spürt keinen Antrieb mehr, bringt es nur noch mit äußerster
Willensanstrengung oder auch gar nicht mehr fertig, sich
seinen Aufgaben zu stellen, schleppt sich durchs Leben
ohne Freude, ohne Mut und Zukunftshoffnung, zuweilen
mit Selbstmordgedanken. Es handelt sich um eine typische
Krankheit unserer hektischen Zeit, die oft von Laien nicht
erkannt und sogar von Ärzten hilflos als »Neurasthenie«
bezeichnet wird. Gewissermaßen ist sie das psychische
Gegenstück zum körperlichen Herzinfarkt – beide haben
die gleichen Ursachen, Hektik und Überarbeitung, und es
liegt nur am Menschentyp, woran man schließlich erkrankt.

Im Gespräch kam dieser Patient, ein Handelsvertreter,
von sich aus auf das Thema »Streß und Zeitnot« zu sprechen; in der Klinik hatten die Ärzte ihn darauf aufmerksam
gemacht, wo die Wurzeln seines Leidens lagen. Mir sind
noch einige seiner bemerkenswerten Sätze in Erinnerung
geblieben:

Autounfall unter Aufputschmitteln

»Man schafft sich doch seine Zeitnot selbst«, sagte er jetzt, da es fast zu spät war, klarsichtig. »Ich habe meine Besuchstermine immer im Viertelstundenrhythmus verabredet, dabei hätte eine halbe Stunde auch gereicht. Das war bloß falscher Ehrgeiz von mir. Wenn sich der erste Termin unerwartet ausdehnte, fielen alle anderen wie Dominosteine um, und ich geriet ins Schwimmen und in Panik.« Der Auslöser für seinen Klinikaufenthalt war ein Autozusammenstoß gewesen, den der Vertreter aufgrund überhöhten Tempos – weil der Zeitplan wieder viel zu eng geworden war – verursacht hatte. Ein von der Polizei hinzugezogener Arzt stellte fest, daß der Mann unter der Wirkung eines Aufputschmittels stand.

Ich habe diesen Fall deshalb so ausführlich geschildert, weil er typisch für eine ganz gravierende Ursache von Zeitnot ist: Das Zu-voll-Packen des Terminkalenders, das Nichteinrechnen von Verzögerungen. Mit dem Unerwarteten muß jeder von uns, gleichgültig in welchem Beruf, rechnen. Und jeden Tag und jede Woche sollte man es vorher einplanen, statt nachher außer Atem und unter die Räder zu kommen.

Die Wichtigkeit dieser Berücksichtigung von »Leerzeiten«, die Notwendigkeit, Stunden und Tage nicht hundertprozentig zu verplanen, kann überhaupt nicht genug betont werden. Der Punkt ist von so großer Bedeutung, daß die auch schon vorhandene Zeitspar-Literatur ihn im allgemeinen herausstellt. Nur daß er da des öfteren ziemlich undeutlich und sogar widersprüchlich abgehandelt wird.

»*Immer das Unerwartete*«

Louis P. Lochner, in den dreißiger Jahren Chef des Büros der US-amerikanischen Nachrichtenagentur »Associated Press« in Berlin, veröffentlichte seine Lebenserinnerungen unter dem Titel »*Always the Unexpected*« – »Immer das Unerwartete«. Sicherlich zählt es zu den Besonderheiten des journalistischen Berufs, daß der Reporter vom Unerwarteten stärker beherrscht wird als jeder andere Berufsstand. Ja, er lebt geradezu davon. Aber seien Sie sicher: Auch Sie, was immer Sie tun mögen, sind nicht gefeit dagegen.

Managementberater meinen aus ihrer Erfahrung, daß nicht weniger als zwanzig bis dreißig Prozent eines jeden Tages keineswegs wie geplant verlaufen. Was gibt es alles für Faktoren, die jedes zu enge Zeitkorsett sprengen: neue Termine für Besprechungen, Treffen, Trainingsprogramme werden einem »aufs Auge gedrückt«. Schon festgesetzte Konferenzen, Gespräche oder eigene Arbeiten dauern länger, als man vorgesehen hat; wir können ja, wie wir wissen, Zukünftiges schlecht abschätzen – bei allem Training bleibt ein Rest Unsicherheit. Unerwartete Besucher erscheinen (trotz jeglicher Abschirmung, die Sie hoffentlich jetzt schon praktizieren). Da kommen Telefongespräche (die Sie auch unter Berücksichtigung sämtlicher Abwehrstrategien entgegennehmen müssen).

Und dann gibt es natürlich Fehler, die Sie selbst oder ein Mitarbeiter, eine Mitarbeiterin begehen und die herausgefunden und korrigiert werden müssen. Plötzlich einsetzende Krisen verlangen Ihnen alles ab.

Und wenn Sie krank werden?

Schließlich: Und was passiert, wenn Sie plötzlich krank werden? Gegen die Grippe, gegen einen Unfall ist niemand gefeit. Wie man mit diesem speziellen Problem zu Rande kommt, darüber werde ich gleich sprechen.

Sie sehen schon: Das Unerwartete *wird* unausweichlich kommen, *muß* geradezu eintreffen, und Sie müssen die Zeit haben, sich damit auseinanderzusetzen.

(Natürlich kann auch einmal das Umgekehrte passieren – ein Termin platzt, ein Besucher sagt ab: Unverhofft haben Sie frei verfügbare Zeit. Ich vertraue darauf, daß Sie dann nicht in ein schwarzes Loch fallen, sondern meinem schon gegebenen Rat folgen: den Freiraum mit Routinearbeiten zu füllen. Davon dürften Sie doch immer genügend auf Lager haben. Flexibilität, die Fähigkeit, rasch umzuschalten, ist eine wichtige Eigenschaft, von der noch in diesem Kapitel die Rede sein wird.)

Schon Zeitmanagement-Pionier OESCH riet: »Rechnen Sie mit Verzögerungen!« Er wies (zu Recht) darauf hin, daß das Nichteinkalkulieren von Unerwartetem, resultierend in einer Verspätung, sogar den guten Ruf bedenklich ins Wackeln bringen kann. Sein Vater, erinnerte er sich, habe ihm bereits den guten, immer noch vom Sohn beherzigten Rat gegeben: »Wohin du auch fährst, rechne immer Zeit ein für einen Radwechsel!« Auch wenn wir heute nach Statistiken der Autoreifenindustrie durchschnittlich nur noch alle hunderttausend Kilometer einen »Platten« einkalkulieren müssen – dieser Tip von früher hat auch jetzt noch seine Gültigkeit.

Der Mann, der noch nie einen Termin verpaßte

Der Münchner Medienmanager JOSEF VON FERENCZY ist ein Mann mit einer atemberaubenden Erfolgsgeschichte: Als er vor vier Jahrzehnten mit Ehefrau, Kindern und Schwiegermutter nach Deutschland kam, sprach er weder ein Wort in unserer Sprache, noch hatte er einen Pfennig in der Tasche. Heute besitzt er ein Imperium von über einem Dutzend Firmen in der Medienbranche und steht mit führenden Politikern und Wirtschaftsbossen auf dem Duzfuß; seine Empfänge sind glanzvoll, und die Gesellschaftsspalten feiern ihn.

Eines seiner Erfolgsrezepte ist seine Pünktlichkeit, die ihm den Ruf eines »ungarischen Preußen« eingetragen hat. Er hat noch nie einen Termin versäumt, keinen seiner häufigen Flüge verpaßt, weil er stets schon eine Stunde vor dem Einchecken auf dem Flughafen eintrifft: Es könnte ja auf der Auto- oder Taxifahrt von seiner Villa zum Airport einen Unfall, eine Umleitung, eben etwas Unerwartetes geben.

Ich habe bereits kritisch angemerkt, daß viele Zeitmanagement-Bücher sehr vage und unpräzise sind, was den Zeitraum angeht, den man als Sicherheitsfaktor einkalkulieren sollte. Man möge einen »durchschnittlichen Prozentsatz« oder »genügend Reserve« einrechnen, heißt es da. Ich möchte Ihnen exaktere Vorschläge machen. Dabei greife ich stellenweise Bewährtes aus der Praxis erfahrener Unternehmensberater auf (auch wenn Sie kein »Unternehmen« dirigieren, kann es Ihnen nützen). Dies und anderes habe ich selbst ausprobiert.

Reservieren Sie sich Zeit im voraus!

Eine Frage bedarf dabei vorab der Klärung: Sollen wir in der Vorausplanung das »Unerwartete« pro Tag oder eher pro Stunde einkalkulieren? Beides ist möglich. Es hängt von Ihrer Tätigkeit ab, was sich für Sie als praktikabler erweist.

Pro Tag:

Ein guter Rat (den R. ALEC MACKENZIE aus der umfangreichen praktischen Erfahrung amerikanischer und kanadischer Manager ableitet) ist es, zwanzig Prozent des Arbeitstages von Terminen freizuhalten. Das heißt, sich bei einem Achtstundentag (aber Sie werden wahrscheinlich länger arbeiten) mindestens anderthalb Stunden Freiraum zu lassen!

Professor LOTHAR J. SEIWERT, der Leiter eines Instituts für Zeitmanagement, verrät diesbezüglich einen sehr praktischen Tip: sich im Terminkalender im voraus selbst freie Zeitblöcke zu reservieren. Dabei hilft es psychologisch, sie in einer besonderen Farbe zu markieren. Das ist dann für Sie wie eine optische Blockade dieser Stunden, wenn Terminwünsche an Sie herangetragen werden, und wirksamer als nur ein freies weißes Feld.

Übrigens: Denken Sie immer daran, daß Sie auch Terminvorschläge von anderen nicht stillschweigend akzeptieren müssen; manch einer tut das, um nicht den Eindruck zu erwecken, er sei unter Druck.

Pro Stunde:

Von *jeder* Arbeitsstunde, die Sie verplanen, sollten Sie eine Viertelstunde (gleich fünfundzwanzig Prozent) je Stunde offenlassen. Managementberater Dr. SIEGERT sagt dazu passend, dann beginne der Terminplan zu »atmen«, er werde flexibel.

Wie Sie sehen, bedeutet keine der beiden Möglichkeiten etwa eine Zeitverschwendung, die Sie sich nicht leisten können: Beide Male disponieren Sie nur knapp über zwanzig bis dreißig Prozent der Arbeitszeit, die ohnehin für Unerwartetes zum Teufel geht.

Selbst auf die Gefahr hin, Sie allmählich zu langweilen, möchte ich an dieser Stelle noch einmal wiederholen: Vergessen Sie auch die Pausen nicht! Wir haben schon darüber gesprochen, daß und warum sie lebensnotwendig sind.

»Ja, mach nur einen Plan ...«

Nein, so skeptisch wie BERTOLT BRECHT es in seiner *»Dreigroschenoper«* darstellt, sehe ich das nicht! Zurück zu der Situation, daß Krankheit Sie überfällt und alle Zeitplanung über den Haufen wirft. Was dann? Um diesem Fall auf sinnvolle Weise entgegenzutreten und dann nicht im Chaos zu versinken, befassen Sie sich doch bitte noch einmal mit den beiden Listen – für sieben bis zehn Tage und für ein Jahr –, die ich Ihnen im siebten Kapitel ans Herz gelegt habe. Lesen Sie sie noch einmal aufmerksam durch.

Und markieren Sie dann mit rotem Farbstift, welche zu erledigenden Aufgaben Sie *auf jeden Fall* absolvieren wollen und müssen, und lassen Sie ohne rote Markierung, was Sie tun möchten, wozu Sie aber nicht unbedingt gezwungen sind. Durch dieses »Ausdünnen« erhalten Sie gewissermaßen ein Skelett des Lebenswichtigen.

Wenn Sie dann wirklich unter dem Druck Ihrer Krankheit auch das Drängendste (das *Wichtigste*, nicht das *Dringendste* – über den Unterschied reden wir noch ausführlich!) in dieser Woche nicht schaffen, bleibt Ihnen zumindest ausschließlich ein harter Kern von Prioritäten, der Sie weit weniger erschrecken und beunruhigen wird, als wenn Sie den fiebrigen Kopf voller unorganisierter Pläne hätten. Denn dies ist überaus wichtig: daß Sie nicht die Nerven verlieren, sondern Überblick und Kontrolle behalten. Diese vordringlichsten Aktivitäten nehmen Sie sich dann, sobald Sie wieder auf den Beinen sind, nach dem Rezept des Stahlmanagers CHARLES SCHWAB vor: Zuerst stur nur das Wichtigste … Sie schaffen es schon, fertig zu werden. Nicht hektisch, sondern mit geplanter Klarheit. Sagen Sie sich das laut und deutlich!

»Ich möchte drei Wochen nach Kalifornien«

In den Gesprächen, die ich zum Thema »Zeitsparen« mit der Braunschweiger Psychologieprofessorin ELISABETH MÜLLER-LUCKMANN führen konnte, haben mich diese Sätze von ihr besonders beeindruckt: »Man muß flexibel sein. Man muß lernen, keinen Schock zu erleiden, wenn man gezwungen ist, plötzlich umzudisponieren.« Und sie nannte lächelnd als praktisches Beispiel für ihre Ausführung: »Mir ist auf einmal eingefallen – ich möchte drei Wochen nach Kalifornien. Und ich hab's gekonnt und gemacht.«

Mir kam das, zeitnotverstrickt wie ich damals war, geradezu ungeheuerlich vor. Eine Frau, die einen Universitätslehrstuhl innehat, die viele Bücher schreibt – nicht nur Fachliteratur, sondern auch sehr praktische Lebenshilfe-Ratgeber und sogar spannende Krimis –, die immer wieder in großen Strafprozessen die Angeklagten psychologisch begutachtet, – dieser Frau fällt also plötzlich ein, daß sie gern drei Wochen an Amerikas Westküste verbringen will. Und sie kauft ein Flugticket und tut's. Einfach so …

Das Geheimnis, das hinter solchen frappierenden Möglichkeiten des Disponierens mit unserer Zeit steht, liegt in dem kleinen Wort »flexibel«.

Sie können nun mit gutem Recht einwenden, daß das leicht zu sagen und schwierig zu praktizieren sei. Man »muß das lernen«, sagt Frau Müller-Luckmann. Wie lernt man, wie wird man das denn – »flexibel« im Umgang mit der Zeit? Überlegen Sie bitte einen Augenblick.

Dann wird Ihnen sicherlich auffallen, daß wir in diesem ganzen Kapitel eigentlich von nichts anderem gesprochen haben. Alle Darlegungen, alle Ratschläge, die ich in ihm gab, laufen ja darauf hinaus. Wer mit dem Unerwarteten zu rechnen imstande ist, wessen Terminplanung »atmet«, der ist eben genau dies: flexibel, beweglich, souverän im Umgang mit unserem kostbarsten Gut. Er (oder sie) erleidet eben *keinen* (oder zumindest einen viel geringeren) Schock mehr bei der Konfrontation mit plötzlich notwendigen – oder eben spontan gewünschten – Änderungen der Planung. Wenn auf einmal alles »umgeschmissen« wird, gibt es keine unsanfte Landung mehr auf dem Boden der Realitäten, mit denen wir tagtäglich leben müssen. Das zumindest ist unser »Lernziel«, wenn Sie den schulbuchhaften Ausdruck entschuldigen.

»Lange Schleifen unverplanter Zeit«

Sie haben jetzt, hoffe ich, schon mehr Luft, mehr zeitlichen Spielraum, können (ein anderer Ausdruck der Psychologin) »kreativ« sein mit Ihren Vorhaben – bis eben hin zu den drei Wochen in Kalifornien. (Natürlich bin ich mir darüber im klaren, daß ein Bankangestellter, eine Studentin, eine berufstätige Hausfrau nicht gerade dieses eine Beispiel so ohne weiteres nachvollziehen kann: Koffer packen und weg nach San Francisco. Aber auf die innere Freiheit, auf das »Die-Zeit-im-Griff-Haben« kommt es an!)

In Zeitmanagement-Büchern für Wirtschaftsführer haben

mich zwei symbolträchtige Karikaturen besonders amü-
siert: Die eine zeigt den von Zeitnot geplagten Menschen
schweißüberströmt zwischen den beiden Backen eines
Schraubstocks gequetscht. In der anderen Zeichnung liegt
er verkrümmt im oberen Teil einer Sanduhr und blickt ent-
setzt dem ausrinnenden Sand nach, der unaufhaltsam weg-
rieselt.

So war ich auch. Genauso waren, nehme ich an, auch Sie,
deswegen lesen Sie dieses Buch. Nun, ich glaube, daß Sie
jetzt, wo Sie es etwa zur Hälfte hinter sich gebracht haben,
schon viel entspannter dreinblicken. Aber warten Sie ab,
was noch kommt.

In einem »*Spiegel*«-Bericht über die »rasende Zeit der
gehetzten Gesellschaft« schreibt die kluge und glänzend
informierte Autorin ARIANE BARTH: »Dilettanten planen
derart genau, daß sie der Zufall um so härter trifft; Profis
rationalisieren weg, was sie bloß Streß und Zeit kostet, ohne
sonderlichen Nutzen einzubringen; wahre Künstler treiben
die Zeitplanung so weit, daß sich lange Schleifen unverplan-
ter Zeit ergeben.«

Das Korsett der Zeitplanung lockern

Wobei man vielleicht korrigieren sollte, daß die »wahren
Künstler« eben gar nicht erst »die Zeitplanung so weit treiben«. Sondern im Gegenteil das enge Korsett der Zeitplanung weit genug lockern.

Wie auch immer: Ich wünsche Ihnen, daß Sie längst kein
Zeit-»Dilettant« mehr sind, sondern bereits Zeit-»Profi«,
um bei Frau Barths Ausdrücken zu bleiben. Und daß Sie
sich auf dem besten Wege befinden, ein wahrer Künstler zu
werden in der Kunst, »immer Zeit zu haben«.

Der Satz »Ich habe immer Zeit«, den wir zum Titel dieses

Buches erhoben haben, stammt übrigens auch von Frau
Professor MÜLLER-LUCKMANN. Sie wußte, wie sie das an-
stellte ...

Zwölftes Kapitel

Lassen Sie sich nicht erschlagen!

Das Abenteuer »Vorausplanung«, über das ich in diesem Kapitel sprechen will – und darüber, wie man das Untier »Zukunft« zähmt –, wird sehr gut von einem eigenen Erlebnis illustriert:

Ich hatte in New York ein Taxi genommen, um mich von meinem Hotel an der Sixth Avenue zum John-F.-Kennedy-Flughafen bringen zu lassen. Das Flugzeug nach München startete um 17.35 Uhr, und ich wußte, daß ich allerspätestens fünfundvierzig Minuten zuvor einchecken mußte. Also zwingend notwendig: Eintreffen auf »J.F.K.« um 16.45 Uhr. Es war bei weitem nicht das erste Mal, daß ich für diesen Rückflug gebucht hatte.

Und trotzdem hätte ich um ein Haar die Maschine verpaßt. Weil ich »aus dem Gefühl heraus« die Dauer der Taxifahrt falsch vorauskalkulierte. Ich ließ den Hotelportier das Taxi erst eine halbe Stunde vor der unbedingt nötigen Ankunftszeit am Flughafen herbeipfeifen – und war sogar guter Dinge und völlig überzeugt, daß diese Fahrzeit ausreichen würde. (In Wahrheit muß man mit einer guten Stunde rechnen.) Also trotz aller Erfahrung, die ich mit dieser Strecke – hin wie zurück – bereits hatte: Ich irrte mich beinahe fatal.

Was man realistisch bewältigen kann

Gleich ein Wort zur Klärung eines eventuellen Mißver-
ständnisses: Es geht bei dieser kleinen Geschichte – und bei
diesem ganzen Kapitel – *nicht* um das Einkalkulieren von
Unerwartetem; darüber haben wir ja schon früher gespro-
chen, wobei ich die bewundernswerte Pünktlichkeit meines
Freundes JOSEF VON FERENCZY als Beispiel erwähnt habe.
Ich denke, daß Sie dies nun im Griff haben. Nein, daß die
Strecke von Manhattan zum Kennedy-Flughafen vierund-
zwanzig Kilometer beträgt und immer, wirklich immer vom
Autoverkehr verstopft ist, war mir ja ganz und gar bekannt.
Trotzdem vergriff ich mich.

Das soll einmal mehr als Beweis für die Tatsache dienen,
wie schwer wir es haben, zukünftige Zeitstrecken wirklich
exakt abzuschätzen. Natürlich kann man diese Kunst trainieren, und ich habe Ihnen bereits geschildert, wie sich dies
bewerkstelligen läßt. Selbstverständlich helfen uns die Me-
thoden, die ich Ihnen angeraten habe, auch erheblich, wenn
wir unseren Fuß ins Nebelmeer der kommenden Zeit setzen.

Trotzdem aber komme ich hier noch einmal auf diesen Gegenstand zurück, weil er aus vielen Facetten besteht, die wir
samt und sonders kennenlernen sollten. Und weil uns die
Unfähigkeit, dieses Problem »des Erkennens, was man in
welcher Zeit realistisch bewältigen kann« zu beherrschen,
nicht nur verpaßte Flugzeuge und Ärger, geplatzte Termine
und unsägliche (unnötige) Zeitverluste beschert, sondern sogar ernsthafte psychische Störungen, wiederum Depressionen und – laut Frau MÜLLER-LUCKMANN – »Leistungsneuro-
sen«:

Psychosomatische Leiden wie Herz- und Magenbe-
schwerden, Rückenschmerzen, Asthmaanfälle haben oft ihre
Ursache darin, daß wir nicht soviel leisten, wie wir geglaubt
haben, leisten zu können – in einer bestimmten Zeit.

Wir genehmigen uns zu große Stücke

Ich sagte eben, daß das Problem des In-den-Griff-Bekommens der zukünftigen Zeit aus vielen Facetten besteht. Diejenige, die uns hier beschäftigt und die wir bisher noch nicht besprochen haben, sieht so aus: Wir neigen einfach generell dazu, uns zuviel vorzunehmen. Warum? Lassen Sie mich vorweg einschränken: Wir wissen, von Aktivität getriebene Menschen haben diese fatale Neigung, im voraus zu große Stücke von der Zukunft abzubeißen, mehr, als wir kauen und schlucken können. »I bit off more than I could chew«, singt FRANK SINATRA. Wir tendieren dazu, die für ein Vorhaben einkalkulierte Zeit unrealistisch zu kurz anzusetzen.

»Wenn man Manager um die Auflistung der für den nächsten Tag geplanten Arbeit bittet«, hat R. ALEC MACKENZIE beobachtet, »schreiben sie meistens nicht nur die Arbeit für einen, sondern für drei oder vier Tage auf. Sie unterschätzen die benötigte Zeit um ein Beträchtliches.«

Obwohl mir keine diesbezüglichen statistischen Erhebungen bekannt sind, behaupte ich, daß wir uns stets eher *zuviel* als etwa *zuwenig* aufhalsen, das wir innerhalb einer bestimmten Zeit zu erledigen gedenken. Überlegen Sie bitte einmal: Ist Ihnen das letztere öfter passiert? Haben Sie sich zuwenig vorgenommen? Ich glaube kaum.

Dieses seltsame Phänomen mag mit unserer »Fortschrittsgläubigkeit« zu tun haben. Eben mit der Idee von der fortschreitenden, vorantreibenden Zeit im Gegensatz zu einer im Kreis, in ewiger Wiederkehr verlaufenden Zeit in früheren oder Dritte-Welt-Kulturen. Diese Vorstellung des »Fortschritts«, der Glaube, daß sich die Menschheit immer weiter (und zwar zum immer Besseren) entwickle, ist ja noch relativ jungen Datums. Sie stammt aus der »Aufklärung« im 17. und 18. Jahrhundert. Und sie bewirkt offenbar, daß wir

an alles mit dem olympischen Motto »schneller, höher, stärker!« – von Baron COUBERTIN erst Ende des vorigen Jahrhunderts geprägt – herangehen: voller Schwung, hin- und
mitgerissen, aber dabei unsere realen Möglichkeiten unter-
schätzend. Sicher ist Dynamik eine positive Eigenschaft, aber
sie hat auch Schattenseiten, mit denen wir umgehen lernen
müssen. Hier beweist sich dann wieder die Erkenntnis: Weniger ist mehr!

Die Sache mit Marx

Es ist auch kein Wunder, daß nicht nur wir Menschen im
kapitalistischen Wirtschaftssystem diesem Glauben anhän-
gen (und somit dazu tendieren, voll inneren Elans los- und
dann zu kurz zu springen): In den ehemaligen sozialistischen, von der Planwirtschaft geprägten Staaten wurde ja
ebenfalls immer wieder ein zu hohes Ziel anvisiert und dann
der geheiligte Plan nicht erfüllt. (Oder höchstens in dem
Fall, daß Sonderschichten gefahren, »freiwillig« die Wochenenden einbezogen wurden, oder ein »Held der Arbeit«
wurde mit so vielen namenlosen Handlangern ausgestattet,
daß er eben in einer Stunde um dreihundertfünfzig Prozent
mehr Ziegel aufmauern konnte als ein normaler Bauarbei-
ter.) Im ersten Vierteljahr 1991 lag die sowjetische Bauindu-
strie schon um siebzigtausend neue Wohnungen gegenüber
dem Plan jenes Jahres zurück.

»Besser, schneller, billiger!« gab in den fünfziger Jahren der
damalige SED-Chef WALTER ULBRICHT für den DDR-Woh-
nungsbau als Parole aus. Auch er war als Kommunist geprägt
von der Idee des »Fortschritts«, der ja die Grundlage allen
sozialistischen Denkens bildet. Übrigens hat sich schon Ul-
brichts Ahnherr KARL MARX zum Thema unseres Buches,
der Zeitnot, geäußert: Alle Ökonomie werde schließlich zu

einer »Ökonomie der Zeit« werden – die Zeit und ihre Beherrschung würden also in der Zukunft (in der wir jetzt leben!) wichtiger werden als etwa Produktionskapazitäten und Konsumkraft. Da hatte er einmal recht. Freilich: Von »Zeitökologie« wußte er nichts...

Von diesem Abstecher in die Ideengeschichte – wir sehen, wie sehr uns solche unterschwelligen Bewußtseinszustände auch im Alltag beherrschen, bis hin zur Taxifahrt in New York – zurück zu den praktischen Ratschlägen.

Wenn es also so ist, daß wir uns viel eher zuviel vornehmen als zuwenig und dann daran scheitern, wird es Zeit zu handeln. Wir müssen lernen, »daß gewisse Dinge in der geplanten, geschätzten Zeiteinheit nicht möglich sind« (MÜLLER-LUCKMANN). Daß wir uns nicht »von Undurchführbarem erschlagen lassen«, daß »man nicht mehr plant, als man realistisch bewältigen kann« (wegen seiner Wichtigkeit sei dieser Satz hier noch einmal wiederholt).

»Sich selbst umzingeln«

Die Braunschweiger Psychologin, die aufgrund ihres Umgangs mit vielen Studenten große Erfahrung mit ebendiesem allgegenwärtigen Problem hat, nennt den Zustand des Sich-zuviel-Vornehmens »sich selbst umzingeln«. Das Ausmaß eines Vorhabens wird so schlecht vorauskalkuliert, daß man in Panik gerät, überall an Mauern zu stoßen, und die Aufgabe »wie ein unüberwindlicher Berg« erscheint. Es ist klar, daß dann überhaupt nichts gelingt. Schade um die Zeit.

Gemach. Auch dieses Problem läßt sich mit Ruhe lösen. Und zwar so: Wir müssen lernen, uns einen Überblick über die auf uns zulaufende Situation zu verschaffen. Dies ist, psychologisch gesehen, wirklich ein Lernprozeß. Lernen also durch »trial and error«, »Versuch und Irrtum«. *Üben Sie, künftige Zeitstrecken richtig abzuschätzen und dadurch in den Griff zu bekommen.* Üben Sie es bewußt! Die folgenden Tips können Ihnen dabei helfen:

Erinnern
Natürlich wissen wir schon, daß wir sogar zurückliegende Zeitmaße schlecht abschätzen können. Deshalb halten Sie sich, wenn Sie eine Ihnen bevorstehende Erfahrung in der Vergangenheit schon einmal gemacht haben, schlicht und einfach an die Uhrzeit.

Zum Beispiel mein New Yorker Taxierlebnis: Ich hatte ja diese Fahrt schon mehrmals unternommen. Es hätte mir damals geholfen, wenn ich mir in Erinnerung gerufen hätte: Das letzte Mal bist du um dreizehn Uhr Ortszeit pünktlich gelandet, hast etwa zwanzig Minuten für Paßkontrolle und Zoll gebraucht und warst wie verabredet um halb drei bei deinen Freunden. Also dauerte die Fahrt rund eine Stunde. Und es ist keinesfalls anzunehmen, daß sie diesmal (wenn auch in der anderen Richtung) in der Hälfte der Zeit vonstatten geht.

Greifen Sie also, sofern es Ihnen möglich ist, immer auf konkrete Beispielfälle zurück.

Fragen
Und zwar in unserem Beispiel den einen Taxifahrer an der Haltestelle, wie lange *seiner* Erfahrung gemäß die Fahrt dauern könne; er weiß das besser als Sie. Erkundigen Sie sich bei einem Kommilitonen, wie lange *er* für die Übungszeichnung oder die Mikroskopierarbeit benötigte. Das gibt Ihnen einen Anhalt – warum sollten Sie schneller sein! Oder bei der Nachbarin, wieviel Zeit *sie* der – Ihnen neuen – Schneiderarbeit widmet.

Um Ihrem möglichen Einwand zuvorzukommen: Ich

weiß, daß diese Ratschläge ausgesprochen banal klingen! Doch glauben Sie mir: Sie können Wunder wirken. So schwer ist für uns Menschen das Abschätzen kommender Zeiteinheiten, daß uns jede Hilfe recht sein muß, um zum Zeitsouverän zu werden.

Rechnen
Wenn Sie beispielsweise als Obsthändler zwei Bücher lesen müssen, um alles über Walnüsse zu erfahren; als Rechtsanwalt drei Kommentare, um eine Streitfrage zu entscheiden; als Student elf Lehrbücher, um sich aufs Examen in diesem Fach vorzubereiten – sitzen Sie bitte nicht hilflos und verzweifelt am Schreibtisch!

Es ist erheblich leichter, aus der Erfahrung zu schätzen, wie lange man für die Lektüre der notwendigen Seiten *eines* Buches braucht, als für den ganzen Stapel. Es kann Ihnen, wenn Sie nur »über den Daumen peilen«, das gleiche mit der Zeit passieren wie vielen Leuten mit dem Geld: Sie ahnen gar nicht, daß sie, wenn sie pro Tag ein Päckchen Zigaretten rauchen, monatlich gut 150 Mark dafür ausgeben; da ist dann eben das Gehalt schon am Zwanzigsten des Monats zu Ende.

Ich habe beim Verfassen dieses Buches folgendermaßen kalkuliert: Pro Tag schaffst du erfahrungsgemäß im Durchschnitt fünf Seiten (mal etwas mehr, mal etwas weniger). Da das Manuskript zweihundertzwanzig Seiten haben soll, muß ich – rein mathematisch – vierundvierzig Tage einplanen.

Natürlich wäre das, wir wissen es schon, eine Milchmädchenrechnung gewesen (die aber viele in ähnlichen Fällen immer wieder aufstellen!). Zwanzig bis dreißig Prozent unserer Arbeitszeit, haben wir gehört, nimmt das Unerwartete in Anspruch. Dies ist eine Erfahrungszahl aus Management- und Büroberufen, die Sie bei allen Punkten dieses Kapitels als Minimum berücksichtigen müssen! Kreative

Arbeiten (nicht nur als Autor oder Texter, auch als Mode-
designerin, als Goldschmied …) lassen sich weit schwerer
einkalkulieren. Es gibt Denkpausen, es gibt »Durchhänger«,
Unausgeschlafenheit, Kopfschmerzen. (Daß wir nicht immer
gleich gut in Form sind, und wie man das in die Zeitplanung
aufnimmt, darüber ausführlich im nächsten Kapitel.)

Fazit: Ich habe fünfzig Prozent mehr Zeit vorauskalkuliert, die ich nicht mit dem Maschineschreiben zubringen
würde. Es hat knapp ausgereicht. Realistisch sind eher hundert Prozent.

Der millionenfache Bestsellerautor HEINZ G. KONSALIK
rechnet anders. Auch er geht von fünf Romanseiten pro
Tag aus: Wenn er sie an dreihundert Tagen des Jahres jeweils
schriebe, hätte er jährlich anderthalbtausend Seiten, was drei
Büchern entspricht, fertig. *Aber* Konsalik weiß aus der
Erfahrung von hundertvierzig – oder sind es schon mehr? –
bisher von ihm verfaßten Büchern, daß er *mehr* schafft als
das Tagesminimum von fünf Seiten. So bleibt ihm Zeit für
Reisen, Recherchen, Festspiele – eben für die angenehmen
Dinge des Lebens. Doch er besitzt ein solides »Sicherheits-
netz«.

In Einzelschritte zerlegen

Zu große Schritte, zu große Arbeitseinheiten vor uns
schrecken uns ab und machen uns eine vernünftige, tatsa-
chengerechte Vorauskalkulation unmöglich. Besser ist es,
jedes Vorhaben, jede Aufgabe in Einzelschritte aufzuglie-
dern. Frau MÜLLER-LUCKMANN wird immer wieder von
verzweifelten Studenten um Hilfe gebeten, die sich mit
Arbeiten übernommen haben und ins Schleudern geraten
sind. Ihr Ratschlag: nicht pauschal »fürs Vorexamen« zu
büffeln, sondern sich schrittweise Fach für Fach, Buch für
Buch, Vorlesungsaufzeichnung für Vorlesungsaufzeichnung
vorzunehmen.

Schiffbrüchige haben sich in vergangenen Zeiten ja auch Tagesrationen an Wasser und Zwieback eingeteilt – und sind nicht alle Menschen, die zeitlich »schwimmen«, irgendwie Verunglückte auf dem Meer der Zeit?

Ein anderes Beispiel: Sie planen eine Urlaubsfahrt mit der Familie im Wagen von Hannover nach Griechenland. Da geraten Sie unweigerlich in Druck, wenn Sie nur pauschal vielleicht drei Tage für die Anreise kalkulieren. (Obwohl diese Rechnung, die Kilometerzahl durch das Ihnen gewohnte Tempo dividiert, durchaus aufgehen mag, auch wenn Sie über Ungarn fahren.) Sie können sich eben, gerade zur Ferienzeit, nicht auf theoretische Zahlen verlassen. (Es sei denn, Sie stellten es wie die von der Autobahnpolizei hin und wieder erwischten türkischen Gastarbeiter an, die Tag und Nacht am Steuer sitzen, um so schnell wie möglich nach Hause zu kommen – wobei die Mutter hinten sitzt und Vater am Lenkrad von Zeit zu Zeit kaltes Wasser auf den Kopf spritzt, um ihn munter zu halten.)

Sie sollten vielmehr froh sein, wenn Sie am ersten Tag bis Salzburg kommen. Den nächsten bis zum Plattensee. Und so weiter. (Der ADAC rät zu Tagesetappen von dreihundert bis maximal fünfhundert Kilometern, und er müßte es ja eigentlich wissen.)

Sie erkennen das System wieder: einen Riesenschritt in kleine Schritte zerlegen. Mit jeweils genauem Ziel. Realistisch!

Rechtzeitig anfangen

Noch einmal ein Beispiel aus der Lebenserfahrung der Psychologin ELISABETH MÜLLER-LUCKMANN: Etwa neun Monate vorher erreicht sie eine Einladung zu einem Vortrag an der Universität Heidelberg. Nun fängt sie nicht gleich an, »daran herumzudenken« – das würde sie nur in ihrem regulären Tages- und Wochenpensum stören. Sie weiß vielmehr aus eigener Einschätzung (weil sie sich eben schon lange mit dem Thema »Zeiteinteilung« für ihre individuelle Lebensplanung befaßt und darum zeitbewußt handelt), daß sie für die Ausarbeitung ihres Textes ein Vierteljahr zuvor beginnen muß, sich darüber Gedanken zu machen.

Dann beginnt sie energisch, systematisch (aber entspannt, weil ja genug Zeit ist) mit der Arbeit. Für Frau Müller-Luckmann hat sich ein Zettelplan (ihr »Regierungszettel«) bewährt: Was steht an Projekten an, was habe ich vor? So weiß sie, »wann es ernst wird«.

Nur wenn man sich genau darüber klar ist, wie viele Tage man wirklich – realistisch – für eine Aufgabe zur Verfügung hat, vermeidet man, am Ende zwei Nächte mit Hochdruck durchzuarbeiten. Natürlich: Es sei denn, Sie fänden das schön …

Dreizehntes Kapitel

Sie sind nicht immer gleich gut
(I)

Früher ist mir beim Schreiben von Büchern und Artikeln häufiger aufgefallen, daß ich meine eigenen Notizen dazu von Gesprächen mit Fachleuten (skizziert in meiner persönlichen »Kurzschrift«) zuweilen selbst überhaupt nicht entziffern konnte, während es mir zu anderen Zeiten mühelos gelang. Lange habe ich den Grund nicht verstanden – bis ich mich mit dem Thema zu beschäftigen begann, dem ich dieses und das nächste Kapitel widmen möchte: der ehernen Gesetzmäßigkeit von Können und Nichtkönnen im Zeitrhythmus.

Keine Sorge – dies wird kein theoretischer Exkurs, obwohl auch ein wenig von »Schwingungen«, »Frequenzen« und biologischen, physikalischen, medizinischen Forschungsergebnissen die Rede sein wird. Sie erhalten vielmehr aufregend neue Ratschläge, die Ihr ganzes Leben, jede Stunde, jeden Tag, Ihre kommenden Wochen, Monate und Jahre positiv beeinflussen werden. Kaum ein Aspekt des Zeitmanagements ist so ergiebig und wird Ihnen so viel Nutzen bringen. Diese wissenschaftlichen Entdeckungen sind von höchster praktischer Bedeutung für jeden von uns.

Zwei Beispiele zum Thema vorweg:
Der Tennissport verzeichnete letzthin zwei besonders verblüffende Matches, an denen deutsche Cracks beteiligt waren: In Paris unterlag 1991 STEFFI GRAF der Spanierin ARANTXA SANCHEZ-VICARIO mit 0 : 6 und 2 : 6 – unfaßbar

für alle ihre Fans. Und 1992 bei den »Panasonic German Open« in Hamburg war BORIS BECKER gegen MICHAEL STICH so dramatisch miserabel, daß er endlich auf die Knie fiel und die Arme zum Himmel reckte. Ihm gelang so gut wie nichts, während Stich beinahe alles zu glücken schien.

Der große Jazzpianist HERBIE HANCOCK gestand vor gar nicht allzu langer Zeit in einem Interview, daß es manchmal sehr frustrierend sei, sich überhaupt mit der Musik einzulassen: »Keiner kann sicher sein, daß er heute abend gut genug spielen wird. Und ein schlechter Abend kann dich kaputtmachen.«

Eine Binsenweisheit mit Überraschungen

Natürlich ist dieses Faktum – Stunden und Tage zu haben, in denen man einfach nichts zuwege bringt – eine Binsenweisheit. Die manchmal verzweifelten Versuche, dem gegenzusteuern, reichen von der Tasse starken Kaffees am Schreibtisch nach dem Mittagessen bis zur halben Flasche Whisky, der Marihuanazigarette oder gar der Prise Kokain bei Künstlern. Wir alle wissen und kennen das. Wo ist das Neue?

Nun, das erregend Neue ist, daß sich die Gesetze der Natur, denen zufolge wir einmal gut und einmal schlechter sind, enträtseln und zu unserem (Zeit-)Nutzen einsetzen lassen. Damit werden wir in hohem Maße Beherrscher unserer Zeit.

Zeitbewußte Wissenschaftler, mit denen ich anläßlich der Vorbereitung dieses Buches diskutierte, wußten schon aufgrund ihrer eigenen Lebenserfahrungen über dieses Phänomen Bescheid.

So sagte mir der Bamberger Betriebswirtschaftler Professor WOLFGANG MEINIG:

»Obwohl die Zeit konstant abläuft, ist sie für uns nicht immer in gleicher Weise nutzbar. An jedem Tag, in jeder Phase des Lebens hat man ein subjektives Empfinden für Zeit. Wenn ich beispielsweise müde bin, könnte man mir Zeit hinterherwerfen – ich wäre nicht imstande, sie zu nutzen.«

»Diese ›qualitative Dimension‹ der Zeit ist sogar das Entscheidende, wenn es ums Zeitmanagement geht! Es kommt darauf an, daß man das, was man zu tun hat, und das, wozu man in diesem Moment in der Lage ist, einander geschickt zuordnet. Dazu muß man erstens sich selbst beobachten (›in dieser Zeit bin ich leistungsfähig‹) und sich – zweitens – entsprechend darauf einstellen – und das geradezu trainieren.« Wieder ein Beispiel: Wenn man sich zu schöpferischer Arbeit erfahrungsgemäß nicht mehr in der Lage sieht, kann man immer noch »profane Dinge« tun wie etwa Karteikarten ausfüllen.

Das Leistungsprotokoll des Professors

Meinig machte die gleiche Erfahrung wie STEFFI GRAF in Paris und BORIS BECKER in Hamburg: Man ist nicht an jedem Tag gleich gut. So hat er beispielsweise noch immer ein »Leistungsprotokoll« aufgehoben, in dem er die schwankende Tagesproduktion beim Abfassen seiner Habilitation festhielt: an diesem Tag so viele Seiten, am nächsten so viele, mehr oder weniger.

Übrigens hat die wissenschaftliche Betriebswirtschaftslehre diese Wandelbarkeit der Leistung sogar in »Nutzen-Theorien« festgehalten. Sie besagen, daß eine enge Beziehung zwischen dem Produktionsgegenstand (gleich Objekt) und dem Produzenten (gleich Subjekt) existiert.

Und genauso wie der Betriebswirtschaftler Meinig sieht
es auch die Psychologin MÜLLER-LUCKMANN. Sie sagt:
»Untergeordnete Dinge, Routine in Zeiten verlegen, in
denen man abgespannt ist. Man muß ganz stark seinen persönlichen Rhythmus kennen!«

»Rhythmus« heißt die Devise!

Mit diesem Zitat ist nun ein Schlüsselwort gefallen: der
»persönliche Rhythmus«!

Ich habe in einem früheren Kapitel bereits kurz die Ergebnisse der neuen Wissenschaft Chronobiologie angesprochen. Eben jenes Forschungszweiges, der feststellt und
nutzbar macht, welchen periodischen Schwankungen sämt-
liche körperlichen, geistigen und seelischen Zustände von
uns Menschen unterliegen; sie sind naturgegeben und mit
modernster Sensorentechnik meß- und nachweisbar. Jetzt
kommen wir ganz ausführlich darauf zu sprechen. Weil die
Chronobiologie uns genau beim Attackieren jener Aufgabe
die Munition liefert: beim Vorausplanen unserer Leistungsfähigkeit entsprechend den Rhythmen, die uns beherrschen – stündlich, täglich, monatlich, jährlich.

Alles Existierende schwingt

Und dabei werden wir die Kenntnisse aus dem achten Kapitel (»Jedes Ding hat seine Zeit«) ganz erheblich erweitern und verfeinern. Dort haben wir die verschiedenen
Gewichtungen von Aufgaben (A, B, C), von ebenso be-
zeichneten Störungen sowie von mehr oder weniger jeweils
geeigneten Tageszeiten (erste, zweite, dritte Klasse) kennengelernt.

Der »Lehrstoff« dieses Kapitels nun wird auf die Kunst hinauslaufen, sich mit jenen Strukturierungen im Verlauf eines Arbeitstages an unseren – voraussehbaren! – täglichen Leistungshochs und -tiefs zu orientieren, beides möglichst deckungsgleich zu machen, die innerbetrieblichen und die biologischen Kurven in Einklang zu bringen. Das wird Ihnen ein geradezu feuerfestes System der Zeiteinteilung an die Hand geben – und Ihnen ein wahrhaft beglückendes Maß an zusätzlicher Zeit schenken. Klingt das nicht fabelhaft?

Bitte stellen Sie sich die Wirklichkeit des heutigen naturwissenschaftlichen Weltbildes vor. Vielleicht etwas ungewohnt, aber hieb- und stichfest: Von den Energien im Atomkern bis hin zum Universum, das sich nach der geltenden Deutung wie atmend ausdehnt und wieder zusammenzieht – alles Existierende befindet sich in einem Zustand rhythmischer Schwingung. Es wäre eigentlich verblüffend, wenn die irdische Natur – Pflanze, Tier und Mensch – davon eine Ausnahme machte. Nun, dem ist nicht so. Alles Lebende pulsiert.

Ebbe und Flut im Aquarium

Bereits der berühmte Rokoko-Botaniker CARL VON LINNÉ entwickelte eine »Blumenuhr«: Am abwechselnden Öffnen und Schließen der Blüten verschiedener Arten konnte die Reifrock-Gesellschaft die Tageszeit ablesen. Die den Naturliebhabern längst bekannte »Vogeluhr« – jede Vogelart singt zu bestimmter Tagesstunde – lüftet schon eines der Geheimnisse der in allem verborgenen Rhythmik: Die gefiederten Sänger richten sich nach dem jeweils herrschenden Helligkeitsgrad. Licht ist eben einer der »Zeitgeber« der Natur, auf die wir gleich zu sprechen kommen.

Scheinbar geradezu abenteuerlich, aber doch greifbar wahr ist das rhythmische Verhalten von Meerestieren wie Muscheln, Spulwürmern, Krebsen und bestimmten Fischarten: Noch wochenlang richten sie sich im Aquarium nach den draußen ablaufenden Gezeiten, so daß man an ihnen ohne Uhr oder Augenschein im Wohnzimmer erkennen kann, ob in der Nordsee Ebbe oder Flut herrscht.

Und genauso verhält sich der Mensch.

Vor über zwanzig Jahren begann der deutsche Max-Planck-Forscher RÜTGER WEVER dazu mit aufsehenerregenden Forschungen. Er ließ Freiwillige bis zu drei Monate in einem Bunker ohne Fenster, ohne Geräuscheinflüsse und ohne Uhren leben. Ohne zu wissen, ob Tag oder Nacht und welche Stunde es war, behielten sie ihren normalen Schlaf- und Eßrhythmus bei. (Allerdings dauerte ihr »Tag« rund fünfundzwanzig statt normalerweise vierundzwanzig Stunden; Wissenschaftler meinen, die Natur habe uns eine Leistungsreserve für Notfälle zugemessen.)

»Alles, was lebt, tickt im Takt kosmischer Bio-Uhren«, lehrte bereits in den sechziger Jahren der Münchner Chronobiologieprofessor JÜRGEN ASCHOFF. »Alle Funktionen des Menschen unterliegen einem Rhythmus, der sich aus der Anpassung an die vier Zeitprogramme seiner Umwelt entwickelt hat: an Tages- und Jahreszeiten sowie Mondphasen und Gezeiten.«

Wir dürfen heute ergänzen: Es existieren allein im »Langwellenbereich« auch noch ein wöchentlicher und ein – wir sprachen bereits davon – Neunzigminutenrhythmus. (So füllt sich beispielsweise auch der männliche Penis während des Schlafs im Neunzigminutentakt mit Blut und erigiert – niemand weiß bisher, warum.) Was die Stimulatoren, eben die »Zeitgeber« dieser Rhythmen sind, darüber wird noch diskutiert. Licht ist sicher der wichtigste, eine atemberaubende Bestätigung der Stelle »Es werde Licht!« aus der biblischen Schöpfungserzählung. Es gibt Tier- und Pflanzenarten, die bei konstanter Dunkelheit und Temperatur nicht »ticken«, aber ein einziger Lichtreiz vermag die »innere Uhr« in Gang zu setzen.

Ein riesiger Uhrenladen

Buchstäblich Hunderte menschlicher Körperrhythmen sind heute bekannt (vor einem Dutzend Jahren waren es gerade mal hundert): Temperatur und Konzentration, Potenz und Fruchtbarkeit, Hörvermögen und Geschicklichkeit (bis hin zur schwankenden Kraft des Händedrucks), Aufnahmefähigkeit des Gedächtnisses und Urinausscheidung ... Die Aufstellung läßt sich fast beliebig erweitern.

»Es scheint überhaupt keinen Vorgang im Körper zu geben, der nicht in Zyklen abläuft«, erklärt der Münchner Pharmakologe EKKEHARD HAEN. (Die Forschungsergebnisse der Biochemiker haben bereits die Festsetzung bestimmter Uhrzeiten zur möglichst wirkungsvollen Verabreichung von Medikamenten und sogar der günstigen Anwendung von Kosmetika bewirkt.)

Wie die Blüte des Heliotrops, die Fruchtfliege und die Hausmaus – alles beliebte Forschungsobjekte der Chronobiologen – »tickt« also auch der Mensch. Und zwar in enorm vielen verschiedenen Zeiträumen und Frequenzen: »Die Perioden dauern von einer tausendstel Sekunde etwa bei zellulären Vorgängen bis zur Größenordnung von Jahren«, schreibt der Mediziner und Physiologe GUNTHER HILDE-BRANDT. Aber jede einzelne Schwingung hat, so der Gehirnforscher ERNST PÖPPEL, ihr eigenes zeitliches Minimum und Maximum – jede »Wellenbewegung« verläuft unabhängig von allen anderen. Die *»Spiegel«*-Autorin ARIANE BARTH fand für diese Tatsache ein hübsches Bild: »Der Mensch ist als ein schwingendes System zu verstehen, vergleichbar einem riesigen Uhrenladen.« In dem eben ein jeder Zeitmesser anders tickt.

Gesteuert wird dieses ganze komplexe System, soweit man seit kurzem weiß, von der Epiphyse, einer zapfenförmigen Drüse zwischen Groß-, Klein- und Stammhirn. Sie schüttet gemäß den Aufträgen, die sie von unseren Genen erhält, in denen unser Erbgut festgelegt ist, Hormone und andere Substanzen aus, die alle »Uhrwerke« in Gang halten.

Das Geheimnis von Boris Beckers Niederlage

Wenn einst erst einmal unsere sämtlichen Rhythmen erforscht sind, wird man wohl alle diese beinahe unüberschaubar vielen Faktoren in einen Computer eingeben und mit einiger Sicherheit vorausberechnen können: Wann haben wir eine besonders gute, wann eine extrem schlechte Stunde, wann einen Tag, an dem wir in voller Form oder aber in miserabler sind? Wann spielen Steffi oder Boris lausiges Tennis und wann brillantes, wann schreiben Professor MEINIG, HEINZ G. KONSALIK (und der Autor dieses Buches) mehr oder weniger Seiten täglich?

Das mag utopisch erscheinen. Und man kann natürlich fragen: Warum, wenn wir Menschen alle in den gleichen Takten schwingen, von tausendstel Sekunden bis zu Jahren, sind dann nicht auch alle Menschen zur gleichen Stunde gleich gut oder schlecht? Warum erreichen STEFFI GRAF und ARANTXA SANCHEZ-VICARIO, BORIS BECKER und MICHAEL STICH nicht während der gleichen Matchstunden die gleiche Hoch- oder Tiefform, sondern eben eine völlig unterschiedliche?

Die Antwort lautet wohl: weil eine Unmenge Faktoren in einem derart komplizierten Geflecht die Stunden- oder

Tagesform bestimmen. Weil zwar jede »Körperuhr« die gleichen Stunden und Minuten anzeigt, aber individuell unterschiedlich abläuft.

Die Rhythmen bestimmen die Tagesform

Rhythmisch alle neunzig Minuten meldet sich beispielsweise der Hunger und drängt die Blase auf Entleerung.
Aber beides muß sich nicht unbedingt bei jedem gleichzeitig
abspielen. (Zu letzterem: Rosi Mittermaier hat, wie sie
hinterher lachend sagte, in Innsbruck bei den Olympischen
Spielen 1976 die Goldmedaille im Abfahrtslauf nur deswegen gewonnen, weil sie spürte, daß sie auf die Toilette
mußte, das sorgte für entsprechende Beschleunigung ...)
Oder: Im jugendlichen Alter unserer Tenniscracks, um
noch bei diesem Exempel zu bleiben, braucht der Mensch
durchschnittlich siebeneinhalb Stunden Schlaf. Aber erstens
ist das eben nur ein Durchschnittswert, und zweitens gibt
es – worüber wir gleich sprechen werden – ausgesprochene,
gengeprägte Morgen- und Nachtmenschen. Bei ihnen diffe-
rieren die Leistungshöhen merkbar an den verschiedenen
Tagesstunden.
Ein weiteres Beispiel: Unser Händedruck – also auch der
Griff um den Tennisschläger – ist zwischen neun und zehn
Uhr am kräftigsten; unsere Muskeln erreichen gegen halb
zwei Uhr einen Leistungshöhepunkt; unsere Lunge atmet
zwischen vier und sechs Uhr nachmittags am intensivsten.
Im Zusammenspiel auch nur dieser drei Körperfunktionen
wird es logischerweise fein austarierte, aber eben doch am
Ergebnis ablesbare Differenzen geben.
Vielleicht kommen wir, wie gesagt, eines Tages dahin,
auch mit solchen Feinheiten einen Computer zu füttern
und dann ausgedruckt zu bekommen, wer im Match nach

sämtlichen denkbaren Rhythmen die beste Tagesform hat.
Aber würde das nicht für eine erhebliche Reduzierung der
Spannung sorgen, die Spieler demotivieren und sie nur noch
zum menschlichen Anhängsel von piepsenden Elektronen-
gehirnen machen?

»Biorhythmus« ist Unfug

Vorsicht: Sie bemerken gelegentlich an Großstadtstraßen
und sogar auf Jahrmärkten Computer, die versprechen,
Ihren »Biorhythmus« auszurechnen. Davon ist hier *nicht*
die Rede. Dieser Theorie des lange verstorbenen deutschen
Arztes WILHELM FLIESS und seiner Schüler zufolge weist
jeder Mensch drei verschiedene Kurven seiner »männlichen«, »weiblichen« sowie »geistigen« Hoch- und Tief-
punkte auf; sie seien auf der Basis seines Geburtsdatums zu
berechnen. Es gibt keinerlei Beweise für diese These. Sie
sollten sie rasch vergessen.

Wohl aber existieren eindeutige naturwissenschaftliche
Belege für das Vorhandensein der biologischen Rhythmen,
mit denen wir uns in diesem und dem folgenden Kapitel
befassen wollen. Ich sagte schon: Die Chronobiologie wird
heute weltweit an großen Universitäten gelehrt, in Hoch-
schulinstituten erforscht, in Weltunternehmen berücksich-
tigt. Sie ist eine anerkannte Wissenschaft. Und auch wenn
(siehe oben) dieser oder jener Mikro-Unterschied zwischen
Hans und Franz existiert – die Regeln, die sich aus ihr für
einen produktiven Umgang mit der Zeit ableiten lassen,
sind phantastisch wirksam.

»Zur richtigen Zeitökonomie«, so Frau MÜLLER-LUCK-
MANN, »gehört ein Denken in verschiedenen Lebensberei-
chen: Welche Energie muß da oder da eingesetzt werden?«
Sie nennt das (und praktiziert es auch selbst) das »Bereichs-

denken«. Wieviel mehr gilt dies noch für die »Zeitökologie«!
Wobei sich das »muß« im obigen Bild aufgrund der Kenntnis der biorhythmischen Gegebenheiten um das Wort
»kann« erweitern läßt: Man muß wissen, warum welche
Kraft eingesetzt werden *muß* und auch *kann*.

Vierzehntes Kapitel

Sie sind nicht immer gleich gut (II)

Hier steigen wir sofort tief in die Praxis ein. Zum Beginn eine Aufzählung der günstigsten (und ungünstigsten) Uhrzeiten für viele verschiedene Aktivitäten, die freilich bewegliche Grenzwerte sind wegen der unterschiedlichen »Polung« von jedem – dazu anschließend mehr:

7 bis 9 Uhr:
Ihr Kurzzeitgedächtnis funktioniert jetzt am besten. Wenn Ihnen im Lauf des Vormittags eine Besprechung bevorsteht, Sie eine Prüfung zu absolvieren haben: Gehen Sie nun noch einmal Ihre Unterlagen durch; Sie werden dann bestens vorbereitet sein.

9 bis 12 Uhr:
Die Stunden für die größten geistigen Herausforderungen des Tages. Denken, Erkennen, Entscheiden sind jetzt angesagt. Also Zeit für wichtige Sitzungen, Ideen, Projekte.

10 bis 12 Uhr:
Ihr Gehirn entfaltet seine maximale Kapazität.

12.30 bis 15 Uhr:
Ihre Aufmerksamkeit läßt nach, Sie fallen in das »Mittagsloch«. Und zwar unabhängig davon, ob und was Sie gegessen haben. Einfache Dinge erledigen!

15 bis 17 Uhr:
Größte Fingerfertigkeit (Nähen, Maschineschreiben!). Aber
zugleich die Zeit für einförmige Tätigkeiten (im Büro:
Ablage, Fotokopieren; zu Hause: Wäsche zusammenlegen,
Geschirr spülen). Und: Jetzt arbeitet Ihr Langzeitgedächtnis
auf Hochtouren! Also für Manager, Politiker, Anwälte, Studenten: Woran Sie sich in ein paar Tagen oder Wochen
erinnern müssen, jetzt pauken. (Nicht mit dem Kurzzeitgedächtnis für die nächsten Stunden zu verwechseln!)

16 bis 18 Uhr:
Optimale körperliche Leistung – die Stunden zum Joggen
(viel besser als morgens), für jeden Sport.

2 bis 6 Uhr:
Schlechteste Nachtsicht, geringstes Geschick, minimale
Aufmerksamkeit. Zwischen vier und sechs Uhr früh steigt
die Zahl der Verkehrsunfälle um das Sechzehnfache, bezo-
gen auf die Anzahl der Wagen unterwegs. Fehler in diesen
Stunden führten zur Tschernobyl-Katastrophe. Und: Selbst
wenn das Finanzamt Ihnen im Nacken sitzt – nicht in der
Nacht die Steuererklärung nachholen!

8 bis 12 Uhr:
Jetzt werden die meisten Geschlechtshormone ausgeschüt-
tet – die beste Zeit für die Liebe, auch wenn wir Sex nach
gesellschaftlichen Spielregeln eher am Abend betreiben.

»Lerchen« und »Eulen«

Mittlerweile dürfte es wohl bekannt sein, daß es Menschen
gibt, die frühmorgens fröhlich, ausgeruht und laut pfeifend
durchs Haus laufen, während andere um diese Zeit mit

Mühe und halbgeschlossenen Augen ins Bad taumeln
(erstere treiben letztere auch in der besten Ehe zum Wahn-
sinn) – und daß auch dies biologisch in uns festgelegt und
kaum zu ändern ist. Ob Sie ein Morgenmensch (die Schlaf-
forscher bezeichnen diesen Typ als »Lerche«) oder ein
Nachtmensch (eine »Eule«) sind, ist in Ihren Genen dispo-
niert. Übrigens zählen Frauen mehr zur ersten Kategorie.

Natürlich kann man sich aus Berufsgründen oder etwa
wegen schulpflichtiger Kinder, die morgens auf den Weg
gebracht werden müssen, zwingen, gegen seinen angebore-
nen Früh- oder Spätrhythmus zu leben. Aber man verfehlt
dann mit Sicherheit seine besten Schaffenszeiten. Und wenn
der äußere Druck weg ist (die Kinder sind aus dem Haus,
oder man wechselt die Arbeitsstelle), fällt man mit Sicherheit automatisch wieder in seinen von Genen gesteuerten
Takt zurück.

Auch Pflanzen und Tieren geht das so. Wissenschaftler
haben Mäuse und Ratten einen künstlichen Acht-zu-acht-
Stundenrhythmus im Wechsel von Dunkelheit und elektri-
scher Beleuchtung aufgezwungen. Die Tiere paßten sich
dem an. Aber auch nach mehreren Monaten dieses unnatür-
lichen Taktes nahmen sie ihre angeborene Wach- und Schlaf-
kurve sofort wieder ein, sobald man sie von dem Zwang
befreite.

Der Vier-Stunden-Arbeitstag war eine Katastrophe

Ich habe dieses Phänomen selbst erlebt. Als junger Mann
wurde ich Redakteur einer am Mittag erscheinenden Zeitung. Die Arbeit begann um sechs Uhr früh (also um fünf
aufstehen), und um zehn Uhr vormittags war Redaktions-
schluß: ein Arbeitstag von vier Stunden! Beneidenswert?

Nun, ich hatte mir ausgerechnet, wie phantastisch ich den ganzen Nachmittag und Abend noch zu anderen Arbeiten nutzen könnte. Aber ich bin ein ausgesprochener Nachtmensch. Nach einem halben Jahr klappte ich mit schweren Kreislaufstörungen zusammen.

Ohne mich vergleichen zu wollen: PABLO PICASSO erhob sich gegen Mittag, tafelte ausgiebig mit Freunden und stand dann bis in die Morgenstunden voller Schaffenskraft im Atelier. Wobei Sie natürlich sagen können: Als Maler kann man so leben, als Programmierer oder Geschäftsführerin nicht. Aber: Eine gewisse Flexibilität zumindest in der Gewichtung des Tagesablaufs sollte möglich sein.

Immerhin (manche Autoren sagen auch: nur) zwanzig Prozent von uns sind solche *extremen* Nacht- oder Morgenmenschen. Untersuchungen haben gezeigt, daß ihre täglichen Wach- und Schlafzyklen in Stunden gar nicht so dramatisch weit auseinanderliegen – nämlich um höchstens zwei Stunden. Beim Vergleich von Extrem-»Lerchen« und Extrem-»Eulen« beträgt der Zeitabstand zwischen dem Zubettgehen einerseits und dem Aufstehen andererseits nur achtzig Minuten.

Fünf Stunden später zum Skifahren?

Jedoch: Die wirkliche Leistungsfähigkeit auf den diversen Gebieten, auf die es im Leben ankommt, differiert zwischen »Eulen« und »Lerchen« erheblich mehr. Denn wegen der Komplexität der vielen ineinandergreifenden Rhythmen verschiebt sich der Zeitpunkt von Hoch- und Tiefform zuweilen dramatisch.

Gerade deshalb ist die »gleitende Arbeitszeit« ein wahrer Segen – jeder kann Beginn und Ende flexibel bestimmen, solange die abgeleistete Zahl der Arbeitsstunden gewährleistet ist. Die Polizei im amerikanischen Philadelphia ermöglicht ihren Beamten seit einiger Zeit, die Schichtwechsel ihren jeweiligen inneren Rhythmen anzupassen. »Überwältigendes« Ergebnis: Die Polizisten sind im Dienst viel wacher und machen weniger Fehler.

Zum Beispiel sollten Morgenmenschen kreative, komplizierte Aufgaben am Vormittag lösen und solche Tätigkeiten am Spätnachmittag besser bleiben lassen, während »Nachteulen« einerseits am späten Vormittag besonders leistungsfähig sind, auf der anderen Seite aber auch noch am Nachmittag nicht schlappmachen. Oder: Für sportliche Tätigkeiten ist bei beiden Menschentypen der Nachmittag am besten geeignet. Aber das Leistungshoch bei solchen Aktivitäten kann zwischen »Lerche« und »Eule« – natürlich im Extremfall – um nicht weniger als fünf Stunden auseinanderliegen! Wer also ein ausgewiesener Nachtmensch ist, sollte lieber später auf den Tennisplatz oder die Skipiste gehen, um in Topform zu sein.

Sie können Ihre zeitlichen Höhen und Tiefen sehr genau bestimmen, indem Sie mehrtägige Protokolle über Ihre Befindlichkeit (zwischen »sehr müde« und »sehr wach«) oder, noch exakter, über die Schwankungen Ihrer Körpertemperatur führen. Denn Ihre Körperwärme bleibt nicht – wie auch viele Mediziner noch glauben – den Tag über gleich, sondern differiert tagtäglich wie das Auf und Ab einer Fieberkurve. Freilich nur um die Bandbreite eines einzigen Grades.

Palmen in Garmisch

Aber bedenken Sie: Stiege die Durchschnittstemperatur der Welt nur um zwei Grad, schmölzen die Polargletscher, und Hamburg, Rostock und Lüneburg versänken im Meer, und in Garmisch-Partenkirchen würden Palmen wachsen. Soviel zur Bedeutung einzelner Temperaturgrade.

Es würde hier viel zu weit führen, Ihnen Anleitungen für derartige Messungen zu geben. Sie finden sie, komplett mit vorgedruckten Tabellen, in dem schon von mir genannten Buch »*Chronobiologie*« von PERRY und DAWSON. Eigentlich denke ich aber, Sie wissen schon, ob Sie »Lerche« oder »Eule« sind.

Nur noch eine faszinierende Feststellung aus diesem neuen Forschungsgebiet, die in unserem Zusammenhang von Belang ist: Auch unsere Wahrnehmung der Zeit ändert sich rhythmisch im Laufe eines Tages! Wenn Sie das Gefühl haben, daß die letzten Arbeitsstunden sich ewig hinziehen, dann ist das natürlich nach den Gesetzen der klassischen Physik ein Nonsens. Aber es hat seinen chronobiologischen Grund. Dieses Zeitgefühl ist nämlich wiederum an das tägliche Steigen und Fallen der Körpertemperatur gekoppelt:

Je niedriger die Körperwärme (also am frühen Morgen und späten Abend), desto schneller eilt die Zeit für uns dahin. Wenn wir dagegen »heiß« sind, bedeutet das nicht nur: wir fühlen uns aktiver, sondern auch: Die Zeit schleicht. (Deshalb kommt Ihnen die Zeit, die Sie krank im Bett verbringen müssen, auch so ewig lang vor – weil Sie Fieber haben.)

Das sagen die Praktiker

Wie wendet man nun all dieses Wissen um die (täglichen) Zyklen im Berufsalltag an, um aus seiner Zeit das Beste herauszuholen und sie auf diese Weise wirklich weitgehend zu beherrschen? Hier haben drei Praktiker der Managementberatung das Wort:

Zuerst eine Kapitelüberschrift aus dem schon in den frühen sechziger Jahren, als die Chronobiologie noch in den Kinderschuhen steckte, in den USA erschienenen Management-Ratgeberbuch »*Zeit gewinnen – mehr schaffen*« (Titel der deutschen Ausgabe) des Amerikaners JOSEPH D. COO-PER: »Passen Sie die Arbeit Ihrer Energiekurve an!« Sie sehen, es handelt sich wirklich nicht um blauäugige Theorie. Sodann:

»Versuchen Sie nicht, gegen Ihren natürlichen Tagesrhythmus zu leben (den Sie ohnehin nur geringfügig ändern können)«, schreibt LOTHAR SEIWERT in seinem Buch »*Mehr Zeit für das Wesentliche*«. Und weiter: »Sondern nutzen Sie diese Gesetzmäßigkeiten für Ihre Tagesgestaltung! Jeder von uns muß mit diesen Schwankungen der persönlichen Leistungsfähigkeit leben.«

Auch er hat für seine Beratungsklienten folgende Tatsachen festgehalten:

»Der Leistungshöhepunkt liegt am Vormittag. Ein derartiges Niveau wird während des ganzen Tages nicht mehr erreicht. Auch darum müssen die *A-Aufgaben* (Sie erinnern sich, was das ist) an den Anfang!«

»Nach dem Mittagessen tritt das berühmte Leistungstief ein, das viele durch starken Kaffeegenuß zu bekämpfen suchen. Arbeiten Sie hier nicht gegen Ihren biologischen Rhythmus, sondern entspannen Sie sich statt dessen bei einer Tasse Tee, und nutzen Sie diese Phase für soziale Kontakte und Routinetätigkeiten *(C-Aufgaben)*.«

Seiwert gibt auch noch einen interessanten Hinweis auf die medizinischen Fakten: Am Vormittag arbeiten Magen, Bauchspeicheldrüse, Milz und Herz hintereinander aktiv. Dagegen nimmt beim Nachmittagstief der Dünndarm seine Tätigkeit auf.

Der »Tourismus im Büro«

Ich habe bereits im achten Kapitel von der Einteilung in A-, B- und C-Aufgaben, in identisch bezeichnete Störungen und in Zeiten erster, zweiter und dritter Klasse gesprochen, auf die mich Dr. WERNER SIEGERT hinwies. Als Beispiel nannte ich die Erfahrung, daß im Bürobetrieb und/oder an Arbeitsplätzen mit starkem Publikumsverkehr (Postamt!) die größte Hektik (gleich Zeit dritter Klasse, nicht für komplizierte und kreative Arbeiten geeignet) üblicherweise zwischen zehn und elf Uhr vormittags ausbricht.

Jetzt, da Sie die Rhythmen unseres Körpers kennen, verstehen Sie, warum das so ist: genau ihretwegen! Eben weil zu dieser Stunde alle »aufgewacht« sind, weil sie höchst aktiv werden, in die Runde telefonieren und – wie Dr. Siegert es passend umschreibt – der »Tourismus im Büro« ausbricht.

Natürlich liegen die Chaosstunden je nach Branche und Arbeitsplatz anders. Im technischen Bereich etwa treten die Hauptstörungen eher zwischen sieben und zehn Uhr früh auf; wenn dann schließlich die Maschinen arbeiten, herrscht größere Ruhe.

Die Kreativ-Klause

Nun, da Sie diese Koordinatensysteme von a) Geschäftsablauf (ermitteln Sie das Ihre!) und b) Biologie (erforschen Sie es genauer!) kennengelernt haben, sollte Ihnen zumindest der Versuch ziemlich leichtfallen, beide gewissermaßen abzustimmen und zur – mathematisch gesprochen – Kongruenz zu bringen.

Wenn Sie beispielsweise Ingenieur sind, wird sich, glücklich wie eine Sternenkonstellation, Ihre Vormittagszeit erster Klasse (ab zehn Uhr) recht gut mit Ihrer kreativen Phase decken. Dann ist Zeit für Kompliziertes. Sind Sie Manager (Amtschef, Verlegerin), versuchen Sie das Beste aus der Tatsache zu machen, daß in Ihrem Betrieb Ihre Topform eben eher in eine drittklassige, turbulente Zeit fällt. Ein Ausweg: Müssen Sie kreativ sein, ein Marketingprojekt, ein Buchprogramm ausarbeiten, wichtige Post diktieren – versuchen Sie sich irgendwohin zurückzuziehen, mit Unterlagen, Laptop bzw. Notebook, Diktiergerät. Nach einem SIEGERT-Ausdruck: in eine »Kreativ-Klause«.

Arbeitsleistungen sind von den REFA-Fachleuten nach der körperlichen (nicht oder noch nicht: nach der geistigen) Form Hunderttausender von Menschen in allen Industriestaaten gemessen und in einer Normkurve aufgezeichnet worden. Zu den Kriterien zählen beispielsweise: Wann fällt der meiste Ausschuß an, wie hoch ist stündlich die Fehlerquote, zu welcher Zeit besteht die höchste Unfallgefahr ...

Chronobiologie und REFA

Es verblüfft uns nicht mehr, daß sich aus dieser enormen Menge von Daten wirklich eine Kurve auf Millimeterpapier ergibt, die exakt den Sensormessungen der Chronobiologen entspricht. Mit einem Hoch von mehr als dreißig Prozent über der Durchschnittsleistung gegen zehn Uhr vormittags, einem Pendelschlag nach unten zwischen zwei und vier Uhr nachmittags, einem »Zwischenhoch« abends um acht Uhr und einem absoluten Tief um vier Uhr früh.

Betrachten wir noch drei Fälle aus der täglichen Praxis einer ganz normalen deutschen Familie, sagen wir, von Herbert, 42, Hanna, 39, und Heidi, 15, aus Heidelberg. (Ich übertrage sie aus dem amerikanischen PERRY-DAWSON-Buch in unsere Verhältnisse.)

Hanna, die Mutter, möchte abnehmen und ißt deshalb zum Frühstück nur ein Knäckebrot, dünn mit Butter bestrichen; für den Abend hat sie sich der schnellen Zubreitung wegen bereits für Fischstäbchen mit Mayonnaisesalat, beides schon im Kühlfach, entschieden. Nun, nach den Regeln der Chronobiologie täte sie besser daran, reichlicher zu frühstücken und dafür abends nur einen Hüttenkäse zu verzehren. Denn: Kalorien, die man morgens konsumiert, verwandeln sich weniger leicht in Körperfett als solche, die man am Abend einnimmt.

Die kritische Uhrzeit, so haben dazu Ernährungsforscher, diesmal nicht Chronobiologen, herausgefunden, liegt ungefähr bei elf Uhr vormittags. Bis dahin werden Kalorien eher in Energie, ab dieser Stunde in Fettdepots umgesetzt.

Kritische und ideale Tageszeiten

Und Vater Herbert: Sein Chef in der Bank, in der er arbeitet, hat ihn für vierzehn Uhr zur Besprechung eines großen Kredits an einen Firmenkunden bestellt. Besser, Herbert hätte versucht, den Termin auf eine frühere Stunde oder nach später zu verlegen. Denn nach den Gesetzen der Chronobiologie befindet er sich um vierzehn Uhr im »Mittagsloch«, in dem seine Aufmerksamkeit und seine geistigen Fähigkeiten nicht auf ihrem Höchststand sind; er wird wohl stottern. Außerdem hat er die Unterlagen leider gestern vormittag studiert – zu einer Tageszeit, da wohl sein Kurzzeit-, aber nicht sein noch bis heute funktionierendes Langzeitgedächtnis besonders fit war. Erst zwischen dreizehn und vierzehn Uhr sollte Herbert lieber in der Kantine zu Mittag essen, weil er so die geistige »Hoch-Zeit« zuvor noch für besonders wichtige Arbeiten nutzen kann.

Und schließlich Tochter Heidi: Sie wird voraussichtlich

heute beim Sportfest ihrer Schule als Schlußläuferin der
4 x 100-Meter-Staffel gut abschneiden. Denn der Lauf soll
um siebzehn Uhr stattfinden, der Idealzeit für sportliche
Leistungen. Vormittags würde sie vermutlich zumindest ein
paar Zehntelsekunden langsamer sein.

Sie sehen, wie diese Beispiele mit unserem Buchthema in
Zusammenhang stehen: Dazu gehört eben auch, zu wissen,
wann es Zeit *wofür* ist. Wenn Sie sich unnötig herumquälen,
Mißerfolge haben, etwas – egal was – möglicherweise noch
einmal in einem zweiten Anlauf versuchen müssen, vergeuden Sie Ihre kostbare Lebenszeit! Warum sollten Sie sie
nicht »stromlinienförmig« gestalten? Wie heißt es im neun-
zigsten Psalm von unserem Leben, das »siebzig Jahre wäh-
ret«, und »wenn's hoch kommt, so sind's achtzig Jahre«:
»Denn es fähret schnell dahin, als flögen wir davon.«

Belohnen Sie sich selbst!

»Der Versuch, eine bestimmte Arbeit zum ›falschen‹ Zeitpunkt in Ihrem Tageszyklus zu erledigen, wäre etwa so, als
versuchten Sie diese Arbeit zu tun, nachdem Sie sich betrun-
ken oder eine Nacht mit nur drei Stunden Schlaf hinter sich
haben.« Diesen Kernsatz haben SUSAN PERRY und JIM DAW-
SON formuliert, und er möge hier als prägnante Zusammen-
fassung eines unüberschätzbar wichtigen Themas stehen.
    Gibt es denn überhaupt keine Mittel, aus der Zange der
Körperzyklen zu entkommen? Da sind höchstens ein paar
kleine Bonbons, die Ihnen noch ein Stückchen weiterhelfen
mögen, wenn's wirklich nicht mehr zu gehen scheint (besser
als Traubenzucker!).
    »Auch der kleinste Erfolg«, so meint JOSEPH D. COOPER,
»vermag Sie zu weiteren Erfolgen zu führen.« Also: Wenn

Sie in Niedrigform sind, können Sie »versuchen, mit Ihrer augenscheinlichen Aufgabe aufzuhören und irgend etwas zu tun, *das Sie befriedigt*«. Das heißt: »Versuchen Sie, Ihrem negativen Impuls Einhalt zu gebieten!« Über die gewaltige »Kraft des positiven Denkens« ist, meine ich, bereits in anderen Büchern schon das Wesentliche gesagt worden, beispielsweise in »*Erfolg durch positives Denken – Ein Schlüsselbuch richtiger Einstellung und Motivation*« von NAPOLEON HILL und CLEMENT STONE (Ariston Verlag, Kreuzlingen/München).

Das gleiche meint Professor MEINIG mit dem an sich selbst ausprobierten Rat, daß man »sich belohnen« müsse: »Wenn ich erfolgreich gewesen bin, gibt es eine Belohnung – ich gehe raus, spazieren, oder ich beschäftige mich mit meinem Hobby.« In der Tiefform, wenn nichts mehr recht zu gelingen scheint, vermag die Aussicht auf Belohnung noch einmal ein Hochrappeln zu bewirken. Die gesamte Wissenschaft der Verhaltenstherapie basiert auf diesem System von Belohnungen und Bestrafungen, und sie erreicht damit gute Erfolge bei vielen psychischen Leiden. Warum nicht auch beim Leiden unter abgesackter Schaffenskraft?

Aber glauben Sie mir: Solche Tricks sind nicht wesentlich wertvoller als die Karotte, die man dem müden Esel vor der Nase baumeln läßt; eine Hilfe, wenn Körper- und Arbeitsrhythmus absolut nicht in Deckung zu bringen sind.

Man tut auf jeden Fall besser daran, sich dem Auf und Ab der nun einmal unleugbar vorhandenen Leistungskurve geschmeidig anzupassen. Es ist viel gesünder – und spart Zeit. Wir müssen uns nur erst an die revolutionäre Idee gewöhnen, daß das Ticken der Uhren, die jahrhundertealten Kommandos, zu arbeiten, zu essen, zu lieben, wenn es die gesellschaftliche Übereinkunft verlangt, nicht die letzte Weisheit darstellen. Den Zwiespalt in uns zwischen Turm- und Körperuhr bezeichnet der Mediziner GUNTHER HILDE-

BRANDT als »biologischen Zeitkonflikt« – ein noch nicht recht realisiertes Grundproblem von uns modernen Menschen.

»Jetlag«

Jetzt noch ein paar Tips dazu, wie Sie Ihre Zeit unter extremen äußeren Bedingungen besser in den Griff bekommen: beim »Jetlag«, den die meisten von uns aus der Erfahrung von Überseeflügen kennen (aber sogar Rennpferde leiden darunter!); bei der Schichtarbeit, die fünf Millionen Deutsche leisten; schließlich beim »blauen Montag«, dem schlimmsten, weil ersten Arbeitstag nach dem Wochenende. Diese Hinweise gehören unmittelbar zu unserem Buchthema, denn sie bedeuten Zeitgewinn durch Anpassung.

Die »Jet-Krankheit« (der Begriff »Krankheit« ist durchaus nicht abwegig) entsteht dadurch, daß eine Flugreise über mehr als drei der vierundzwanzig Zeitzonen der Erde plötzlich die »Zeitgeber« verändert, die Ihre vielen Körperrhythmen dirigieren; Sie wissen schon, daß der wichtigste die Sonne ist.

Dadurch werden alle Zyklen abrupt durcheinandergewirbelt, und meßbar nehmen die Fähigkeiten zum logischen Denken und Erfassen neuer Informationen ab, lassen Willenskraft und Gedächtnis nach, sinken Kraft und Schnelligkeit, um nur ein paar der üblen Folgen zu nennen. Sie sind schlicht nicht in der Lage, so präzise zu denken und zu handeln wie zu Hause. Die Anpassung dauert Tage bis Wochen.

Wie Sie die »innere Uhr« überlisten

Es gibt trotz intensiver internationaler Forschung noch kein Heilmittel gegen diese Krankheit, lediglich diverse ziemlich komplizierte Programme, die beispielsweise Ex-US-Präsident RONALD REAGAN anwandte. Der vielreisende ehemalige deutsche Außenminister HANS-DIETRICH GENSCHER gehört offenbar zu den Menschen, die wenig unter dem Jetlag leiden (das Ausmaß hängt von zahlreichen persönlichen Faktoren ab); freilich hatte er ein Bett an Bord seiner Maschine.

Jedoch sind einige Kniffe aus dem Gebiet der Chronobiologie und Schlafforschung bekannt, die Ihnen das Zurechtkommen mit diesem modernen Phänomen erleichtern.

Für Touristen

Zu den wichtigen »Zeitgebern« gehört auch geselliger Umgang: »Hallo wach« durch Kommunikation. Aus dieser biologischen Tatsache zieht jeder Reisende Gewinn, der zu mehreren statt allein fliegt, als Urlauber in einer Gruppe!

Und eben die Sonne: Setzen Sie sich diesem Ur-»Zeitgeber« bewußt und genußvoll aus, indem Sie sich möglichst bald nach der Ankunft ein bißchen an den Strand legen, auf einer Bank oder in einem Straßencafé niederlassen, statt im abgedunkelten Hotelzimmer ein Nickerchen zu machen. (Das sollten Sie sowieso lieber lassen, um die Umstellung der »inneren Uhren« nicht unnötig zu verzögern!) Durch Sonnenbäder nach der Ankunft akklimatisieren Sie sich bis zu fünfzig Prozent schneller – welcher Zeitgewinn!

Für Geschäftsreisende

Sie können den Jetlag sogar zu Ihrem Vorteil einsetzen, wenn Sie's richtig anfangen.

Fliegen Sie beispielsweise nach New York, dann ist bei

Abendterminen an den ersten Tagen Vorsicht angeraten. Ihre »innere Uhr« ist nämlich noch auf mitternächtliche Zeiten programmiert. Sie »gehen« sechs Stunden »nach«. Aber eben darum können Sie als der gewieftere Verhandlungspartner versuchen, wichtige Gespräche vielleicht auf eine mitternächtliche Cocktailparty zu verlegen: für Sie sechs Uhr früh, was bedeutet, daß die REFA-Kurve schon auf hundert Prozent der täglichen Durchschnittsleistung steht.

(Tröstlich ist übrigens bei einem solchen Ost-West-Flug, daß Sie seine Folgen besser und schneller verkraften als einen in die umgekehrte Richtung. Das hängt damit zusammen, daß unsere »eingebaute« Uhr eben einen etwa fünfundzwanzigstündigen statt eines exakten Sonnentags vorsieht. Das verträgt sich gut mit dem verlängerten Tag eines Fluges in Richtung des Sonnenlaufs.)

Umgekehrt können Sie – ein bißchen gemein, aber biologisch – einen aus Amerika anreisenden Geschäftspartner austricksen, wenn Sie die ersten Treffen auf den Vormittag (Vorsicht, falls auch er sich in der Chronobiologie auskennt: *nicht* auf den Nachmittag oder Abend!) legen. Dann befinden Sie sich nämlich auf dem kreativen Höhepunkt Ihres Tageszyklus, während der Amerikaner noch mit der Zeitumstellung zu kämpfen hat. Umgekehrt könnte es für Sie ein Desaster geben – nachmittags wäre der andere topfit, und Ihre Leistungskurve sinkt bereits.

Und: Versuchen Sie nicht, Ihren Körper bei einer nur zwei-, dreitägigen Flugreise über mehrere Zeitzonen auf die örtlichen »Zeitgeber« umzustellen. Bevor Ihnen das gelingen kann, sind Sie schon wieder daheim.

Nachtschichtarbeiter werden »umgepolt«

Der Leverkusener Chemieriese Bayer hat als erster Groß-
betrieb in Deutschland die Chronobiologie zu größerem
Wohlbefinden und besserer Gesundheit seiner Mitarbeiter
(zugleich zur Erhöhung der Produktionsqualität) eingesetzt: Alle 13 600 Nachtschichtarbeiter der Bayer-Werke
wurden »umgepolt«. Das heißt, daß sie statt sechs Nächte
hintereinander bloß noch dreimal in Folge nachts arbeiten
müssen. Das liegt, wie der Karlsruher Arbeitswissenschaft-
ler PETER KNAUTH herausgefunden hat, noch innerhalb
der Toleranzgrenze des menschlichen Körpers, denn drei
Nächte lang erträgt er Verstöße gegen die innere Schlaf-
Uhr.

Das ist der eine Weg. Der zweite sieht vor, bei Schichtarbeit die Erkenntnisse von Schlafforschung und Chronobiologie in der entgegengesetzten Richtung zu verwerten: Wie
lange braucht der Körper, um seine Rhythmen total umzustellen?

Lieber zwei Wochen Nachtschicht als eine!

Nun, Schlafexperten wie der Münchner Psychologe KON-
STANTIN I. KÜHNMUND wissen, daß die meisten Körperzyklen sich üblicherweise im Verlauf einer Woche umgestellt
haben. Das bedeutet: Wer regelmäßig im Einwochentakt
von Tag- zu Nachtschicht wechselt (was bei vielen Taxifah-
rern, Fabrikarbeitern, Kellnern, Krankenschwestern und
-pflegern der Fall ist), der schwimmt mit verderblicher
Regelmäßigkeit genau gegen den Strom. Kaum hat sich sein
Organismus auf den neuen Rhythmus eingestellt, heißt das
Kommando: »Wieder zurück!«. Kühnmund berichtete mir
von einem Münchner Taxifahrer, den diese allwöchentliche

Neuumstellung an den Rand eines Nervenzusammenbruchs
und eines Kreislaufkollapses brachte.

Abhilfe gelang, als der Mann mit seiner Zentrale einen
neuen, jetzt jeweils zwei Wochen währenden Arbeitszyklus
vereinbarte. Dem Taxichauffeur geht es seither viel besser.
(Wirklich und hundertprozentig geeignet für Nachtschicht-
arbeit ist übrigens kein Mensch.)

Ein Vierteljahrhundert verschlafen

Da wir durchschnittlich nicht weniger als ein Drittel unserer Lebenszeit verschlafen, gehört natürlich auch dieser
Gegenstand in eine Betrachtung über den Umgang mit
unserem kostbarsten Gut: Ein Fünfundsiebzigjähriger hat –
im Durchschnitt – ein Vierteljahrhundert Zeit verträumt.
Dabei kann ich mich kurz fassen, weil es eigene Bücher
zum Thema »Schlafstörungen und deren Behebung« gibt,
die aufzeigen, wie man mit diesen Stunden richtig umgeht: beispielsweise «*Schlafe dich heil! Wie Sie zu gesundem
Schlaf finden*« von LUDWIG STEINFELD (Ariston Verlag,
Kreuzlingen/München). (Immerhin leidet jeder vierte Deutsche an Schlafproblemen, jeder zehnte nimmt Schlaftablet-
ten.)

Hier nur so viel, weil es unmittelbar zu unserem Buchtitel
»Ich habe immer Zeit« paßt: Vergessen Sie, was Sie über
die angeblich für den Menschen nötigen acht Stunden Schlaf
gehört und gelesen haben. Jeder hat sein eigenes – wiederum
genetisch bedingtes – Schlafbedürfnis. Wobei notorische
Langschläfer – das sind zumindest nach einer amerikanischen Untersuchung eher extravertierte, also dem Leben
offene Menschen – natürlich während ihrer kürzeren Wach-
zeit genausoviel oder mehr leisten können als Kurzschläfer.
Also grämen Sie sich nicht, daß Sie »Ihr Leben verschlafen«!

Auch Sie haben Zeit genug, wenn Sie sie nur richtig nutzen. Dazu lesen Sie ja das vorliegende Buch ...

Ihr Schlafsoll kann drei Stunden pro Nacht betragen wie bei Napoleon (der sagte: »Drei Stunden für den Mann, vier für Frauen, fünf für die Memmen«) oder zwölf wie bei Albert Einstein; allerdings ist dabei weder Napoleon noch Thomas Alva Edison (angeblich zwei Stunden – während des Wachens erfand er dann die elektrische Beleuchtung, der die meisten von uns ihre zu geringe Schlafmenge verdanken) ganz zu trauen. Sie machten nämlich immer wieder einmal zwischendurch ein kleines Nickerchen.

»Mikro-Schlafphasen«

Das ist ein guter Trick. Schon »Mikro-Schlafphasen« von wenigen Sekunden erweisen sich als hilfreich – auch Ihnen. So wie die berühmte Entspannungsübung, bei der Sie ausgestreckt und mit geschlossenen Augen daliegen, einen Schlüsselbund in der Hand; in dem Moment, da Sie entspannt genug sind, um die Schlüssel fallen zu lassen, und deren Klirren Sie schließlich aufschreckt, haben Sie schon eine »Mikro-Schlafphase« hinter sich! Versuchen Sie es – und Sie werden erstaunt sein, mit wieviel mehr lohnendem Leben Sie Ihre Zeit füllen können.

Der »blaue Montag«

Mögen wir das nicht alle: am Wochenende länger aufbleiben, eine Party besuchen, ins Theater und danach auf ein paar Bier in die Bar gehen, endlich einmal das Spätprogramm im Fernsehen erleben ... und dann am Samstag und Sonntag ausschlafen?

Der Haken ist nur, daß Sie auf diese Weise jedesmal kurzfristig Ihre Wach- und Schlafrhythmen durcheinanderbringen. Mit dem Ergebnis, daß diese sich am Montag und vielleicht sogar noch am Dienstag erst wieder einpendeln müssen: Sie sind angeschlagen.

Zwei Abhilfen gibt es – wobei ich aber eingestehen muß, daß ich sie zwar der Vollständigkeit der Ratschläge halber erwähne, aber von keiner der beiden begeistert bin und fürchte, es wird Ihnen genauso gehen.

Die erste Möglichkeit ist schlicht und einfach, eben den alltäglichen Aufsteh- und Schlafenszeitrhythmus beizubehalten. Also auch am Wochenende um zehn Uhr abends zu Bett, um sieben aus den Federn. Doch wozu dann die große Freiheit, auf die Sie sich seit Montag freuen?

Oder aber: Bleiben Sie dann so lange in Betrieb, wie Sie wollen – aber stehen Sie unbedingt zu Ihrer üblichen Zeit auf. Schlafen Sie nicht aus! Nachteil: Sie werden dann zwar am Montag frisch und munter aus dem Bett steigen, die kostbaren Samstage und Sonntage jedoch wie ein Zombie umhergehen ...

Wenn diese beiden Hinweise überhaupt zu etwas gut sind, dann als Illustration der unentrinnbaren Rhythmen unseres Körpers.

Zeit gewinnen nach schlafloser Nacht

Nun haben Sie einmal schlecht geschlafen, aus welchen Gründen auch immer. Sie fühlen sich miserabel, abgeschlagen, nicht leistungsfähig. Da besteht die große Gefahr, daß Sie diesen so schlecht begonnenen Tag völlig verplempern – sich hängen- und gehenlassen, trödeln, nichts schaffen. Nun, auch hier ist Abhilfe möglich.

Ich stütze mich dabei auf das Buch »*Kraft schöpfen durch*

gesunden Schlaf« der deutschen Psychiater NORBERT NEDO-
PIL und ECKART RÜTHER; beide sind Experten auf dem
Gebiet der Schlafforschung und -therapie.

Sie weisen eindringlich darauf hin, daß körperliche Aktivität sowohl für die Leistungsfähigkeit als auch für nachfolgenden guten Schlaf unbedingt nötig ist. Das letztere wird
durch Tierversuche bestätigt – tagsüber zur Bewegung auf
einem Laufband veranlaßte Katzen haben einen deutlich
höheren Anteil an aufbauendem Tiefschlaf als träge Tiere.
(Wenn Sie Raubkatzen im Zookäfig sehen, die ruhelos hin-
und herlaufen: Sie holen sich ihre nötigen täglichen »Bewe-
gungseinheiten«.)

Und: Anspannung der Muskulatur gibt auch einen Weck-
reiz ans Gehirn, dieser mobilisiert zusätzliche Energien.

Sie brauchen den Schlaf nicht nachzuholen!

Das bedeutet, daß körperliche Aktivität nach einer schlafge-
störten Nacht Ihnen zum einen mehr Energie dafür ver-
schafft, diesen miesen Tag besser und produktiver zu über-
stehen – das heißt, Sie haben diese Zeit sicherer im Griff.
Und zum zweiten werden Sie, wenn Sie Ihren Körper auch
nach einer Nacht des ruhelosen, quälenden Umherwälzens
im Bett anstrengen, nachts darauf viel besser schlafen.

Übrigens brauchen Sie laut Bekunden der Forscher den
verlorenen Schlaf nicht nachzuholen: Gehen Sie deshalb
nicht früher als sonst zu Bett! Auch nach einer ruhelosen
Nacht sollten Sie tagsüber aktiv sein, das heißt Ihrer normalen Arbeit nachgehen! Allerdings sollten die Abschnitte
dieser Tätigkeit dann jeweils kurz und intensiv sein. Dazwischen alle ein bis zwei Stunden ein paar Minuten Ruhe-
pause – jetzt noch nötiger als sonst. Nebenbei: Nehmen Sie
keineswegs Aufputschmittel. Sie sind gefährlich!

NEDOPIL und RÜTHER haben ein hervorragendes Tagespro-
gramm für einen solchen Tag mit verminderter Leistungsfähigkeit aufgestellt. Sie finden darin auch den Ratschlag,
Kontakte und Umgang mit anderen Menschen besonders
zu pflegen; wie Sie schon wissen, ist das ein »Signalgeber«
für Aktivität.

Üblicher Tag		Tag nach der Schlafstörung	
8 Uhr	Arbeitsbeginn	8 Uhr	körperliche Übung
9 Uhr	Mitarbeiterbesprechung	9 Uhr	Mitarbeiterbesprechung
10 Uhr	zum Vorgesetzten	10 Uhr	zum Vorgesetzten; Bitte um Abkürzung der Besprechung
		10.30 Uhr	kurzer Spaziergang
11 Uhr	Schreibtischarbeit	11 Uhr	Besprechung eines neuen Projekts mit Mitarbeitern
12.30 Uhr	Mittagessen	12.30 Uhr	Mittagessen; leichteres als sonst und Spaziergang
13.30 Uhr	Konferenz	13.30 Uhr	Konferenz
15 Uhr	Schreibtischarbeit	15 Uhr	Besuch einer befreundeten Firma
		16 Uhr	Massage
17 Uhr	Autofahrt nach Hause	17 Uhr	Autofahrt nach Hause
		18 Uhr	15-Minuten-Lauf
19 Uhr	Abendessen	19 Uhr	Abendessen
20 Uhr	Schreibtischarbeit	20 Uhr	Hobby
22 Uhr	Fernsehen	22 Uhr	kurzer Spaziergang
23 Uhr	ins Bett	23 Uhr	ins Bett
23.30 Uhr	Licht aus.	23.30 Uhr	Licht aus.

Fünfzehntes Kapitel

Vier Menschen, vier Tagesläufe, vier Kommentare

Bei der Vorbereitung dieses Kapitels stellte ich verblüfft fest, wieviel doch ein paar Zeilen – von den »Versuchspersonen« in nüchterne Formulare eingetragen – verraten können: nicht etwa nur über das jeweilige individuelle Zeitmanagement, das wir ja erfahren und untersuchen wollen, sondern auch über das urpersönliche Verhältnis der vier von mir befragten Probanden zur Zeit – und sogar über den Charakter der einzelnen.

Ich habe in meinem Bekanntenkreis drei Damen und einen Herrn aus unterschiedlichen Lebensbereichen (ursprünglich waren es zwei männliche Testpersonen) gebeten, in von dem Managementberater Dr. WERNER SIEGERT vorbereitete Test- und Fragebögen den exakten Ablauf wenigstens eines *typischen* Arbeitstages einzutragen (zehn Tage wären optimal). Sodann hat Dr. Siegert diese Protokolle ausgewertet, kommentiert und seine fachlichen Ratschläge abgegeben, wie die vier Menschen ihre Tages- und Lebenszeit besser nutzen könnten. Prüfen Sie als Leserin oder Leser alles genau, dann werden Sie (wie auch ich für mich selbst) erkennen, was so viele von uns falsch machen. Es sind – das ist das Interessante an dem Ergebnis! – fast immer die gleichen Fehler, die jedem unterlaufen.

Zu den schon erwähnten verblüffenden Nebenresultaten:
o Ganz unterschiedlich war, was die vier Menschen jeweils unter ihrem Tagesablauf verstanden – ob mit oder ohne Freizeit, Erholung, Schlaf ... Leben wir nur in der Arbeitszeit?

o Niemand hatte die Zeit, *zehn* solcher Testtage festzuhalten. Alle beschränkten sich – und dies schon stöhnend – auf einen einzigen. Das ist nicht weiter schlimm, denn Dr. Siegerts Untersuchungsmethoden erlauben es, diese Ergebnisse hochzurechnen wie Wahlresultate. Die Ergebnisse weichen dann höchstens geringfügig von der Realität ab – solange es sich eben um *typische* Tagesabläufe handelt. Jedoch kommentiert Dr. Siegert zu Recht: »Das Dilemma, in dem sich alle jene befinden, die mit ihrer Zeit ganz und gar nicht zurechtkommen, ist, daß sie sich dann auch keine Zeit für eine wirklichkeitsgetreue Ist-Aufnahme nehmen. Gerade sie hätten es aber nötig.«

o Es zeigte sich gerade bei dem zweiten angesprochenen männlichen Probanden, dem stets über Zeitnot stöhnenden und – wie ich weiß – tatsächlich überaus zeitgestreßten Anzeigenleiter eines Großverlages, wie leicht da geschlampt wird: Weil man eben »keine Zeit hat«, wird das Protokoll nicht simultan während des Tages ausgefüllt, sondern abends »nachempfunden« – mit dem Ergebnis geradezu »paradiesisch« problemloser Zustände. Für unsere Analyse unbrauchbar. Papierkorb!

Nun aber zu den vier ausgewerteten Beispielen:

JUTTA ELLEBRECHT, 39
Selbständige Inhaberin einer Versandbuchhandlung,
Mülheim/Ruhr
(ledig)

Der Tageslauf

Siehe Formulare auf der folgenden Seite:

Datum 26. 02. 1992 Blatt Nr. 1	**TÄTIGKEITEN** (geplante und planmäßig durchgeführte Aufgaben)		**UNTERBRECHUNGEN** (nicht geplante Störungen der Tätigkeiten)				Name oder Kennwort Ellebrecht
Zeit in Blöcken (Viertel oder halbe oder ganze Stunden)	Art der Tätigkeit (Kurzbeschreibung) wie erledigt: abg = abgebrochen erl = erledigt del = delegiert	SB = Sachbearbeiter D = Diktat G = Gespräch K = Konferenz T = Tagung R = Reise B = Besuch I = Informations-aufnahme Tel = Telefonat P = Pause	Beginn	Art der Unterbrechung T = Telefonat B = nicht angem. Besuch V = Vorfall, der zum Eingreifen zwingt	Von wem unterbrochen? V = Vorgesetzter K = Kollege M = Mitarbeiter S = Sekretärin Bü = Bürger Ku = Kunde L = Lieferant F = Familie a = andere		Anmerkungen (Verbesserungs-vorschläge, Kritik etc.) Erläuterungen
Dauer		A / B / C = Analyse	Dauer			A / B / C = Analyse	
7.30 – 8.15	Lesen von Fachblättern und Zeitungen – dabei Frühstück						
8.15 – 9.15	Kulturmosaik / Nachrichten-Radio – dabei Morgentoilette						
9.15 – 9.30	Vorbereiten von Besorgungen: Post, Copyshop, Bank						
9.30 – 10.00	Erledigen dieser Besorgungen						
10.00 – 10.15	2 Faxe konzipiert und abgeschickt						
10.15 – 13.00	Post bearbeitet, einschließlich Telefonaten, weiteren Faxen, Schreibarbeiten am PC			T			
13.00 – 13.30	Mittagsimbiß, dabei Lektüre von Zeitungen und Zeitschriften						
13.30 – 17.00	Lesen für ein briefliches Angebot, 2 schwierige Briefe konzipiert und ge-schrieben, einschließlich Beschaffung von Adressen und Tel.- Nummern.			4 T Totale Unterbrechung, da dazu sofort Arbeiten erledigt werden mußten: eilige Pressesachen 1 T – kurze private Unterbrechung			
17.00 – 19.15	Ausstellen der monatlichen Rechnung und Statistiken für Auftraggeber			T von wichtigem Gesprächspartner sowie Unterbrechung wegen priv. Besorgung			

Der Kommentar

Frau E. ist eine Alleinunternehmerin, wie man sie sich nur wünschen kann. Letztlich entfallen 86,3 Prozent der von ihr erfaßten knapp 12 Stunden pro Tag auf berufliche Verrichtungen. Aus den Anmerkungen ist ersichtlich, daß sie auch während der »persönlichen Zeiten« (Morgentoilette, Essen) schon »beruflich« Rundfunk hört. Sie ist also bis 19 Uhr – und wahrscheinlich oft auch darüber hinaus – ständig »im Dienst«.

Wie sie in einem Begleitbrief erkennen läßt, ist eigentlich ihr Beruf auch ihr Hobby. Privates und Dienstliches fließen ineinander. Das ist für die Kräftebilanz entscheidend. Wer tut, was er liebt, und liebt, was er tut, gewinnt dabei Kraft.

Allerdings fällt bei den Aufschreibungen auf, daß sie doch vieles tut, was eigentlich delegiert werden sollte: Adressen heraussuchen, Schreibarbeiten am PC, Faxe wegschicken, manche Besorgung. Da zu vermuten ist, daß Frau E. die dabei gewonnene Zeit in kreative Tätigkeiten investieren würde, ergäbe sich daraus ein bemerkenswerter Gewinn für sie und ihr Unternehmen.

Urs P. Panther, 53
Manager, Redakteur, Hersteller in einem mittleren,
konzernunabhängigen Buchverlag, Zürich
(verheiratet, zwei erwachsene Kinder)

Der Tageslauf

Herr Panther ist unter allen Probanden derjenige Berufstätige, dessen Zeitmanagement – ihm selbst schmerzhaft bewußt – am schlimmsten aus dem Ruder gelaufen ist. Sein gewissenhaft geführtes Protokoll quillt geradezu über.

Er selbst hat die Notwendigkeit empfunden, über das nicht bei jedem gleichermaßen anwendbare Formular hinaus seinen Tagesablauf durch exakte Aufzeichnungen für 19 Stunden und 55 Minuten zu dokumentieren. Diese veröffentliche ich hier, weil sie aussagekräftiger sind als der Fragebogen.

Ergänzend zitiere ich allerdings noch Herrn Panthers persönliche Angaben, daß seine Wochenenden in der Regel lediglich zur Hälfte von der Verlagsarbeit beansprucht werden und daß es ihm trotz aller Überlastung (die im Verlauf eines Jahres etwa vier Monate lang geringer ist als im nachfolgenden Beispiel) gelingt, zweimal etwa zwei bis drei Wochen jährlich »richtig« Urlaub zu machen, woraus er offenbar die notwendige Kraft schöpft.

Protokoll

eines beliebigen Arbeitstages im Sommer 1992 (halbjährliche Hochsaison: Produktionsphase der Buchneuerscheinungen)

Montag, 22. Juni 1992

»Wir stehen wochentags – beiderseits berufsbedingt – zumeist, aber nicht immer sehr früh auf:

04.00 Uhr	Aufstehen, Zubereitung des Frühstücks, Frühstück, Lektüre der Morgenzeitung (früh, da läßt man sich noch Zeit ...).
05.00 Uhr	Die Ehefrau bricht zum Dienst auf (eine Stunde Autofahrt, Dienstzeit meist 06.00 bis 14.00 Uhr), Bad, Ankleiden, Aufräumen von Kleinigkeiten, Morgenspaziergang mit dem Hund.
06.00 Uhr Ⓐ	Zusammenpacken der Verlagsunterlagen vom Vorabend (Manuskriptbearbeitung bis etwa 23.00 Uhr) und anderer Papiere vom häuslichen Schreibtisch; Studium des Termin-

kalenders (Zeit- und Arbeitsplan): vollgepackt mit zu vielen Tätigkeiten, die aber alle für den Fortgang der Buchproduktion dringend erforderlich sind. (Wird es wenigstens ein leidlich störungsfreier Arbeitstag werden?)

06.45 Uhr Abfahrt in den Verlag mit dem Fahrrad (45 Minuten; bei schlechtem Wetter mit dem Auto: 30 Minuten).

07.30 Uhr Ankunft im Verlag: Abhören des Anrufbeantworters, Durchsicht/Verteilung von Fax-Eingängen und Wochenendpost.

07.45 Uhr Anfertigung von Fotokopien und anderer herstellerisch be-
Ⓐ nötigter Unterlagen (Schriftauszeichnungen, Graphiken) zur erwähnten Manuskriptbearbeitung.

07.50, Erste Telefonunterbrechungen: eine Buchhandlung (Notiz
07.55 Uhr für die Vertriebsabteilung), eine Druckerei bzw. deren Setze-
Ⓑ rei (benötigt vordringlich wegen knapper Termine Imprimatur und Filmfreigabe eines noch zur Schlußrevision vorliegenden Werkes).

07.55 Uhr Eintreffen der ersten Mitarbeiterin, die von nun an die Anrufe abnimmt, sofern nicht mehrere Leitungen gleichzeitig rufen.
Besprechung mit ihr über ihre heute vorrangig zu erledigenden Arbeiten (Anfertigung eines Registers, Korrekturlesen, Fälligkeit von Zahlungen/Überweisungen, Buchhaltungsabschluß des Vormonats, Korrespondenz).
Nach und nach treffen die weiteren Mitarbeiter des Verlages ein.

08.30 Uhr Wiederaufnahme der Manuskriptbearbeitung – unterbro-
Ⓐ chen von zwei Anrufen (Krankenversicherung meldet Prüfungstermin an; ein Übersetzer hat Detailfragen zu einer Übersetzung, die er gerade anfertigt).

09.30 Uhr Abbruch der Manuskriptbearbeitung für heute wegen drän-
Ⓑ gender anderer Arbeiten; vor allem die von der Setzerei angemahnte Schlußrevision zwecks Imprimatur wird in Angriff genommen ...

bis ca. ... mit fortwährenden Unterbrechungen:
12.00 Uhr Eine andere Druckerei ruft an, es bestehen Unklarheiten
Ⓒ bezüglich einer dort soeben in Druck gehenden Auflage; zur Klärung will man die fraglichen Korrekturseiten und Umschlagtexte durchfaxen – mit der Bitte um sofortige Prüfung und Freigabe.

Anruf eines Graphikers: Ein für einen neuen Schutzumschlag bereits definitiv festgelegtes Bildmotiv kann nicht verwendet werden, denn das Bildarchiv hat das Sujet gesperrt, weil bereits anderweitig vergeben. Frage: Was tun? Neue Bildsuche? Wiederum Abstimmung mit allen, die über Umschlaggestaltungen mitbefinden? Entscheidung: Ähnliches Motiv nachstellen, selbst neu aufnehmen.

Diskussion mit einem Marketingmitarbeiter über ein Detailproblem – droht ins Grundsätzliche auszuufern, deshalb abgebrochen, aufgeschoben.

Anruf eines Autors, der auf unseren dringenden Wunsch hin sein jetzt für den Satz überfälliges Manuskript überarbeitet hat, aber schnell einige Einzelheiten klären will und muß.

12.00 Uhr Abfahrt zu einem Treffen mit einer Autorin (Mittagessen) – für die aktuellen Terminarbeiten nicht erforderlich und insofern pure Zeitverschwendung; aber die in New York lebende Autorin ist gerade jetzt in Zürich, und da sie dem Verlag in einer heiklen Urheberrechtssache sehr geholfen hat, sollte sie nicht brüskiert werden.

13.45 Uhr Rückkehr ins Büro. Es warten: die gefaxten Korrekturabzüge zur raschen Klärung, etliche Telefonnotizen zwecks Rückruf, der Posteingang vom Vormittag (von der Sekretärin gesichtet, vorsortiert).

14.00 Uhr Korrektur (parallel mit einer Mitarbeiterin, um möglichst
Ⓒ alle Fehler auszuschließen) und Imprimatur der durchgefaxten Abzüge für die Nachauflage – zurück per Fax.

15.00 Uhr Ein wichtiger Autor ruft an, dessen Buch gerade in Produktion ist, Universitätsprofessor: Der Umschlag für sein Buch habe ihm zwar gefallen, aber in der Fakultät werde geraunt und kritisiert, er sei für das Buch eines angesehenen Wissenschaftlers zu populär, also bitte er um Änderung. Gegeneinwände: Unser Umschlag sei optimal für den Verkauf, außerdem ist alles schon im Gange. Aufschub, Bedenkzeit, ein weiterschwelendes Problem!

15.20 Uhr Die angemahnte Schlußrevision wird wiederaufgenommen
Ⓑ (Verpflichtung besteht, jedes Werk – bevor es in Druck geht – nochmals *selbst* durchzusehen und zu kontrollieren, da andernfalls bei etwaigen Fehlern oder Beanstandungen keine Verantwortung übernommen werden kann).

16.30 Uhr Anruf des Hauptauftraggebers der Firma – zwar zum denkbar ungünstigsten Zeitpunkt, aber da es um Wichtiges geht (und weil ein Aufschub auch keinen Zeitgewinn brächte), wird er entgegengenommen.

17.15 Uhr Die Schlußrevision wird *heute* innerhalb der normalen Arbeitszeit nicht mehr fertig – also Anruf in der Druckerei, die Setzerei wird auf morgen vertröstet.

17.25 Uhr Ⓑ Unterschriften und kleine Erledigungen für die heute noch ausgehende Post; sicherheitshalber wird ein Kuvert an die Setzerei vorbereitet, damit die imprimierte Schlußrevision noch in den Nachtbriefkasten der Bahnpost geworfen werden kann.

18.00 Uhr Die Lektoratsmitarbeiterin sitzt noch über ihren Korrekturen, der Marketingmitarbeiter telefoniert noch mit Kunden, die anderen sind bereits gegangen.

Heimfahrt: mit der unfertigen Schlußrevision, mit der noch unfertigeren Manuskriptbearbeitung, einigem Kleinkram aus der Tagespost (den man sich zu Hause »in Ruhe« ansehen will) – und einigem Frust, weil wieder so vieles vom geplanten Tagespensum unerledigt blieb.

19.00 Uhr Zu Hause: kleines Abendessen mit der Ehefrau, Fernsehnachrichten; Häusliches und Familiäres werden angesprochen, aber nicht zu Ende gebracht.

20.30 Uhr Ⓑ Schreibtisch: Fortsetzung der Schlußrevision (Unterbrechung: Anruf eines der beiden auswärts studierenden Söhne, er braucht einen Rat und Geld – vermutlich in umgekehrter Reihenfolge) – und Abschluß: Briefsendung wird verpackt.

22.15 Uhr Mit dem Auto nochmals in die Innenstadt zum Bahnpost-Nachtbriefkasten.

23.05 Uhr Rückkehr. Eine Tasse Tee mit der Ehefrau, kurzes Gespräch, der Tag war lang, sie geht schlafen.

23.30 Uhr Ⓐ Die Manuskriptbearbeitung wird unberührt wieder eingepackt, der gute Vorsatz, endlich mit der Abfassung der Umschlagtexte für die neuen Bücher zu beginnen, abermals verdrängt; der Brief des Steuerberaters, der die Unterlagen für die überfällige private Steuererklärung anmahnt, wird zur Seite gelegt; im Terminkalender wird alles Unerledigte des Tages mit allem Fälligen des folgenden zusammengetragen: eine unrealistische Liste.

23.55 Uhr Ins Bad und ins Bett.

Die wirklich *produktiven* Tätigkeiten des Tages:

Buchprojekt Ⓐ
Die Manuskriptbearbeitung, die natürlich vom Zeitaufwand her mehrere Tage beansprucht, wäre das wichtigste Projekt dieses Tages gewesen – und sie ist so gut wie gar nicht vorangekommen (trotz drohenden Ablieferungstermins).

Buchprojekt Ⓑ
Die Schlußrevision beansprucht alles in allem nur 5 bis 6 Stunden Arbeit, ist sozusagen nur noch der ›finishing touch‹ an einem ansonsten fertigen Buch-Innenteil (Umschlag, Einband, Klappentexte, Werbeanzeigen müssen allerdings auch noch gemacht werden), mußte jedoch vorgezogen werden, um die Produktion nicht aufzuhalten.

Buchprojekt Ⓒ
Eine Nebenarbeit eigentlich, aber mit zeitlichem Vorrang, um Drucktermine nicht zu blockieren.

Fazit eines langen Tages mit viel Streß:

Von der wichtigsten Arbeit wurde am wenigsten erledigt, aber alles andere mußte auch sein.

Zwar gibt es nur höchst selten ein zeitfressendes Mittagessen mit einem Autor, aber meist kommt etwas vom Zeitverschleiß her Adäquates vor: der Routinebesuch des Kundenbetreuers einer der für den Verlag tätigen Druckereien zur Besprechung des jeweiligen Produktionsstandes (viele Einzelheiten); ein freier Mitarbeiter (Lektor, Korrektor) liefert seine Arbeit ab, muß aber eine ganze Reihe von Zweifelsfragen besprechen; für Buchumschläge oder zu illustrierende Bücher sind Bildquellen oder Zeichner zu finden; zur Information des PR- und Marketingbereichs müssen überzeu-

gende Leseproben aus noch unfertigen Manuskripten herausgesucht und kopiert werden; eine wichtige Sendung mit
Korrekturabzügen und dem Manuskript dazu ist auf dem
Postweg von einer Druckerei zum Verlag verschollen, was
zeitraubende Nachforschungen notwendig macht, und als
die Sendung nach zehn Tagen wiederauftaucht, fehlt ebendiese Zeitspanne im Terminplan und muß durch überstürzte
Korrekturarbeiten aufgeholt werden; ein Autor steht unangemeldet in der Tür (»Ich bin zufällig gerade in Zürich und
möchte wissen, wie weit die Entscheidung über mein eingesandtes Manuskript gediehen ist. Haben Sie es schon gelesen? Was sagen Sie zu Kapitel fünf ...?«)

Eine Ausweitung des Personals ist angesichts der Größenordnung der Firma und der verschärften Konkurrenzsituation auf dem Buchmarkt sowie der sich allenthalben
bemerkbar machenden Rezession nicht empfehlenswert.
Somit sind dem ›Delegieren‹ von Arbeit klare Grenzen
gesetzt. Die unverzichtbare Entlastung erfolgt aber durch
freie Mitarbeiter (Lektorat, Redaktion, Korrektur, Buchhaltung), deren Arbeiten jedoch nie ungeprüft weitergegeben
werden können, da den ›Freien‹ nicht die volle Verantwortung eines Firmenangehörigen aufgebürdet werden kann.

Was bleibt: ein schwer manövrierbares Zuviel an Arbeit,
das wiederum nicht einfach reduziert werden kann, will
man das lebenswichtige Umsatzvolumen der Firma nicht
riskieren; eine labile Balance zwischen Selbstausbeutung
und saisonalem Aufatmen: ›Doch wieder geschafft – gerade
noch!‹«

Der Kommentar

Im Unterschied zu den anderen Analysen sind hier prozentuale Angaben weniger aussagekräftig als die Gesamtschau.

Geht man von der Annahme aus, daß die Aufschreibung eines Tages auch für zehn Tage durchschnittlich repräsentativ ist, so erfaßt Herr P. 11 950 aktive Minuten von den 14 400 Minuten (10 x 24 x 60 Minuten) eines vollen Tages, womit er etwa 83 Prozent der insgesamt verfügbaren Zeit aktiv verbringt. Das bedeutet, daß werktags, also unter der Woche, im Schnitt etwas mehr als 4 Stunden für den Schlaf zur Verfügung stehen – ein gesundheitsgefährdender Wert.

Rechnet man von der erfaßten Aktiv-Zeit die »persönlichen Zeiten« (Körperpflege, Essen, Zeiten mit der Familie und dem Hund etc.) ab (3 350 Minuten), verbleiben immer noch 8 600 Minuten »aktive Berufszeit«, also knapp 60 Prozent der Gesamtzeit.

Die ergänzenden Aussagen des Herrn P. zu der auch von ihm als problematisch angesehenen Situation vermögen auf die Dauer nicht zu beruhigen. Da eine Ausweitung des festangestellten Mitarbeiterkreises für die betreffenden Arbeiten (Sachbearbeitung) aus den von ihm genannten Gründen nicht möglich ist, muß der Berater hier auf eine gefährliche Kann-Bruchstelle verweisen: Was wäre, wenn Herr P. eines Tages nicht mehr zur Verfügung stünde? Ein solcher Tag kann bei ständiger Selbstüberforderung schneller kommen als gedacht.

Die prozentuale Verwendungsanalyse offenbart auf den ersten Blick kein ungesundes Verhältnis. Es fällt sogar auf, daß für Besprechungen, Konferenzen, Telefonate (bekanntlich die oft unergiebigen Leerläufe oder Pseudoaktivitäten, die nicht wirklich produktiv sind) relativ wenig Zeit investiert worden ist. Um so stärker fällt die Zeit für die Sachbearbeitung (Manuskriptbearbeitung, Produktionstätigkeit für zu veröffentlichende Bücher) ins Gewicht, die als nicht delegierbar angesehen wird.

Will Herr P. an seiner Situation etwas verändern, so muß er dennoch hier ansetzen. Dem Analysten und Berater ist aus eigener siebenjähriger Chefredakteurstätigkeit die Versuchung durchaus vertraut, möglichst viele Manuskripte möglichst gründlich selbst durcharbeiten zu wollen. Letztlich muß man sich jedoch Helfer heranziehen, denen man auch »blind« die nötige fachliche Kompetenz *und* die Verantwortung für ihre fertige Arbeit zutraut, so daß man sich selbst entlasten kann.

Das allerdings – und das bleibt ein Problem – kostet einige Zeit und auch nicht wenig Geld. Angesichts der Funktion des Herrn P. als Führungskraft schlägt sich in der Aufschreibung deutlich nieder, daß ihm vor lauter Produktionsdruck für das Führen, also für den Prozeß »to qualify people«, so gut wie keine Zeit bleibt oder gelassen wird.

Die Empfehlung klingt angesichts der Ist-Aufnahme fast paradox: Es muß viel mehr Zeit dafür investiert werden, feste oder freie Mitarbeiter so zu qualifizieren, daß diese einen bedeutsamen Teil der Sachbearbeitung übernehmen können. Dann – aber eben auch erst dann – ergibt sich die Chance, aus der »Klemme« herauszukommen und die eher zukunftsweisenden Befähigungen des Herrn P. zur Geltung zu bringen: Planung, neue Konzepte, Perspektiven ..., so daß er längerfristig seine Firma aus dem Engpaß herauszumanövrieren helfen kann.

BRITTA SEYBOLDT, 23
Studentin der Tiermedizin, München
(ledig)

Der Tageslauf

Siehe Formular auf den folgenden Seiten:

Datum 30. 01. 1992 Blatt Nr. 1	TÄTIGKEITEN (geplante und planmäßig durchgeführte Aufgaben)		UNTERBRECHUNGEN (nicht geplante Störungen der Tätigkeiten)			Name oder Kennwort Seyboldt
Zeit in Blöcken (Viertel oder halbe oder ganze Stunden)	Art der Tätigkeit (Kurzbeschreibung) wie erledigt: abg = abgebrochen erl = erledigt del = delegiert	A / B / C = Analyse	Beginn Dauer	Art der Unterbrechung T = Telefonat B = nicht angen. Besuch v = Vorfall, der zum Eingreifen zwingt	Von wem unterbrochen? V = Vorgesetzter K = Kollege M = Mitarbeiter S = Sekretärin Bü = Bürger Ku = Kunde L = Lieferant F = Familie a = andere	A / B / C = Analyse	Anmerkungen (Verbesserungs-vorschläge, Kritik etc.) Erläuterungen
7.30 – 7.45 15 min	Aufstehen, Waschen, Anziehen, Blumen gießen erl. Pers.					
7.45 – 8.30 45 min	Frühstück machen, frühstücken, abspülen erl. Essen	C				
8.30 – 9.15 45 min	Fahrt zur Uni Tr.					
9.15 – 10.00 45 min	Kurs an der Uni L	A				
10.00 – 11.15 75 min	Kaffeetrinken + Hin- und Rückweg Essen					
11.15 – 12.00 45 min	Vorlesung L	B				
12.00 – 12.30 30 min	Krankenberichte durchsehen erl. Info	B	ca. 5 min	V	K	
12.30 – 13.00 30 min	Fahrt zum Arbeitsamt Tr.					

Datum 30. 01. 1992
Blatt Nr. 2

Name oder Kennwort: Seyboldt

TÄTIGKEITEN
(geplante und planmäßig durchgeführte Aufgaben)

Art der Tätigkeit (Kurzbeschreibung):
SB = Sachbearbeiter
D = Diktat
G = Gespräch
K = Konferenz
T = Tagung
R = Reise
B = Besuch
I = Informationsaufnahme
Tel = Telefonat
P = Pause

wie erledigt:
abg = abgebrochen
erl = erledigt
del = delegiert

UNTERBRECHUNGEN
(nicht geplante Störungen der Tätigkeiten)

Art der Unterbrechung:
T = Telefonat
B = nicht angem. Besuch
V = Vorfall, der zum Eingreifen zwingt

Von wem unterbrochen?
V = Vorgesetzter
K = Kollege
M = Mitarbeiter
S = Sekretärin
Bü = Bürger
Ku = Kunde
L = Lieferant
F = Familie
a = andere

Anmerkungen (Verbesserungsvorschläge, Kritik etc.)
Erläuterungen

Zeit in Blöcken (Viertel oder halbe oder ganze Stunden) / Dauer	Art der Tätigkeit (Kurzbeschreibung)	A / B / C = Analyse
13.00 – 13.45 45 min	Warten auf Arbeit	Warten
13.45 – 14.00 15 min	Stehimbiß	Essen
14.00 – 14.30 30 min	Fahrt zur Arbeitsstelle	Tr.
14.30 – 16.30 120 min	Arbeiten (Putzen in einem Haushalt)	Job
16.30 – 16.45 15 min	Erkundigung in einem Reisebüro (wegen Urlaub im April)	Info
16.45 – 17.30 45 min	Heimfahren	Tr.
17.30 – 17.45 15 min	Einkaufen	EV.
17.45 – 18.00 15 min	Tee trinken	Essen

Datum 30. 01. 1992 Blatt Nr. 3	TÄTIGKEITEN (geplante und planmäßig durchgeführte Aufgaben)		UNTERBRECHUNGEN (nicht geplante Störungen der Tätigkeiten)				Name oder Kennwort Seyboldt
Zeit in Blöcken (Viertel oder halbe oder ganze Stunden) / Dauer	Art der Tätigkeit (Kurzbeschreibung) wie erledigt: abg = abgebrochen, erl = erledigt, del = delegiert	SB = Sachbearbeiter, D = Diktat, G = Gespräch, K = Konferenz, T = Tagung, R = Reise, B = Besuch, I = Informationsaufnahme, Tel = Telefonat, P = Pause / A / B / C = Analyse	Beginn / Dauer	Art der Unterbrechung T = Telefonat, B = nicht angem. Besuch, V = Vorfall, der zum Eingreifen zwingt	Von wem unterbrochen? V = Vorgesetzter, K = Kollege, M = Mitarbeiter, S = Sekretärin, Bü = Bürger, Ku = Kunde, L = Lieferant, F = Familie, a = andere	A / B / C = Analyse	Anmerkungen (Verbesserungsvorschläge, Kritik etc.) Erläuterungen
18.00 – 19.00 60 min	Lesen eines Buches (zur Unterhaltung)	Erholung					
19.00 – 19.30 30 min	Abendessen	Essen					
19.30 – 20.30 60 min	Lernen abg.	L	20.30 – 21.30	B	a		
21.30 – 21.45 15 min	Waschen, Umziehen, ins Bett gehen	Pers.					

Der Kommentar

Frau S. ist Studentin. Sie hat nicht nur ihre beruflich genutzte Zeit, sondern den gesamten Tag (ohne Schlafenszeit) erfaßt.

Frau S. verbringt nur 18,9 Prozent ihrer erfaßten Zeit von etwa 13¼ Stunden täglich mit ihrem »Hauptberuf«, dem Studium. Rechnet man die Informationsaufnahme noch zur Hälfte dazu, dann sind es 21,7 Prozent. Sie ist offensichtlich gezwungen zu jobben, was sich einschließlich der Fahr- und Wartezeiten als stärkster Zeitfresser in ihrer Zeitverwendungsanalyse niederschlägt. Erfolgen die Fahrten mit öffentlichen Verkehrsmitteln, so kann die dafür erforderliche Zeit wenigstens zum Teil noch für Lesen verwendet werden.

SYBILLE GANTZ, 34
Inhaberin eines Schreibbüros, Lübeck
(verheiratet, zwei Kinder, drei und acht Jahre alt)

Der Tageslauf

Siehe Formular auf den folgenden Seiten:

Datum 21. 01. 1992 Blatt Nr. 1	**TÄTIGKEITEN** (geplante und planmäßig durchgeführte Aufgaben)			**UNTERBRECHUNGEN** (nicht geplante Störungen der Tätigkeiten)				Name oder Kennwort Gantz
Zeit in Blöcken (Viertel oder halbe oder ganze Stunden) / Dauer	Art der Tätigkeit (Kurzbeschreibung) wie erledigt: abg = abgebrochen, erl = erledigt, del = delegiert	SB = Sachbearbeiter, D = Diktat, G = Gespräch, K = Konferenz, T = Tagung, R = Reise, B = Besuch, I = Informationsaufnahme, Tel = Telefonat, P = Pause	A / B / C = Analyse	Beginn / Dauer	Art der Unterbrechung T = Telefonat, B = nicht angem. Besuch, V = Vorfall, der zum Eingreifen zwingt	Von wem unterbrochen? V = Vorgesetzter, K = Kollege, M = Mitarbeiter, S = Sekretärin, Bü = Bürger, Ku = Kunde, L = Lieferant, F = Familie, a = andere	A / B / C = Analyse	Anmerkungen (Verbesserungsvorschläge, Kritik etc.) Erläuterungen
6.30 – 7.00 30 min	Feuer machen, duschen mich fertigmachen	pos. V.						
7.00 – 7.45 45 min	Marion wecken, Frühstück / Brotzeit richten, Spül- u. Waschmaschine einräumen, Marion zur Schule	Fam.	A					
7.45 – 9.00 75 min	mit Schreiben begonnen / abg.	Tel. / Schr.		5 min / 2 min / 2 min	T / T	Ku / Ku	A / A / A	
9.00 – 9.30 30 min	Heidi frühstücken, Spülmaschine / Küche aufräumen	Fam.						
9.30 – 10.00 60 min	Hase versorgen, Waschmaschine ausräumen, Wäsche aufhängen, Skisachen aufräumen, Betten machen, Schuhe putzen	Fam.						
10.00 – 10.30 30 min	Heidi anziehen, waschen, Bad putzen, aufräumen	Fam.						
10.30 – 11.00 30 min	Schreibarbeit erl.	Schr.	B	10 min	T		A	ich habe Ku. angeruf. bzg. Schreibarbeiten

Datum 21. 01. 1992 — Blatt Nr. 2

TÄTIGKEITEN
(geplante und planmäßig durchgeführte Aufgaben)

UNTERBRECHUNGEN
(nicht geplante Störungen der Tätigkeiten)

Legend TÄTIGKEITEN — Art der Tätigkeit (Kurzbeschreibung): SB = Sachbearbeiter, D = Diktat, G = Gespräch, K = Konferenz, T = Tagung, R = Reise, B = Besuch, I = Informationsaufnahme, Tel = Telefonat, P = Pause; wie erledigt: abg = abgebrochen, erl = erledigt, del = delegiert

Legend UNTERBRECHUNGEN — Art der Unterbrechung: T = Telefonat, B = nicht angem. Besuch, v = Vorfall, der zum Eingreifen zwingt; Von wem unterbrochen?: V = Vorgesetzter, K = Kollege, M = Mitarbeiter, S = Sekretärin, Bü = Bürger, Ku = Kunde, L = Lieferant, F = Familie, a = andere

Zeit in Blöcken / Dauer	Art der Tätigkeit (Kurzbeschreibung)	Tät. Kurz	A / B / C = Analyse (Tät.)	Beginn / Dauer	Art der Unterbrechung	Von wem unterbrochen?	A / B / C = Analyse (Unt.)	Anmerkungen / Erläuterungen
11.00 – 12.00 / 60 min	Schreibarbeiten teilw. erl. teilw. abg.	Schr.	A					
12.00 – 13.15 / 75 min	4 Kunden angefahren, Arbeit abgeliefert bzw. abgeholt	Tr.						
13.15 – 14.15 / 60 min	Essen bereiten, essen, Küche aufräumen	Fam.						
14.15 – 15.30 / 75 min	mit Marion Hausaufgaben machen, da sie mich interviewen mußte	Fam.			T; T S. Marion; B	Ku; Nachbarin	B	
15.30 – 16.30 / 60 min	Schreibarbeiten erl.	Schr. Tel.	A	10 min	V; T	a; Ku; Heidi kommt zurück	A	hat Heidi mitgenommen und Post abgegeben
16.30 – 17.30 / 60 min	Heidi, Glühbirnen ausgewechselt, Heidi spazierengegangen	Fam.	A					Tonband defekt

Name oder Kennwort: Gantz — Anmerkungen (Verbesserungsvorschläge, Kritik etc.) Erläuterungen

Datum 21. 01. 1992 Blatt Nr. 3	TÄTIGKEITEN (geplante und planmäßig durchgeführte Aufgaben)		UNTERBRECHUNGEN (nicht geplante Störungen der Tätigkeiten)			Name oder Kennwort Gantz
Zeit in Blöcken (Viertel oder halbe oder ganze Stunden) Dauer	Art der Tätigkeit (Kurzbeschreibung) wie erledigt: abg = abgebrochen erl = erledigt del = delegiert	SB = Sachbearbeiter D = Diktat G = Gespräch K = Konferenz T = Tagung R = Reise B = Besuch I = Informationsaufnahme Tel = Telefonat P = Pause A / B / C = Analyse	Beginn Dauer	Art der Unterbrechung T = Telefonat B = nicht angem. Besuch V = Vorfall, der zum Eingreifen zwingt	Von wem unterbrochen? V = Vorgesetzter K = Kollege M = Mitarbeiter S = Sekretärin Bü = Bürger Ku = Kunde L = Lieferant F = Familie a = andere	A / B / C = Analyse	Anmerkungen (Verbesserungsvorschläge, Kritik etc.) Erläuterungen
17.30 – 18.00 30 min	Apotheke, Bauernhof gefahren, vom Kunden Arbeit geholt	Tr.				
18.00 – 20.00 120 min	Kundenbesuch bei mir, Kinder Brotzeit, reden, Zeitung lesen, Kinder ins Bett usw.	B 30 min Fam. 90 min				
20.15 – 23.30 195 min	Schreibarbeiten teilw. erl. teilw. abg.	Schr. A				

Der Kommentar

Frau G. hat zwei Kinder, wovon eines schulpflichtig ist. Das andere geht noch nicht zur Schule. Sie führt selbständig ein Schreibbüro in Heimarbeit.

Frau G. erfaßte ihren gesamten Tag ohne Schlafenszeit. Aus der ABC-Analyse (die nicht alle Testpersonen anfertigten) ergibt sich, daß 2 340 Minuten = 26 Prozent von erfaßten 15¼ Stunden pro Tag auf Tätigkeiten höchster Priorität (A = wichtig + dringlich) entfallen. Das ist ein normaler Prozentsatz. Daß Frau G. trotz der Arbeitsbelastung fast die Hälfte der Zeit ihren Kindern widmen kann, wird sehr zu ihrer eigenen Genugtuung beitragen.

Doch sollten bei einer berufstätigen Mutter die Kinder bereits ihren verantwortlichen Tätigkeitsbereich erhalten: etwa den Hasen versorgen, Schuhe putzen, Betten machen. Auch die Verantwortung für die Spülmaschine kann ein Kind schon früh übernehmen. Das wäre nicht nur vom Standpunkt des Zeitgewinns zu empfehlen, sondern auch als Teil der Erziehungsaufgabe.

Gerade berufstätige Mütter (wenn auch – wie in diesem Falle – in Heimarbeit) haben ja oft ein Rabenmutter-Syndrom, also Schuldgefühle, sie seien zuwenig für die Kinder da. Sie würde hier zwei Fliegen mit einer Klappe schlagen: Zeit gewinnen für die Kinder (oder die Arbeit) und die Kinder frühzeitig an Verantwortung gewöhnen.

Natürlich bleibt die Frage: Wann lebt Frau Gantz nur für Frau Gantz? Wann ist sie mal völlig für sich selbst da – von Körperpflege, essen und schlafen einmal abgesehen?

Sechzehntes Kapitel

Immer mehr Freizeit – immer weniger Zeit

Ich habe bei früherer Erwähnung des seltsamen Phänomens, daß unsere Arbeitszeit sich seit etwa hundertzwanzig Jahren beständig verringert (davor war sie übrigens seit Beginn der Industrialisierung zuerst einmal in immer brutalere Höhen gestiegen) und daß wir trotzdem immer atemloser vor Zeitknappheit werden, bereits das aufsehenerregende Buch *»Das Linder-Axiom«* genannt. Sein Autor, der schwedische Wirtschaftswissenschaftler STAFFAN B. LINDER, gab ihm schon seinerzeit in der deutschen Ausgabe den bezeichnenden Untertitel »Warum wir keine Zeit mehr haben«. Und er fand eine einleuchtende Antwort darauf – wozu ich aber, damit zur faszinierenden Diagnose die heilende Therapie kommt, auch Abhilfen gegen diesen geradezu unheimlichen Übelstand nennen werde.

Zunächst die Diagnose: Linder stellte vor zwanzig Jahren provokant fest, man habe »lange Zeit die optimistische Hoffnung« gehegt, »daß die Beseitigung wirtschaftlicher Sorge zu einem umfassenden kulturellen Aufschwung führen« würde. Aber im Gegenteil hätten »nicht einmal die intellektuell und emotional dazu Befähigten auch nur die geringste Neigung gezeigt, sich um die Entwicklung von Geist und Psyche zu bemühen«. Nicht einmal die – von den anderen ganz zu schweigen. Peng!

Totalen Wohlstand gibt es nicht!

Nun kann man über diesen bösen Hieb denken, wie man will – ihn akzeptieren oder nicht. Aufregend wird es, wenn Linder fortfährt. Die Erklärung für diese »Anomalie« liege, so sagt er, »in einem Umstand, den man bislang [das war, wie gesagt, zu Anfang der siebziger Jahre, und seither gibt es zunehmend mehr theoretische Beschäftigung mit diesem Gegenstand] völlig außer acht gelassen hat: der zunehmenden Zeitknappheit«.

Wie das? Da doch, wie wir alle wissen, der Anteil der Arbeitsstunden am Tageslauf stetig sinkt. LINDERS Antwort:

»Weil Zeit ja nicht unbeschränkt zur Verfügung steht *und weil wir an sie immer höhere Ansprüche stellen*, ist unser Wohlstand nur ein partieller, kein totaler, wie wir offenbar meinen. Er besteht nur aus einem reichen Angebot an Waren.«

Tatsächlich weist der Ökonom, der damals einen fast sensationellen Bestseller schrieb, anhand komplizierter Berechnungen und Tabellen nach, daß wir sogar immer schlimmer im Zeit-Schraubstock zappeln, je weniger wir arbeiten. Denn »nicht nur Produzieren, auch Konsumieren nimmt Zeit in Anspruch« – während »Wirtschaftswissenschaftler bezeichnenderweise im Konsum eine Augenblickshandlung ohne zeitliche Konsequenzen sehen«. Und nie werden wir an die Decke einer Befriedigung an dem, was wir besitzen, stoßen. Je mehr wir haben, desto mehr wollen wir kriegen.

Marx und das »Verbrauchsmaximum«

Das haben bereits eine Reihe kluger Leute festgestellt. SER-
VAN-SCHREIBER spricht von unserem »unstillbaren Kon-
sumhunger« und formuliert, daß der Fortschritt, dem wir
Freizeit verdanken, zugleich die Mittel hervorgebracht
habe, den auf diese Weise geschaffenen Zeitüberschuß wieder »aufzusaugen«.

Sogar noch weit mehr als das, sagte Linder – und sagten,
sieh an, KARL MARX sowie sein Schwiegersohn PAUL LAFAR-
GUE: Letzterer forderte die »Bourgeoisie« schon 1883 auf,
lieber faul zu sein, weil die Industriegesellschaft auch Kon-
sumenten brauche. Marx meinte, eines Tages würden die
Reichen nichts mehr finden, wofür sie ihr Geld ausgeben
könnten – also ein »Verbrauchsmaximum«.

Richtig, applaudierte Professor Linder (und mit ihm der
US-amerikanische Ökonom JOHN KENNETH GALBRAITH):
Bedürfnisse haben eine obere Grenze. Denn die Katze beißt
sich in den Schwanz. Wirtschaftswachstum führt zu mehr
schneller und billiger hergestellten Gütern, die auch gekauft
werden müssen, um alles in Schwung zu halten; und diese
erfordern mehr Zeit, um sie auch zu genießen und sie – so
schreibt ARIANE BARTH im *»Spiegel«* – »zu pflegen, sauber-
zuhalten, zu ordnen, zu verwalten und so weiter«. Schon
einer der Väter der Sozialpsychologie, ERNST LEWIN, sprach
vom »Aufforderungscharakter der Objekte«. Alles sinnlos –
wozu brauche ich noch Tennisschläger, Theaterkarten oder
Trimmgerät, wenn meine Zeit nicht mehr ausreicht, um sie
auch zu benutzen?

Frau MÜLLER-LUCKMANN sieht das Phänomen so: »In
dem Moment, da ich ein Objekt brauche, brauche ich auch
Zeit, mich mit ihm zu beschäftigen.«

Das Menschenrecht auf Abwechslung

Warum aber haben sich »unsere Wünsche weit schneller vermehrt als die Menge verfügbarer Zeit« (SERVAN-SCHREIBER)? Hier sind ein paar Erklärungen – aus denen wir gleich Nutzen ziehen können:

○ Aggressive Werbung informiert uns nicht nur darüber, wie wir unsere Wünsche befriedigen können – nein, sie weckt bewußt auch ganz neue Bedürfnisse, selbst wenn wir die betreffenden Waren oder Dienstleistungen eigentlich gar nicht brauchen. Aber: Was »braucht« denn der Mensch, um glücklich zu sein ...?
Wir sollten hier nicht leichtfertig und pessimistisch bloß von »Konsumterror« sprechen. Das Streben nach individuellem Glück scheint mir ein Menschenrecht zu sein (das sogar in der amerikanischen Verfassung verankert ist). Der Sozialphilosoph CHARLES FOURIER sprach schon vor der Französischen Revolution vom allgemeinen »Menschenrecht auf Abwechslung«.

Nachahmungstrieb und Kriegstrauma

○ Nach dem – ebenfalls französischen – Philosophen RENÉ GIRARD beherrscht uns als Grundlage allen Verhaltens der »Nachahmungsreflex«: Was der Nachbar hat, muß ich auch haben – und lieber gleich eine Nummer größer. Dies ist uns also angeboren wie Hunger und Durst.
○ »Wenn man von Statussymbolen fasziniert ist«, erklärt Professor MÜLLER-LUCKMANN, »verbraucht man viel Zeit fürs Prestigedenken.« Das heißt – und sie illustriert das am Beispiel ihrer eigenen Putzhilfe, die sich beim Bau des endlich möglichen Eigenheims aufreibt –, »Men-

schen, die viel vom sozialen Aufstieg halten, sind oft
geradezu zwanghafter Ordnung und Reinlichkeit, dem
Zwang zur ›aufgeräumten Wohnung‹ etwa, unterwor-
fen.«

o Und der nachdenkliche Betriebswirtschaftler Wolfgang Meinig hat noch einen geradezu traumatischen
Grund herausgefunden: Aus einem Defizit in Kriegs-
und Nachkriegszeit, die uns der Häuser, der Möbel und
dergleichen beraubte, hat sich bei der damals heranwachsenden Generation eine »ganz starke Eigentums-Illusion
bei der Verfügbarkeit der Objekte« gebildet.
Und man soll nicht meinen, daß dieser Trend heute, da
die meisten Deutschen erst nach dem Zweiten Weltkrieg
überhaupt geboren sind, gebrochen sei: »Das gibt man
auch weiter«, sagt Professor Meinig. Und – wichtiger
Punkt: »Das werden wir in der Ex-DDR sehen!«

Viel Geld, viel Zeit – und sonst gar nichts

In der Tat. Wie in einem Reagenzglas konnten wir in der An-
laufphase der fünf neuen Bundesländer beobachten, daß sich
(wieder eine Formulierung von Servan-Schreiber) »die Bewohner der hochentwickelten Industrieländer aufführen wie
alle Neureichen: Sie sind versessen darauf, alles in Gebrauch
zu nehmen, was sie sich endlich leisten können.«

Ihr eigenes Auto mit Münchner Kennzeichen, berichtete
mir eine Bekannte, die in Brandenburg »Entwicklungshilfe«
durch Informationen über Marktwirtschaft, Demokratie,
Grundgesetz gab, sei das weitaus kleinste unter den neuen
Westwagen ihrer Seminarteilnehmer gewesen, die allesamt
früher dem SED-Staat dienten.

Unsere Vorfahren – soweit sie nicht zu den Reichen zählten, sondern zu Beginn des Industriezeitalters zur breiten

Masse – mußten damals noch zwölf Stunden täglich arbeiten und dazu eine kräftegebende Stunde mehr schlafen als wir und hatten damit überhaupt nicht die Zeit (und auch nicht das Geld!) zum Konsum. Umgekehrt haben wir heute das Geld und – theoretisch! – die Zeit, um alles zu kaufen und zu genießen.

Und ganz anders im einstigen HONECKER-Reich. Es gab zwar Geld, es gab auch viel Zeit, aber es gab ganz einfach keine Konsumgüter, die von dieser Zeit etwas aufgefressen hätten. Weshalb die Bankkonten oft auf abenteuerliche Guthabenhöhen kletterten. Wer achtzehn Jahre auf einen Trabbi warten muß, verfällt kaum in Konsumrausch.

Kein Beifall für »Nimm dir Zeit«

Eben gerade deshalb lebten die Menschen dort in einem völlig anderen Tempo als die »Wessis«. Der aus der DDR stammende, seit 1979 in Westdeutschland wohnende Lyriker und Romancier GÜNTER KUNERT spricht von dem »etwas anachronistischen Zeitgefühl der anderen Deutschen«. Sie seien »an die Langsamkeit eines anderen Alltages adaptiert, an mindere Verkehrsgeschwindigkeiten wie durch den unauffälligeren Wechsel von Moden und Modellen und von politischer Stagnation durch die Herrschaft von Mumien, gezwungen, an die Unwandelbarkeit der Zeiten zu glauben«. Niemand hätte die ostdeutsch-westdeutsche Zeitspaltung besser erklären können.

Wirklich macht es Westdeutsche im Umgang mit »Ossis« nervös, daß »die alles aufheben und reparieren«, statt es wegzuwerfen und etwas Neues anzuschaffen, heute noch; so stand es vor einiger Zeit in einem Leserbrief des *»Spiegel«*. So wie, siehe vorn, Frauenzeit nicht gleich Männerzeit ist, so gleicht »Ossi-Zeit« noch nicht ganz der »Wessi-Zeit«.

Typischerweise, kann man sagen, hieß die Fernseh-Quizshow, die der hervorragende Dresdner Bariton GUN-THER EMMERLICH bis Januar 1992 auf die Bildschirme brachte, »Nimm dir Zeit« – als wäre es eine Lektion für Westdeutsche. Aber die Sendereihe war kein gesamtdeutscher Erfolg.

»Umständlich«, »quälend langsam«, »schleppend« machte der bärtige Quizmaster, so die Meinungen zwischen Flensburg, Garmisch und Helmstedt, also in der Alt-Bundesrepublik, seine Sendungen. Aus eben solchen Gründen rangierte ihn eine große in Hamburg erscheinende Programmzeitschrift in ihrer Benotung der TV-Quizmaster bloß auf einem hinteren Platz ein.

»*Was soll ich denn sonst mit der Zeit tun?*«

Interessanterweise gibt es eine zeitgeschichtliche Entwicklung im Umgang mit der Freizeit – aus der wir dann letztes Endes nutzbare Konsequenzen ziehen können und wollen.

Schon in den dreißiger Jahren erzählte der damals überaus populäre Schriftsteller BRUNO H. BÜRGEL in seinem Buch »*Die kleinen Freuden*« von einem Nachbarn, einem einfachen Menschen, der ein Motorrad besaß (damals ein Status-symbol). Der Mann pflegte und putzte es in seiner Freizeit verbissen und unablässig. Von Bürgel nach dem Sinn der ständigen Wartungsarbeit gefragt, antwortete er, er halte das Rad in Schuß, »damit ich schneller zur Arbeit und zurück komme und Zeit gewinne«. Und auf die nächste Frage, die nach dem »Warum« des Zeitgewinns: »Damit ich an meinem Motorrad arbeiten kann – was sollte ich denn sonst in der Zeit tun?«

Der Schriftsteller hat damals diese wahre Geschichte berichtet, um aufzuzeigen, daß man mit solchem verqueren

»Zeitmanagement« sicherlich nicht auf den Weg zu den von ihm beschriebenen »kleinen Freuden« des Lebens gelange. Aber diese ein halbes Jahrhundert zurückliegende Episode illustriert auch, wie unser Lebensgefühl und unsere Lebensinhalte sich verändert haben.

Das »verlockende Überangebot« für die Freizeit

Denn es gibt sicherlich auch heute noch viele Mitbürger, die in ihrer Freizeit leidenschaftlich gern ihr Fahrzeug waschen (und das meist an dafür ungeeigneten, umweltverschmutzenden und verbotenen Orten). Aber sie haben ja jetzt, da bereits jede sechste bis siebente Mark für die Freizeitgestaltung ausgegeben wird, viel mehr ihres Zeitbudgets für tausenderlei spaßmachende Dinge übrig. »Die ›Zeitknappheit‹ in der Freizeit«, stellt WENDORFF fest, »entsteht dadurch, daß ein verlockendes Überangebot von Möglichkeiten zur Freizeitgestaltung besteht.«

Der Kulturhistoriker hält diese »Zeitknappheit« sogar für eine optische Täuschung: Gerade die selbständigen, anspruchsvollen und kritischen Menschen erblickten weit hinter dem Horizont all der Dinge, die sie bereits in der Freizeit tun, so viele unausgeschöpfte weitere Chancen für noch anderes, was man auch machen könnte, daß diese Bilanz ihnen negativ und unausgeglichen erscheine; eine Freizeit-Fata-Morgana, die nur noch deprimiert. Sicher eine bedenkenswerte Beobachtung.

So mag es übrigens auch kommen, daß im hektischen Streben nach immer mehr Inhalten sich etliche ihren Infarkt oder ihren seelischen Kollaps nicht bei der Arbeit, sondern in der freien Zeit holen. Und: Streßforscher haben herausgefunden, daß Migräneanfälle nicht während hoher Arbeitsbelastung auftreten, sondern eher am Wochenende. Sie sprechen schon von einer »neuen geheimnisvollen Krankheit«: zuviel Freizeit!

Hier sind ein paar Rezepte!

Aus alldem ergeben sich natürlich und logischerweise gleich einige Tips, wie man die überschwappende Freizeit zügelt und bändigt – und damit die innerliche Ruhe und Gesundheit befördert.

Und da wir ja in diesem Buch das Thema behandeln, wie man besser mit seiner Zeit umgeht und (in doppeltem Sinne) mehr davon hat, laufen diese Ratschläge auf eins hinaus: Wie man auch in den Tagesstunden, da man frei hat, statt zu arbeiten, souveräner, gelassener, einfach besser und ohne Not und Druck mit ihr zurechtkommt. »Ich habe immer Zeit« – auch in der Freizeit.

Wobei ich mir bewußt bin, daß die Schlagworte hinter den folgenden fünf Punkten auf den ersten Blick wieder einmal geradezu banal klingen mögen. Aber lesen Sie, was dahinter kommt!

Erstens: Auswählen

Ich könnte auch sagen: organisieren. Denn es geht hier darum, Ihre Freizeit so durchzugestalten (bitte verstehen Sie das häßliche Wort, das nach totalitärem Regime und Massenorganisationen schlechten Angedenkens schmeckt, richtig), wie Sie das auch mit Ihrer Arbeitszeit tun. Darüber haben Sie ja in unserem Buch schon eine ganze Menge gelesen, und Sie werden im weiteren noch mehr dazu erfahren. Und zwar – hier dürfen Sie das! – sollen Sie den Ablauf nach Ihrem ganz persönlichen Geschmack und Maßstab bestimmen.

Das heißt: Nehmen Sie sich dasjenige vor, was Ihnen am lohnendsten, am genußreichsten, schlicht am schönsten erscheint (so wie im Arbeitsablauf zuerst das Wichtigste!). Wie gesagt – das mag möglicherweise trivial klingen, aber angesichts des vielfachen Freizeitstresses, der daher kommt, daß die Menschen es *nicht* können, ist es geradezu lebensnotwendig.

Wenn Sie dieser Frage einmal nachgehen und vielleicht mit Angehörigen oder Freunden darüber diskutieren, dann werden Sie schnell bemerken, daß jeder Mensch andere »Wertigkeiten« setzt; ich kann da nur hoffen, daß sie bei Ihnen und den Ihnen Nahestehenden einigermaßen übereinstimmen, aber auch davon hängt ja eine erfolgreiche Partnerschaft von vornherein ab. Je nach Charakter und sogar auch je nach Lebensalter ist die Wertigkeit verschieden.

»Wir haben alle ein individuelles System der Wert-Haltungen«, sagt dazu Professor MEINIG, »eine ›Konstellation des Wünschenswerten‹.« Salopp ausgedrückt – dem/der einen ist das Pingpong wichtiger als die Videoaufzeichnung. Was für jene/jenen der Tanz ist, mag der oder dem anderen eher das Pilzesuchen sein. Hier klassisches Theater, dort Rockkonzert ...

Mit dem letzten Beispiel nähern wir uns schon, ausgehend vom individuellen Geschmack, dem Generationenunterschied. Der Geschmack, hat der Betriebswirtschaftler Meinig erfahren, ist im Lebenslauf nichts Konstantes, vielmehr unterliegt er dem Lebenszyklus. (Er möchte als neugieriger Intellektueller sogar einmal untersuchen, ob es einen – und dann, welchen – Zusammenhang gibt zwischen den Wünschen von Kleinkindern und denen im Alter.)

»Früher verbrachte ich viel Zeit damit, mit meinem Ehemann auszugehen«, erinnert sich Frau MÜLLER-LUCK-MANN, »in Kneipen, zum Dämmerschoppen ... viel mehr als heute.« Jetzt ist ihr das nicht mehr so wichtig. Das ist der Punkt: Erkennen Sie, was Ihnen *wichtig* ist, und gestalten Sie Ihre Freizeit wählerisch danach.

Diese Unterschiede, von der Persönlichkeit oder den Lebensjahren geprägt, waren Ihnen doch längst bekannt? Dann darf ich Ihnen sagen, daß auch die menschliche Gesellschaft ihren Geschmack je nach Zeitalter weiterentwickelt. Das wird Ihnen vielleicht neu sein.

Der Sport beispielsweise wird in Zukunft zunehmend Konkurrenz vor allem durch die Kultur erhalten, sagt Professor HORST W. OPASCHOWSKI von der Universität Hamburg voraus, einer der führenden Freizeitforscher Europas. »Es wird einen Boom im kulturellen Bereich geben, nach der materiellen Sättigung der Konsumbedürfnisse werden die geistig-kulturellen Bedürfnisse mehr Gewicht bekommen.« Wer sieht, wie sich die großen Unternehmen in neuester Zeit um Sponsorenrollen bei Opern, Konzerten, Kunstausstellungen drängen, muß dieser Prophezeiung zustimmen (die allerdings im positiven Gegensatz zur pessimistischen Feststellung LINDERS von vor zwanzig Jahren steht).

Quintessenz also: Denken Sie nicht, Sie müßten alles, alles tun, was in der Freizeit möglich ist! Halten Sie ein, erforschen Sie sich, und wählen Sie aus!

Zweitens: Disziplin und Gelassenheit üben

Über die innere Disziplin, die nötig ist, um mit unserer Zeit zurechtzukommen, haben wir bereits gesprochen. Das gilt für die Freizeit ebenso wie für die Arbeit.

Lassen Sie mich hier die Tagesabläufe von zwei Großen kurz wiedergeben – *daß* THOMAS MANN und SIGMUND FREUD ihr tägliches Leben diszipliniert gestalteten, wissen wir schon, aber *wie* sie das taten, illustriert sehr gut, was ich meine. Über die bewundernswerte Disziplin des Schriftstellers berichtet seine Frau KATJA in ihren Memoiren:

»Von neun bis zwölf ungefähr schrieb er, dann machte er einen Spaziergang, aß zu Mittag, las nachmittags Zeitung, rauchte noch eine Zigarre, ruhte dann. Nach dem Tee ging er nochmals spazieren, las und machte die Vorarbeiten, die Lektüre für seine eigene Produktion und erledigte, was er die ›Forderungen des Tages‹ nannte.«

Hier gleich diese Anmerkung: Sollten Sie jetzt fragen, was so ein (überaus geregelter) Tageslauf eines freien Schriftstellers mit dem Thema »Disziplin auch in der Freizeit« etwa einer/eines Angestellten zu tun hat, dann antworte ich sogleich: Arbeit und freie Zeit sind enger verzahnt, als Sie vielleicht auf den ersten Blick meinen. Denn wer seine Arbeitszeit unorganisiert verplempert (viele nennen das dann ihre »Freiheit«), der wird kaum seine Freistunden wirklich genießen können, weil – bewußt oder, schlimmer noch: unbewußt – die nicht erledigten Aufgaben ihn bedrücken.

Deshalb also: Beides klar trennen – und dann nicht glauben, daß »Freiheit gleich Planlosigkeit« (eine gute Formulierung von REGULA SCHRÄDER-NAEF) ist! Weder am Arbeitsplatz, was immer er sein mag, noch in der freien Zeit, wie immer Sie sie ausfüllen mögen.

Spazierengehen, Essen, Tee trinken, eine Zigarre rauchen, ruhen. So die – arbeitstäglichen und immer zur gleichen Zeit wiederkehrenden – Freistunden Thomas Manns. Und folgendermaßen bei Sigmund Freud:

»Die Routine in der Bergstraße 19 wurde nur selten unterbrochen«, schreibt der Freud-Biograph RONALD W. CLARK über die Wiener Zeit. Aufstehen um sieben, danach Frühstück so, daß der Psychoanalytiker um acht Uhr den ersten Patienten empfangen konnte. Um ein Uhr Mittagessen. Und danach ein Spaziergang (bei dem er sich oft mit seiner täglichen Ration von zwanzig Zigarren versorgte). Und abermals ein Spaziergang nach dem Neun-Uhr-Abendessen. »Den Tag in einsamer Stille zu beenden war wichtig für ihn«.

Nicht ohne Grund berichte ich hier vom disziplinierten Alltag zweier Männer, die freiberuflich tätig waren und ja eigentlich ihre Zeit nach Lust und Laune hätten ausfüllen können – um etwa »auf den Kuß der Muse zu warten« ... In der Tat tun das – oder sie geben es vor, und es ist nichts als eine Ausrede – viele Freischaffende gerade in kreativen Berufen. Aber ich weiß von kaum einem, der mit Zeitchaos zu Renommee, Erfolg und Geld gekommen wäre.

BALZAC schrieb (bitte, zu welcher Uhrzeit die Disziplin zum Tragen kommt, ist ja ganz egal) eisern diszipliniert des Nachts. PICASSO malte vom Mittagessen an unermüdlich bis in die Morgenstunden. Der Schriftsteller HANS HABE hat mir einst berichtet, daß er streng geregelt an je drei Vormittags- und Nachmittagsstunden am Schreibtisch saß. (Die »Beamtentour«, spotteten manche Kollegen – aber kaum einer von denen hatte Millionenauflagen.)

Und eben wiederum: In den strikt geregelten freien Stunden genossen alle drei genannten Künstler ihr Leben: Balzac auf Gesellschaften und Reisen, Picasso mit gutem Essen, dem Wein und der Liebe, Habe in seinem Motorboot auf dem Lago Maggiore.

Drittens: ... das Trödeln nicht vergessen!

Damit kommen wir zu einem ganz besonders wichtigeι. Punkt. Es gibt Zeitberater, die in ihren Büchern vom »Trödeln« strikt abraten wie von einer besonders gräßlichen Sünde. Ich sage dagegen: Bei der Arbeit zügig und rasch (aber nicht hektisch!). Doch in der freien Zeit – und damit meine ich alle Stunden und Minuten, die Sie nicht am Arbeitsplatz verbringen, sei es vor dem Aufstehen oder nach dem Zubettgehen, beim Essen, während des Weges zur und von der Arbeit, am Feierabend sowieso – seien Sie doch um des Himmels willen ruhig langsam, gemächlich, gelassen. Ja, trödeln Sie (wenn nun auch nicht gerade am Lenkrad). In der Freizeit!

Ich habe mir dies angewöhnt: Ich liege noch ein paar Minuten genußvoll im Bett, bevor der Tag beginnt. Ich bewege mich sogar ziemlich langsam, während ich mein Frühstück zubereite und einnehme. (Da ich eine »Eule« bin, würde es mir auch doppelt schwerfallen, in der Frühe zu hasten.) Also: Ruhig »anlaufen«, in Gang kommen. Ja, ich lasse mir Zeit, um in Ruhe zu essen – für das Frühstück stehe ich lieber zwanzig Minuten früher auf. Und genauso immer wieder zwischendurch. Eben dann, wenn ich nicht (und zwar flott!) arbeite oder sportlich aktiv bin.

Dabei sind, wie ich sagte, tatsächlich meine Bewegungen gewollt gemessen: langsam! Ich atme ruhig und bewußt. Es hilft dabei übrigens enorm, wenn man Atemübungen oder das autogene Training erlernt. Ich sage sogar manchmal laut vor mich her: »Ich habe immer Zeit!« – den Titel unseres Buches.

Denn bewußtes, entspanntes, genußvolles »Trödeln« in der freien Zeit (wenn Sie nicht gerade Squash spielen, selbstverständlich!) ist beileibe nicht gleich Zeitverlust. Im Gegenteil. Sie erzielen damit einen riesigen Gewinn. Innere Ruhe entspannt, regeneriert, schafft neue Kraftreserven. Jeder Arzt bestätigt Ihnen das. Bitte haben Sie dann nicht das ungute Gefühl, Ihre kostbare Zeit zu vergeuden. Im Gegenteil – etwas Fabelhaftes wird sich einstellen:

Ihre innere Ruhe aus der Freizeit wird sich auf Ihr ganzes Wesen übertragen – innerlich gelassen dann nicht nur beim Squash, sondern auch während der Arbeit! Während Ihres ganzen Lebens. Tagsüber – und nachts, wenn Sie (besser!) schlafen.

Und Sie liegen damit sogar genau im Trend unserer Zeit! Der Tenniscrack MICHAEL STICH ist ja auf dem Centre

Court nicht eben für Langsamkeit bekannt. Aber – denken
Sie nur: Sein Lieblingsbuch ist STEN NADOLNYS Bestseller
(siehe da, ein Bestseller!) *»Die Entdeckung der Langsamkeit«*. Dessen Held, der englische Seefahrer und Nordpol-
forscher JOHN FRANKLIN, eine Figur aus dem 19. Jahrhundert, konnte schon als Kind keine schnellen Bälle fangen
und blieb sein Leben langsam in Bewegung, Auffassung
und Wahrnehmung.

Doch er schuf daraus eine wahrhafte Philosophie der
Bedächtigkeit. »Die langsame Arbeit ist die wichtigere«,
schrieb er in sein Kapitänstagebuch. »Alle normalen, schnellen Entscheidungen trifft der Erste Offizier.« Bedenkenswerte Sätze stehen sowohl in Nadolnys Buch selbst, beispielsweise der von der »fatalen Beschleunigung des Zeit-
alters«, als auch in den Besprechungen: Die Erzählung,
schrieb etwa die angesehene *»Neue Zürcher Zeitung«*, sei
»eine Utopie, ein Zukunfts- und Gegenbild für unsere
eigene hektische, geschwindigkeitssüchtige Zeit«.

Wir müssen nun, wenn wir – wie in diesem auf praktischen Nutzen angelegten Buch – nach einem besseren Umgang mit unserer Zeit streben, nicht gleich in die Tiefen der
Philosophie hinabsteigen. Aber nachdenklich sollte uns
schon machen, daß *»Die Entdeckung der Langsamkeit«*
inzwischen ein Kultbuch und sein Titel eine vom Text losge-
löste und abgehobene Metapher geworden ist. Weil seine
Botschaft eben in unsere Gegenwart paßt – und haargenau
in diesen Punkt meiner Ratschläge:

In ihrer mit Genuß zu lesenden *»Spiegel«*-Titelstory über
die »rasende Zeit der gehetzten Gesellschaft« drückt
ARIANE BARTH dies so am Beispiel des Reisens, also eines
bedeutenden Teils unserer Freizeit, aus. Sie hebt dabei das
»alternative Reisen« hervor: »Man begibt sich bewußt in
die Informationsarmut, wo elementare Sensationen die
Stunden wieder dehnen, man läßt sich treiben vom Mañana

einer langsameren Kultur und sieht durch Holzperlenvorhänge einheimischer Lokale kopfschüttelnd den gehetzten Teilnehmern von minutiös terminierten Packagetours hinterher ...«

Die Autorin sagt es klipp und klar. Sich trotz Besitzerstolz über den PS-starken Wagen aufs Fahrrad zu schwingen, durch Landschaften zu gehen, statt sie im Vorüberrauschen zu konsumieren – »Tempo ja, aber Tempo nicht immer«. Genau das wollte ich unter diesem Punkt sagen. Nicht nur auf den Bestandteil »Urlaub« unserer Freizeit bezogen, sondern auf jede Minute davon!

Viertens: Entrümpeln – innerlich und äußerlich!
Wer sein Gehirn – und damit seine Zeit – vollstopft mit Dingen und Fakten, ohne die es ebensogut auch ginge, der belastet sich völlig überflüssigerweise. Das ist ganz logisch und selbstverständlich, meinen Sie? Nun, überlegen Sie beispielsweise einmal, was Sie so alles in den Urlaub mitzuschleppen pflegen. (Damen bitte besonders aufmerken!) Ich möchte mich hier der Frivolität schuldig machen, den schon zitierten Bibelspruch anders interpretieren, als er ursprünglich gemeint war: »Ein jegliches hat seine Zeit«. Ich will ihn einmal so interpretieren, daß jede Sache, mit der Sie zu tun haben, eben auch ein Quantum Ihrer Zeit in Anspruch nimmt – vom »Aufforderungscharakter der Objekte« (Lewin) haben wir ja schon gesprochen. Wahr bleibt das Wort aus der Bibel auch so herum.

Zum einen erhöhen Sie Ihre Konzentrationsfähigkeit (wichtig fürs persönliche Zeitmanagement!), wenn Sie Ihr Gedächtnis entlasten – klar. Und zum anderen sparen Sie einfach viel, viel Zeit, wenn Sie sich nicht mehr um das fünfte Paar Schuhe, den Seidenrock mit dem Schlitz, die Stola für den kühlen Abend (benötigen Sie die wirklich in Singapur?) zu kümmern brauchen.

Überlegen Sie: Sie müssen ja daran *denken* (Gedächtnis-belastung), diese am Zielort dann ganz überflüssigen Stücke einzupacken. Sie müssen sie eben *einpacken* und im Hotel wieder *auspacken* und *aufhängen*. Der Rock hat im Koffer Falten bekommen – also müssen Sie ihn *aufbügeln* oder *bügeln lassen*. Wenn Sie fünf Gepäckstücke haben statt deren zwei, *warten* Sie wahrscheinlich länger beim Zoll. Und Sie werden sich dabei ertappen, daß Sie sich, anstatt das Glas Champagner im Flugzeug zu genießen, Zeit und graue Zellen fressende *Sorgen darüber machen*, ob Sie auch nichts vergessen haben ... Und *die Angst*, das *Telefonieren* oder *Schreiben* nach dem Abflug am Urlaubsende: Was haben Sie um Himmels willen wieder im Hotel liegenlassen? Das alles summiert sich auch in der Zeitbilanz, glauben Sie mir.

Wenn Sie das nicht können, dann vertrauen Sie der weit-gereisten Psychologin Elisabeth Müller-Luckmann. Von ihr stammt nämlich der Gedanke – und das Beispiel – des Nur-ein-Minimum-Mitnehmens auch nach Übersee. Meinerseits erinnere ich mich der lobenden Bemerkung eines Reisefachmanns im Club Méditerranée, als er hörte, meine Begleiterin und ich hätten für einen zwei Wochen langen Urlaub auf Guadeloupe tatsächlich gemeinsam bloß einen einzigen Koffer mit: »Voilá, des gens qui savent voya-ger!« – »Sieh an, das sind Leute, die zu reisen verstehen ...«

Frau Müller-Luckmann ist (ich bin es, in aller Beschei-denheit, masculini generis auch) eine »große Wegwerferin«: Sie (und ich), wir entlasten unser Gedächtnis von Ballast. Brauchen Sie wirklich noch den Terminkalender von 1987 oder das Packpapier mit Goldkordel, in dem damals Tante Ellys Weihnachtspaket kam? Dieses Wegwerfen von Über-flüssigem hat einen tieferen psychologischen Sinn, der di-rekt mit unserem Thema »Zeitsparen« in Zusammenhang steht. Denn wer wenig zu überblicken hat, der hält leichter

Ordnung, innerlich wie äußerlich. Und »es geht nichts mit der Zeit ohne Ordnung« (Müller-Luckmann).

Im Weiterdenken von STAFFAN LINDERS aufregender Theorie vom zeitschluckenden Konsum ist der Berliner Soziologe HANS-WILLY HOHN schon vor nahezu einem Jahrzehnt zu dieser Erkenntnis gekommen: »Die Zeit wird unter Umständen kostbarer als die Güter selbst, so daß es [...] sinnvoll werden kann, Güter zu vergeuden (nicht zu pflegen, nicht zu reparieren), da dies der einzige Weg ist, die teurere Zeit zu ›sparen‹.«

Natürlich kommen hierbei die Mechanismen der freien Marktwirtschaft zum Tragen und nicht die eines Mangelsozialismus wie in der Ex-DDR. Ich kann mich erinnern, daß gleich in der Nachkriegszeit europäische USA-Besucher frappiert waren, wenn sie sahen, wie die heimkehrenden amerikanischen Soldaten ihre nicht mehr benötigten Uniformstücke vom Truppentransporter einfach ins Meer warfen, so daß der ganze New Yorker Hafen voller olivgrüner Hosen, Jacken, Hemden schwamm; oder: daß der Metzger in Boston oder San Francisco die übriggebliebenen Wurstreste mit dem Unterarm von der Schneidemaschine zum Wegwerfen auf den Boden fegte. Beides waren im kapitalistischen Amerika ganz selbstverständliche, gefühlsmäßige Reflexe: Zeit ist wertvoller als Konservieren, Neuproduktion volkswirtschaftlich sinnvoller als mühsames Resteverwerten.

Aber ich gebe hier sogleich eine Antwort auf einen Vorwurf, den Sie mir jetzt vielleicht machen und der – ohne daß Sie ebendiese Antwort kennen – auch absolut berechtigt wäre: Natürlich war das 1945, und natürlich scheinen die vorhergehenden Beispiele kraß den aktuellen Gedanken vom Rohstoff- und Energiesparen und vom Recycling und auch unserer Verpflichtung zu widersprechen, der notleidenden Dritten Welt von unserem Überfluß abzugeben, statt ihn zu »vergeuden«. Doch das wäre ein Mißverständnis!

Es geht ja eben nicht darum, und das wissen inzwischen selbst die Wirtschaftskonservativen, daß »der Markt schon alles von selbst regelt«; gutes Beispiel dagegen: die fünf neuen Bundesländer. Wir reden hier davon, mit unseren Ressourcen vernünftig umzugehen. Gewiß auch aus Altpapier neues zu machen, bestimmt auch Müll zu recyclen, sicher auch Ihr altes Brillengestell nicht wegzuwerfen, sondern in Entwicklungsländer zu schicken. Jedoch: unsere kostbarste zeitökologische Ressource ist eben unsere Zeit. Und von der ist in diesem Buch die Rede.

So fügt sich eines zum anderen: Sie, der Leser oder die Leserin persönlich, sollten die Last der Dinge, die Ihre Zeit fressen, von den Schultern schütteln. Was sodann aus diesen Objekten wird, darauf können Sie sehr wohl ein Auge haben. Aber das ist dann letzten Endes in unserer arbeitsteiligen und immer stärker von Arbeitslosigkeit bedrohten Gesellschaft eine Angelegenheit von Fachleuten, die eben das Altpapier neu verarbeiten, aus Wohlstandsmüll tausend neue Dinge fabrizieren und die alte Brille nach Sambia senden. Deren Aufgabe – und deren Zeit!

Ich gehe gleich noch einen Schritt weiter, und ich befinde mich da wiederum in guter Gesellschaft. Und wenn dieser letzte Tip zum Zeitsparen vor allem im Bereich der Freizeit vielleicht sogar der Doktrin vom völlig ungebremsten Wirtschaftswachstum widerspricht: Da dieses Credo des Wachstumszuwachses auf *Teufel komm raus* ja inzwischen genügend angezweifelt und durchlöchert worden ist – sei's drum.

Fünftens: »Konsumverzicht – tempo moderato!«
»In gewissem Maße so etwas wie Konsumverzicht«, wie es ELISABETH MÜLLER-LUCKMANN so vorsichtig mir gegenüber formulierte. Und sie fügte hinzu: »Den Konsum nicht

ausufern lassen, ihn im Griff behalten!« Das ist nun – und dem schließe ich mich ganz und gar an – etwas völlig anderes als schaudernde Abkehr vom Vergnügen des Verbrauchs im härenen Büßergewand oder in der Latzhose. Sondern es heißt – nun, das, was ich schon unter dem ersten Punkt dieses Ratgebers im vorliegenden Kapitel sagte: auswählen!

Die »Objekte Ihrer Begierde«, von denen Sie sich animieren und Ihre Zeit in Anspruch nehmen lassen, sorgsam aussuchen und sich dabei bewußt beschränken. Nicht atemlos alles aufeinanderhäufen, bis Sie nicht mehr wissen, ob Sie nun zuerst den neuen Camcorder oder die neue Schnorchelausrüstung probieren sollen, hin und her flatternd, umgetrieben, ohne Konzentration und ohne Zeit für alles. Sondern selektiv genießen.

»Wenn ich etwas unbedingt will«, so zitiere ich noch einmal die Braunschweiger Psychologin, »dann habe ich auch Zeit dafür, dann rede ich mich nicht raus und verbiete mir nicht meine eigenen Wünsche.« Die Betonung liegt auf dem, »was ich unbedingt will«. Und »das andere, das kann ein bißchen warten«!

Die Deutschen und die Dänen vorn

Wenn wir in die Zukunft unserer Freizeit blicken, von der in diesem Abschnitt die Rede war, dann öffnet sich vor uns ein strahlender Horizont – wenn diese Version für von Zeitnot Geschädigte wie Sie und mich vielleicht auch nicht in gleichem Maße gilt. Professor OPASCHOWSKI erwartet eines nicht so fernen Moments die Viertagewoche; noch mehr Freizeit, meint er, werde der Mensch gar nicht ertragen, weil er einfach das Spannungsverhältnis zwischen Anspannung und Entspannung psychologisch brauche.

Aber er weist auch darauf hin, daß heutzutage etwa die

Deutschen und die Dänen, die nach EG-Untersuchungen bereits die »Weltmeister« in Sachen Freizeit und Urlaub sind – daß gerade sie am vehementesten nach noch mehr freier Zeit rufen: »Wer viel hat, will noch mehr davon.« Doch scheint ihnen das nicht schlecht zu bekommen: Umfragen zufolge ist die Lebenszufriedenheit der Dänen sechsmal höher als die eines – mehr arbeitenden – Engländers oder Franzosen. Wir Deutschen rangieren dazwischen (stimmungsmäßig, nicht etwa freizeitbezogen).

Das bedeutet wohl: Gerade wir müssen noch lernen, in unserer Freizeit entspannter, glücklicher und zufriedener zu sein. Und das hat unbedingt mit unserem Umgang mit der Zeit zu tun!

Siebzehntes Kapitel

Der zeitfressende Mitmensch

Von der zeitbewußten Gestaltung in der Freizeit, über die wir eben gesprochen haben, ist es nur ein kurzer Schritt zum Thema dieses Kapitels. Oft ist es uns ja gar nicht bewußt, und mir war es das, bevor ich mich ans Verfassen dieses Buches machte, ebenfalls nicht: wieviel unserer wertvollen Lebenszeit wir buchstäblich verplempern im Kontakt mit Mitmenschen. Also mit der zwischenmenschlichen Kommunikation. Die ja zumeist (wenn wir ihr nicht zu unserem Zeitnachteil und gegebenenfalls dem des Chefs auch noch am Arbeitsplatz frönen) im Privatleben, in der Freizeit stattfindet.

Ich betone gleich: Ich meine natürlich die überflüssigen zwischenmenschlichen Kontakte. Diejenigen, die uns rein gar nichts, überhaupt nichts geben und bei denen wir auch dem Kommunikationspartner nichts wirklich Wertvolles vermitteln können. Drastisch gesprochen: das Blech, Blabla, das Geschwätz, das Partygedröhne.

Ist das denn Ihre Zeit wert? Und sind Sie sich eigentlich darüber im klaren, wieviel Ihrer Zeit Sie dafür in Wahrheit vergeuden?

Wann ist es Blödsinn?

Um das abzustellen, sollte man zweierlei lernen: Zum einen muß man klar erkennen, *wann* ein solcher strohdummer Kontakt wirklich Blödsinn ist. Und sich zweitens eine gewisse Nilpferdhaut zulegen, an der es abprallt, wenn man

sich »ein paar beleidigte Gesichter« (MÜLLER-LUCKMANN),
»eine gewisse Unbeliebtheit« (MEINIG) einhandelt.

Zum ersten Punkt das Beispiel eines geradezu quälenden
Kontakts, der mich über mehrere Jahre hin Stunden und
abermals Stunden kostete – bis ich ihn rigoros und mit
einem Paukenschlag abbrach. Da gab es eine gute Freundin,
ich nenne sie hier Hella, die – tief bedauerlich für sie selbst –
unter Depressionen litt. Und darunter, alles, aber auch alles
in ihrem Leben negativ zu sehen. Aber das erkannte sie
nicht, konnte sie selbst wohl gar nicht erkennen, und erst
mein Donnerschlag des bösen Abbruchs der »diplomati-
schen Beziehungen« hat sie anscheinend ein wenig in die
richtige Richtung blicken lassen – dies gleich gesagt, um zu
demonstrieren, daß aus so etwas durchaus auch einmal Positives entstehen kann.

Luxusurlaub in Luxor – entsetzlich!

Ihr Vater hatte ihr über Weihnachten und Neujahr einen
Aufenthalt in einem Luxushotel in Ägypten geschenkt?
Entsetzlich würde es da sein, denn sie wäre ja dort bestimmt
ganz allein (was sie denn auch war, denn wer gibt sich gerade
an den Feiertagen mit einem Miesepeter ab).

Ihr war eine neue Stellung angeboten worden? Scheuß-
lich, denn das war ja eine Firma, die viel zu schnell expan-
dierte und deshalb gar nichts taugen konnte (die Firma gibt
es heute noch, aber Hellas Anstellung längst nicht mehr).

Sie hatte endlich einen neuen Freund? Konnte gar nicht
gutgehen, denn er hatte ja keinerlei gemeinsame Interessen
mit ihr (natürlich geht es nicht gut, wenn man sich einen
Partner aussucht, um bloß überhaupt einen, irgendeinen zu
haben – eine aus Einsamkeit geborene Haltung mancher

Frauen, die nur zur Katastrophe führen kann, was sich in Hellas Fall auch bewahrheitete).

Das Dramatische für mich: Alles, was Hella widerfuhr, und das war eben aus ihrer Sicht immer nur schlecht, lud sie im persönlichen oder telefonischen Gespräch bei mir ab. Stundenlang, ohne Punkt und Komma, ohne daß ich auch einen Einwand machen, einen Ratschlag geben konnte. Ich habe tatsächlich zuweilen den Hörer hingelegt und weitergearbeitet, ihn dann wieder aufgenommen und »ja, ja« gesagt wie in einer Filmkomödie.

Bis ich ihr endlich und mit lauter und deutlicher Stimme und ganz kurz meine Meinung gesagt habe. Seitdem herrscht Ruhe, und ich habe, bescheiden gerechnet, angesichts früheren Zweistundengejammers einmal in der Woche, und das über anderthalb Jahre hinweg, wahrhaftig über hundert Stunden (gleich viereinhalb Tage) eingespart gegenüber dem Fall, ich hätte die Sache weiter treiben lassen!

Eine gar nicht seltene Geschichte

Das Ganze kommt Ihnen bekannt vor? Nun, es ist erstaunlich, wie verbreitet solche Jammerliesen (und Jammermäxe) sind. In meinem Bekanntenkreis habe ich inzwischen eine Menge darüber erfahren. Und über den einzig möglichen Ausweg, um sich sein Leben nicht zeitlich und nervlich verkürzen zu lassen: einfach den Hörer auflegen!

Ich sage es noch einmal: Wenn ein guter Freund oder eine gute Freundin sich wirklich ein existentielles Problem von der Seele reden muß, dann sind Sie und ich bestimmt dafür da. Auch stundenlang. Aber nur und einzig und allein, wenn es menschlich einen Sinn macht. Es gibt nämlich einen gesunden und lebensnotwendigen Egoismus; denken Sie an die Bibel: »Du sollst deinen Nächsten lieben wie dich selbst!« Ja, das heißt doch wohl, daß man zunächst einmal sich selbst lieben, sich Gutes antun und an sich selbst denken sollte, bevor man seine Liebe (und Kraft und Zeit) dem anderen gibt.

Möglicherweise habe ich mit Hella einen Extremfall geschildert. Aber es geht mir weniger darum, aufzuzeigen, daß (im Grunde bedauernswerte) Menschen mit neurotischer Anspruchshaltung und krankhaftem Egozentrismus einem die Zeit stehlen und was man dann tut. Sondern ganz allgemein um das, was wiederum Frau MÜLLER-LUCKMANN herzerfrischend als »blödsinnige Telefoniererei« bezeichnet.

Unausweichlich wie eine Rakete

Sicherlich hat niemand je statistisch erfaßt, wie viele der über dreißig pro Jahr von jedem einzelnen, theoretisch vom Säugling bis zum Greis, vertelefonierten Stunden (nicht weniger sind es allein in der alten Bundesrepublik) nur dem zeitraubenden privaten Geschwafel gewidmet waren. Aber es müssen insgesamt Abertausende von Jahren sein. Kommt jetzt Ihr Einwand, daß der Mensch eben ein soziales und kommunikatives Wesen sei, vom Mitteilungsdrang beseelt und bedürftig der Nähe anderer Menschen? Gewiß – kaum jemand ist von Natur und Charakter her zum Einsiedler bestimmt.

Aber: Bitte prüfen Sie einfach nur einmal, ob Ihnen nicht das Reden am anderen Ende der Leitung im Grunde auf die Nerven geht. Ob Sie nicht spätestens beim Auflegen des Hörers das bleischwere Gefühl haben: Was haben wir denn eigentlich gesprochen?

Dies und nur dies sollte Ihr Kriterium sein: Haben Sie wirklich aus dem Gespräch einen Nutzen gezogen? Hat es Ihnen etwas gegeben – und sei es auch nur die Befriedigung

Ihrer Neugier? Dann ist es in Ordnung. Oder aber hat sich
der Partner/die Partnerin am Apparat nur stundenlang über
seinen/ihren Chef beschwert, über die Kinder gejammert,
den mißratenen Braten im Ofen endlos beklagt? Hat das,
zum Teufel, Ihre Zeit gelohnt? Ich kannte einmal eine Dame,
die am – scheinbaren – Ende einer langen, langen Konversa-
tion am Telefon atemlos fragte: »Mein Gott, worüber können wir denn jetzt noch reden?« Die beste Antwort wäre:
»Über gar nichts!« Wie die Post wirbt: »Ruf doch mal an«?
Nein danke.

KURT TUCHOLSKY hat es wieder einmal großartig beobachtet: Wie da »Abends nach sechs« (so heißt die Geschichte, und sie ist von 1929), nach Geschäftsschluß also,
die Liebespaare untergehakt durch den Park spazieren und
sich wechselseitig den Groll des Tages von der Seele reden –
»und da haben sie alle, alle recht«. Sie »töten die Chefs,
vernichten den Konkurrenten, treffen die Feindin mitten
ins falsche Herz«. Aber – doch nicht in meiner Zeit, und
über mein Telefon! Über den Unfug der ins Uferlose ausge-
arteten Telefonbelästigung während der Arbeit und wie man
sie abstellt haben wir schon gesprochen. Nun, im Privatleben ist der Mißbrauch womöglich noch verheerender. »Was,
man läutet Ihnen«, sagte der französische Schauspieler
LUCIEN GUITRY (Vater des noch berühmteren SASCHA) ver-
ächtlich, wenn jemand den Hörer am klingelnden Apparat
abnahm, »und Sie reagieren darauf?«

SERVAN-SCHREIBER hat die hübsche Formulierung gefunden, daß das Telefon, »dieses Instrument zum Zeit-Totschla-
gen«, es mit seiner »teuflichen Technik« letzthin sogar so
weit gebracht habe, daß es »sein Opfer – das sind wir – mit
der Unbeirrbarkeit einer Exocet-Rakete erreicht«. Denken
Sie an all diese inzwischen weit verbreiteten Handys, die einem die letzte Ruheinsel (und sei's die Toilette!) verderben
können und oft nur dem »Ich will aber jetzt gleich!« des An-

rufenden dienen, selten einem rationelleren Zeitmanagement...

Es ist nicht nur das Telefon!

Aber natürlich reicht der Mißbrauch unserer Zeit durch die zwischenmenschliche Kommunikation weit über den Bereich des Telefons hinaus. Es geht um unser gesamtes Privatleben! Wenn, wie wir wissen, ein Zuviel an Genuß ihn uns verleidet und krank macht, dann gilt das beileibe nicht nur fürs Essen und Trinken. Sondern auch und gerade für die Geselligkeit. Alle Mitmenschen – und das sind auch die Freunde und sogar die Partner und die eigenen Kinder, wie dann nicht erst recht Fernerstehende! – ertragen wir mit Gewinn nur eine begrenzte Zeit lang. Ein Abendessen mit Angehörigen oder lieben Freunden einmal in der Woche – wunderbar. Aber dreimal ...? Das ist nicht nur, als lebten Sie drei Tage lang bloß von Schlagsahne und Schokolade, es geht Ihnen nicht nur auf die Nerven, sondern auch und vor allem auf ihr Zeitbudget! Erkennen Sie das!

Wir haben früher schon davon gesprochen, daß jeder von uns zumindest in den Städten etwa tausend andere Menschen kennt. Und wenn es auch nur vielleicht hundert sind, mit denen wir laufend Umgang haben – von den Angehörigen und Kollegen bis zum Tankwart und zur Friseuse –, dann sind das eben genauso viele Möglichkeiten zu Unterbrechungen und Störungen unseres vernünftigen Zeitablaufs. »Jeder, der mit uns in Verbindung tritt, nimmt uns, ohne es selbst zu merken, einen Teil unserer kostbaren, unwiederbringlichen Zeit, so wie wir ihm die seine fortnehmen« (Servan-Schreiber).

Und erst die Partys ...

Denn von diesen hundert oder tausend bekannten Menschen lädt uns bestimmt bald der oder die eine zu einer
Party, einem »Hock«, einer Gesellschaft ein. »Haben Sie
denn kürzlich mal die und den gesehen?« fragen sie mit
dem verheißungsvollen Lächeln des heiligen Nikolaus. »Bei
mir können Sie sie treffen – am Samstag um acht, okay?«
Sagen Sie um des Himmels willen, daß nicht nur der/die
Einladende Ihnen wurscht ist, sondern daß das auch auf die
Leute zutrifft, denen Sie da begegnen sollen. Natürlich möglichst mit einem engelsgleichen Lächeln und honigsüßem
Bedauern – oder auch nicht, wenn Ihnen wirklich überhaupt
nichts am Gastgeber liegt.

»Früher bin ich dummerweise hingegangen«, hat ELISA-
BETH MÜLLER-LUCKMANN gelernt; heute tut sie das nicht
mehr. Lädt, wenn sie sich dann doch einmal auf eine solche
Party verirrte, wo sie sich bloß langweilte, die Veranstalter
eben nicht zurück ein. Das wirkt Wunder. Tun Sie es auch!
»Das habe ich ein für allemal gekillt!« meint die Psychologin
befriedigt.

Und sie hat einen wichtigen Satz geprägt, den ich mir zu
eigen gemacht habe, *und ich rate Ihnen, das gleiche zu tun:*
»Zur guten Zeiteinteilung gehört eine gewisse gesellschaftliche Rücksichtslosigkeit – mit dem Ziel, keine Zeit zu vergeuden!« Gleich sei hinzugefügt, daß bei alledem für Sie
(und mich) stets gilt: Es bedeutet nicht etwa, daß man nicht
einmal Small talk machen, mal Zeit mit Albernheiten vertun
soll! Das rechte Maß halten, wie immer und überall. Und
dem Übermaß wehren.

Gewiß – es gehört schon Mut dazu, sich den Ruck zu
geben: »Ich steige jetzt sofort aus der gesellschaftlichen
Hektik aus, auch wenn ich mich unbeliebt mache«, sagte
mir, noch ein bißchen zweifelnd, aber doch schon hoff-

nungsfroh, ein befreundeter Verlagsleiter. Das ist es. Haben
Sie diesen Mut! Denken Sie an die geradezu rüde, aber so
zutreffende Definition des üblichen Partygedröhns, die der
Betriebswirtschaftler WOLFGANG MEINIG fand: »Spontan
wird Stroh gedroschen, man suhlt sich in Belanglosigkei-
ten ...« Sein Tip: »Individualist zu sein bedeutet häufig auch
das Abkoppeln von der Zeitinanspruchnahme der Gruppe.«
Bums, das sitzt. Ich kann keine bessere Bilanz dieses Kapitels ziehen.

Achtzehntes Kapitel

Die Zeittricks der Profis

Ich möchte in diesem Kapitel all das zusammenfassen, was Berater, die sich von Berufs wegen mit dem Zeitmanagement beschäftigen und damit große Erfolge erzielen, an technischen Hinweisen geben. Der Ausdruck »Tricks« soll nicht etwa bedeuten, daß es sich dabei um Zirkuskunststücke oder Taschenspielerei handelt. Im Gegenteil: Was unter den folgenden sechs Ziffern aufgeführt ist, das ist nüchterntechnisches Know-how. Immer wichtig, erfahrungsgeprüft und oft vollkommen überraschend; wer hätte beispielsweise gedacht, daß das »Pareto-Prinzip« – eine geradezu sensationelle Entdeckung des italienischen Volkswirtschaftlers VILFREDO PARETO bereits im 19. Jahrhundert! – die Basis für hocheffiziente Zeitgewinne abgibt.

Noch einmal: Es handelt sich hier um technische Tips, und zwar um solche, die in Managerkreisen durchaus nicht unbekannt sind; besser gesagt vielleicht: in Managerseminaren und -handbüchern, denn auch Wirtschaftsfachleute wissen beileibe noch nicht alles zu unserem Thema. Aber da dieses vorliegende Buch eben nicht bloß für Manager gedacht ist (eher noch in nur ziemlich geringem Maße, denn für diesen Berufsstand existiert ja schon so viel an Beratungsmöglichkeit), sondern auch für den Rechtsanwalt und den Buchhändler, für den prüfungsstreßgeplagten Studenten und die Studentin, für die berufstätige Hausfrau und die Blumenhändlerin, darum möchte ich diese – nun, bisher fast – »Geheimwissenschaft« auch allen diesen Lesern und Leserinnen eröffnen.

1. Das Wichtige vor dem Dringlichen!

Rund zweihundert »Vorgänge« kommen einem Manager tagtäglich auf den Schreibtisch und wollen erledigt sein, so daß auch bei einem (normalen) Zehnstundenarbeitstag jeweils bloß drei Minuten für einen jeden bleiben; sicher sind es bei Ihnen und mir nicht viel weniger, wenn man auch das Unwichtige mitrechnet. Und das muß man. Wie aber entscheidet man, was wichtig ist? Das ist eine Kunst und beileibe nicht so einfach, wie es sich anhört.

Pareto hat seinerzeit eine wahrhaftig verblüffende Gesetzmäßigkeit herausgefunden:

Innerhalb einer bestimmten Menge (wir werden sehen, wie vielfältig sie sein kann) bedeuten nur wenige Teile den höchsten Wert. Und zwar machen »über den Daumen gepeilt« zwanzig Prozent der Zeit, der Arbeit, des Bestandes, des Aufwands schlechthin nahezu achtzig Prozent der Effektivität aus.

○ Zum Beispiel fanden (in unserem Jahrhundert) amerikanische Versicherungen heraus, daß unter zwanzig Prozent ihrer Kunden weit über achtzig Prozent ihres Gesamtumsatzes ausmachen.

○ Bei Inventuren erfassen zwanzig Prozent der Prüfung schon achtzig Prozent des gesamten Lagerwerts.

○ Zwanzig Prozent der Produktionsfehler verursachen achtzig Prozent des Ausschusses.

○ Und zwanzig Prozent der Erzeugnisse produzieren achtzig Prozent der Herstellungskosten.

○ Zwanzig Prozent eines Textes erhalten bereits achtzig Prozent der notwendigen Informationen.

Das scheint ein Naturgesetz zu sein, dessen tieferen Grund nach meiner Kenntnis noch niemand erklärt hat. Auf unser Thema des optimalen Umgangs mit Zeit angewandt, bedeutet es:

○ Mit zwanzig Prozent der aufgebrachten Zeit erzielt man
bereits achtzig Prozent der Leistung!

MACKENZIE spricht in diesem Zusammenhang von den
zwanzig Prozent »lebenswichtig wenigen« Situationen oder
Problemen, die bereits achtzig Prozent der Ergebnisse bringen. Im Gegensatz zu den achtzig Prozent »nebensächlich
vielen«, die nur zwanzig Prozent schaffen. Angewandt auf
die zitierten und lebenswahren etwa zweihundert zu erledigenden Dinge pro Tag, sind es also ganze vierzig, die schon
vier Fünftel dessen erbringen, was wir wirklich bewältigen
müssen. Das ist die mathematische Grundlage für die Notwendigkeit des Analysierens und *Auswählens*! Frappant,
nicht wahr?

Es ist auch die Basis für die Einteilung in A-, B- und C-
Aufgaben. Was in der Praxis bedeutet: Tun Sie nicht (wir
Menschen tendieren dazu!) dasjenige zuerst, das Ihnen Spaß
macht, was schnell geht, was leicht ist oder was Sie schon
können. Sondern das *WICHTIGE.*

Der US-General und spätere Präsident DWIGHT D. EISEN-
HOWER stellte diese Regel auf, die sich auch in ein graphi-
sches Schema bringen läßt: Auf der einen Koordinate wird
der Grad der Wichtigkeit einer Aufgabe eingetragen, auf
der anderen ihre Dringlichkeit. So ergeben sich vier Käst-
chen: Wichtig *und* dringlich sind die A-Aufgaben. Wichtig,
aber weniger dringlich die B-Aufgaben. Dringlich, jedoch
minder wichtig: C-Aufgaben. Weniger dringliche und nicht
so vorrangige Aufgaben: überlegen, ob man sie nicht gleich
der »Ablage P« gleich Papierkorb (eine hübsche Bezeich-
nung von LOTHAR SEIWERT) anvertraut. »Ein wenig mehr
Mut zum Risiko!« rät der Taunussteiner Managementex-
perte.

Nun fragen Sie sich und mich, wie man »wichtig« und
»dringlich« unterscheidet. Eine Überraschung erwartet Sie:

Die Steuererklärung beispielsweise (bitte beziehen Sie sich beim Finanzamt nicht auf mich) ist nur dringlich. Dringliche Dinge sind meist termingebunden, sie schreien geradezu danach, daß Sie sie erledigen. Es sind kurzfristige Probleme, oft Routinesachen, die einen unter Zeitdruck setzen.

Dagegen die wichtigen: Das sind eher langfristig zu lösende Aufgaben, die sogar *scheinbar* aufgeschoben werden können. Ihre Erfolge sind nicht schnell meßbar. Beim Wichtigen, so der Gautinger Managementberater Dr. SIEGERT, müssen *Sie* die Termine setzen. *Sie* müssen dabei vor sich selbst die Autorität sein – die sich nicht vom Dringlichen nerven und terrorisieren läßt.

Noch ein paar Beispiele, die den Unterschied demonstrieren: Konzeptionen, Planungen, Grundsatzentscheidungen sind wichtig. Wenigstens vier Fünftel der Terminsachen, Konferenzthemen, des Lesestoffs sind nur dringlich!

Was bedeutet das in der alltäglichen Praxis? Nun, daß Sie das WICHTIGE *sofort* und *selbst* angehen müssen. Während Sie das DRINGLICHE, aber weniger Wichtige möglichst und das weniger Dringliche *und* weniger Wichtige auf jeden Fall delegieren sollten; der Rest: Papierkorb! Dazu mehr unter Punkt 5.

Was gar nicht – um es gleich vorwegzunehmen – bedeutet, daß Sie über einen Stab von Mitarbeitern verfügen müßten. Sie können ja mit dem weniger Wichtigen einfach länger zuwarten – oder auch bezahlte Hilfe von außen in Anspruch nehmen.

Eine Bekannte von mir, Inhaberin eines Modegeschäfts, hat nach Jahren der vergeblichen Arbeitsqual ihre Buchhaltung einer Servicefirma übertragen und kann endlich aufatmen.

Nach Abschluß der in Fachkreisen weltweit bekannten Managementsymposien von Davos erhalten deren zumeist prominente Teilnehmer eine Anstecknadel mit dem Merk-

spruch: »Do first things first!« Eine Weisheit, die auch
außerhalb der Geschäftswelt gilt und sogar in Sucht-Selbst-
hilfegruppen angeraten und befolgt wird. (Süchtige versuchen ja, sich außerhalb der Realität zu versetzen, wo angster-
regender Zwang zu vielerlei Tun zu herrschen scheint; der
Sucht-Vollzug, ob Alkohol, Drogen oder Glücksspiel, ent-
rückt den Menschen dem Zeitbewußtsein, er versinkt ins
Nichtmeßbare.)

2. Zügeln Sie Ehrgeiz und Perfektionismus!

Dies ist ein guter Rat, den ich im wesentlichen der arbeits-
überhäuften Braunschweiger Psychologin ELISABETH MÜL-
LER-LUCKMANN verdanke, die es trotzdem schafft zu sagen:
»Ich habe immer Zeit!« Und: »Ich muß nicht überall gleich-
[bleibend] gut sein!« Eine umwerfende Erkenntnis, die zu
befolgen vielen von uns schwerfallen dürfte. Jedoch sie gilt
für jedermann. Besonders aber für die berufstätigen Frauen
mit Haushalt und Familie. »Diese Frauen, die mehrgleisig
fahren müssen, sind fürs Zeitsparen und Zeiteinteilen sehr
interessant.« Frau MÜLLER-LUCKMANN »schreckt vor den
Frauen zurück, die ständig denken und sagen: ›mein Beruf,
mein Haushalt...‹ und ›immer alles unter Kontrolle haben‹«.
    Gerade ihnen – aber auch allen anderen Zeitgestreßten –
ist das Setzen der Prioritäten dringlich (und wichtig!) anzu-
raten. Wie? Indem man »seinen Perfektionsdrang bremst«,
beispielsweise. Die meiste Zeit, sagt die Psychologin, sollte
den Dingen gehören, die man besonders gut kann! Denn
was ich gern mache, ist lustbetont und geht schnell, ist
insgesamt also besonders effizient. Das ist *kein* Widerspruch
zu dem Rat unter Ziffer 1., sich nicht zuerst mit den »dringlichen« Dingen abzugeben, nur weil sie einem vielleicht
»Spaß machen«.

Ich will das erklären: Die Entscheidung über das, was man in seiner vorgegebenen *Lebenszeit* tun will, muß fallen, *bevor* man in seinen *Tagesablauf* eintritt. Wir alle, vielleicht mit Ausnahme von »Springern« – Aushilfskräften, die je nach Bedarf irgendwo eingesetzt werden –, müssen uns heute, da bei aller Zeitbewußtheit Zeit knapp ist, auf ein bestimmtes Gebiet konzentrieren. Ja, der vielbeklagte Trend zur Spezialisierung ist für uns lebensnotwendig. »Heutzutage muß«, sagt SERVAN-SCHREIBER, »wer auf irgendeinem Gebiet zu den Besten zählen will, aus Zeitmangel hinnehmen, daß er auf anderen Gebieten zu den weniger Guten gehört.« Ich erweitere das: Auch wer nur sein Leben leben will, auskömmlich und zufrieden, der muß das.

Es ist diese Einschränkung von vornherein, die Frau MÜLLER-LUCKMANN meint, wenn sie warnend auf das »Problem des falschen Ehrgeizes« hinweist. Wenn man seinen Ehrgeiz an der falschen Stelle einsetzt, ist das ein »neurotisches Zeitinvestment«. Also: Das, was Sie tun, muß Ihnen – grundsätzlich! – Spaß machen. Dann werden Sie Ihre kostbare Lebenszeit nicht fehlinvestieren.

3. Wie Sie Ihr Gedächtnis entlasten

Dieser Punkt ist schnell abgehakt. Aber er ist dennoch in seiner Bedeutung überhaupt nicht zu überschätzen. Damit Sie – wir haben gesehen, wie wichtig das für Ihr Zeitmanagement ist – konzentriert bleiben können, damit Sie mehr Zeit und Spielraum für das Wichtige, das Angenehme, das Kreative (in jedem Beruf) übrigbehalten: Schreiben Sie Merkzettel!

Denken Sie daran: Was Sie notieren, egal ob in einen Terminkalender, auf einen Block oder auf Zettel in einem dieser modernen, praktischen Kästen, das braucht Ihr Ge-

hirn nicht in einer seiner Milliarden Zellen zu speichern. Somit laufen Sie auch nicht so schnell Gefahr, daß Ihnen im Ei-
fer des täglichen »Gefechts« etwas durch die Lappen geht.
Halten Sie Ihre Gehirnkapazitäten so weit wie möglich frei
von Kleinkram und Ballast.

Ich lege in meinem eigenen Leben Merkzettel an für alle
Geburtstage meiner Freunde und Verwandten. Für das, was
normalerweise vor einer Reise in den Koffer kommt.
Sowieso und schon Tage voraus für den Einkauf; meine
frühere tüchtige Haushaltshilfe hatte diesen letzteren Zettel,
der in einem Plastikkästchen in der Küche liegt, von sich
aus entdeckt und selbständig hinzugefügt, was sie als feh-
lend bemerkte: Scheuerpulver, Katzenstreu, Fensterreini-
ger... Übrigens hilft das beim Einholen sogar viel Geld
sparen und nicht nur Zeit, weil man beides nicht für Dinge
verplempert, die einem urplötzlich einfallen; halten Sie sich
streng an den Zettel und nehmen Sie nicht zur Kenntnis,
was kurz vor der Supermarkt-Kasse noch als besonders
preisgünstig offeriert wird.

4. *Von Sitzungsterror und Vortragspest*

Unternehmensberater wissen, daß Konferenzen, Besprechungen, Sitzungen, Meetings leicht bis zu achtzig Prozent
der Zeit eines Managers auffressen können. Auch wenn das
bei Ihnen nicht in diesem Maße der Fall ist: Besprechungen,
Gruppensitzungen, Rundgespräche oder gar diese phantasti-
schen »brain storming sessions« gibt es immer und überall.
Hüten Sie sich vor ihnen wie der Teufel vor dem Weihwasser!

Der Schweizer Verleger und Zeitmanagement-Pionier
EMIL OESCH sprach da zu Recht von der »Sitzungskrank-
heit«, unter der viele Chefs litten. Und er erzählte von dem
hohen Beamten eines Wiener Ministeriums, der, als die »Sit-

zungsseuche« zur Plage wurde, einen besonderen Beamten
hinzubeorderte, der nichts anderes tat, als die ihm bekannt-
gemachten Gehälter der Teilnehmer mit der verstrichenen
Zeit zu multiplizieren. Wenn die Kosten der Konferenz
einen bestimmten Betrag überschritten, hatte er das Recht,
aufzustehen und zu verkünden: »Meine Damen und Herren,
die Sitzung hat bisher soundsoviel gekostet. Sollte innerhalb
von zehn Minuten kein Resultat erzielt werden, muß sie
abgebrochen werden!« Dieser Appell ans schlechte Gewissen der Tagenden hatte eine fabelhafte und anhaltende Wirkung.

Natürlich war der österreichische Ministerialdirektor
gewitzt genug, sich vorher auszurechnen, wieviel – umge-
rechnet auf die Konferenzdauer – das Gehalt dieses »Zeit-
spar-Kommissars« währenddessen kostete. Der Posten
blieb immer weit unter dem Geldbetrag, der eingespart
wurde.

Auf genau der gleichen Grundlage hat schon vor ein paar
Jahren (und nach dem damaligen Gehalts- und Lohnneben-
kostenpegel) LOTHAR J. SEIWERT den Saldo für eine Zwei-
stundenkonferenz mit zehn Teilnehmern berechnet. Er kam
auf Effektivkosten von 5750 Mark – für etwas, was hinterher
so mancher Zwangsanwesende ohnehin als Geschwätz und
ihn überhaupt nicht betreffend abgetan hatte. Fast 6000
Mark für welchen Nutzen? Ebenso der Betriebswirtschafter
WOLFGANG MEINIG: Er macht sich, so gibt er zu, gelegentlich durch seine »etwas provozierende Art« unbeliebt, mit
der er darauf hinweist, daß eine Fünfstundenbesprechung
von acht Professoren eben den in klingende Münze umzu-
rechnenden Wert von vierzig Professorenstunden kostet.
»Diese Neigung, immer neue Gremien zu bilden, ist einer
der Hauptgründe, warum wir keine Zeit haben!«

Sie sehen schon daran, daß jetzt von Hochschullehrern
statt von Managern die Rede ist, wie allgemein verbreitet das

Übel des Sitzungsterrors ist. Seien Sie sicher: Auch bei Besprechungen von Beiräten, Vereinsvorständen oder Vollversammlungen, Vorstandssitzungen einer Verbraucherschutzorganisation oder eines Hausfrauenbundes gibt es unendlichen Leerlauf, der ungeheuer viel Zeit kostet.

Natürlich sind »Informationsfluß«, »Miteinanderreden«, »Kommunikation« elementar wichtig für effizientes Arbeiten; wenn sie nicht funktionieren, entstehen Blockaden und Fehler. Aber sehen alle die Gefahr, daß da aus Geschwätz und Besserwisserei »einer der größten Zeitklauer« (so ein Verlagsleiter) wird?

Was tun, um dieses Phänomen – »einen der schlimmsten Zeitressourcenkiller überhaupt« (Meinig) – zu bändigen? Zwei Tips aus Expertenäußerungen:

o Keine Konferenz darf länger als eine Stunde dauern! Alles, was danach kommt, ufert geradezu gesetzmäßig aus. Denken Sie an PARETO: Im ersten Fünftel der Sitzungszeit bekommt man schon vier Fünftel der anstehenden Probleme in den Griff.

o Fordern Sie von sich selbst und allen anderen die Bereitschaft ein, in größeren Gremien Entscheidungen zu folgen (oder sie ohne lange Diskussion zu verwerfen), die von kleinen Arbeitsgruppen oder auch Einzelpersonen vorprogrammiert wurden. So etwas wird in der Regel – nicht nur bei den Grünen – keineswegs akzeptiert. Haben Sie den Mut dazu!

Noch ein Wort zu einer Horrorerscheinung, die beinahe ebensooft ihr scheußliches Haupt erhebt wie die Konferenz-Krake: die Pest der nicht enden wollenden Vorträge, egal worüber. Über neue Aspekte der Yeti-Forschung, über die Mietpreispolitik, über Vollwertkost oder gregorianischen Kirchengesang (vom Urlaubsdiavortrag bei den Freunden ganz zu schweigen).

Frau MÜLLER-LUCKMANN ironisch: »Sieht der Vortragende nicht gleich auf die Uhr und zwischendurch auch nicht, seufzt man schon und weiß – der wird seine Redezeit maßlos überziehen. Fast immer sind das jene Egozentriker, die sich auf ihrer Spielwiese verbissen haben und alles, was sie veranstalten, für höchst kostbar halten ...«

Abhilfe gab es schon im klassischen Altertum: eine Sanduhr aufs Rednerpult! Das wird heute auch in Fernsehsendungen praktiziert. Wenn das nicht machbar ist: Gehen Sie gar nicht erst hin – oder stehen Sie mittendrin auf, und verschwinden Sie nach Hause! Was riskieren Sie? Allerhöchstens ein beleidigtes Gesicht. Was gewinnen Sie? Kostbare Lebenszeit!

5. *So delegieren Sie doch endlich!*

Die meisten Menschen (auch und gerade Chefs!) sind verliebt darin, alles selbst zu machen. Das gilt besonders in Unternehmen – egal ob Werbeagentur, Maklerfirma, Buchverlag, Reisebüro –, die in ziemlich kurzer Zeit erfolgreich waren und schnell größer geworden sind. Denn ihr Wachstum hing entscheidend von Dynamik, Fähigkeiten, Entschlossenheit des Jungunternehmers ab. Und jetzt glaubt er/sie: »Ich selbst kann es doch besser!« Das mag sogar richtig sein – obwohl bekannte Experten und auch ich selbst sich dessen nicht sicher sind: Es gibt meist Spezialisten, die gerade dies sogar besser können. Also trotzdem ...

Psychiater wissen, daß sogar irrationale Faktoren, tief in unserer Seele verborgen, uns daran hindern können, Aufgaben abzutreten: Machtstreben, Genuß der Macht, Selbsterhaltungstrieb – die Angst, die anderen könnten's wirklich besser. Und wiederum geht es hier nicht etwa nur um Wirtschaftsunternehmen. Die Notwendigkeit, Aufgaben zu delegieren, erstreckt sich bis hin zu Familie und Haushalt! Ich zitiere hier noch einmal den klugen Artikel »Hilfe, mir rennt die Zeit davon!« aus der »*Frau im Spiegel*«; ich könnte es auch nicht besser formulieren. (Warum sollte ich also meine Zeit für den Versuch verwenden? Das wäre doch nur falscher Ehrgeiz und Perfektionismus!) Also:

»Viele Frauen neigen aus reinem Perfektionsdrang – manche auch, weil sie sich nicht ungern in der Rolle der Märtyrerin sehen – dazu, alles selber machen zu wollen, und laden sich daher viel zuviel auf. Spannen Sie Ihre Familie ein, auch wenn das Ergebnis nicht hundertprozentig ausfällt (außer Ihnen weiß das sowieso niemand zu schätzen!).«

Wobei Sie als Hausfrau und Mutter noch den großen Vorteil haben, daß Sie diese »Delegation« nichts kostet! Denn es ist ja eines klar: Üblicherweise kostet jedes Delegieren Geld. Aber überlegen Sie, ob es nicht tausendfach wieder hereinkommt in Gestalt der Zeit, die sie für das Wichtige übrig haben. Und: Sollten Sie als Geschäftsmann oder -frau in der Entwicklung noch nicht soweit sein, für ein solches Weiterreichen von Arbeiten Geld zur Verfügung zu haben, dann überlegen Sie, ob diese nicht sowieso der »Ablage P« gleich Papierkorb überantwortet werden können.

Wenn Sie aber einen eingelaufenen (auch nur einen Zwei-Personen-)Betrieb haben, dann denken Sie an das Wort von HENRY FORD, der gewiß einiges davon verstand: »Etwas stimmt nicht in einer Organisation, wenn der Chef selbst das Licht ausmacht!« Ebensowenig wie ein überladener Schreibtisch ist auch die längstdauernde Anwesenheit in Büro oder Werkstatt kein Zeichen von Führungsstärke. Im Gegenteil!

Da wir über die Notwendigkeit der Delegation von B-, auf jeden Fall von C-Aufgaben wohl inzwischen einer Meinung sind, lassen Sie mich die wesentlichen Punkte im folgenden knapp auflisten:

WANN *delegieren?*

Antwort: sofort. Und: entweder fallweise oder auf Dauer.
Sowie: so oft wie möglich.

WAS *delegieren?*

Antwort: dringende, aber nicht wichtige Aufgaben. Zum
Beispiel: Routinearbeiten, Spezialistentätigkeiten, echte Detailfragen. Vorbereitende Aufgaben. Und: Immer Aufgaben
und Kompetenzen *und* Verantwortung übertragen! (Diese
Aufstellung, wie auch die unmittelbar nachfolgenden, verdanke ich Professor LOTHAR J. SEIWERT; es gibt weit aus-
führlichere von bedeutenden Unternehmensberatern, aber
diese hier sind angenehm präzise.)

WAS NICHT *delegieren?*

Echte Führungsaufgaben: Ziele setzen. Betriebspolitische (es
können auch familienpolitische sein!) Entscheidungen. Solche von großer Tragweite und/oder hohem Risiko. Eilige
Aufgaben, die Ihnen keine Zeit für nötige Instruktionen lassen. Außergewöhnliche. Strikt vertrauliche.

AN WEN *delegieren?*

An Mitarbeiter, die gern dazu bereit sind. Oder die mehr
Erfahrung brauchen. Oder die Förderung benötigen. Sie
finden niemanden? Sorgen Sie für Qualifizierung oder für
Nachwuchs.

WARUM *delegieren?*

Ihretwegen – weil es Sie entlastet und Zeitgewinn bedeutet.
Der Mitarbeiter wegen – es motiviert sie: Amerikanische
Umfragen zeigen, daß Unterstellte dies an Ihnen schätzen.
Außerdem bildet es sie weiter.

Übrigens: **WARUM NICHT** *im Übermaß?*
Weil Sie sonst Gefahr laufen, »abzuheben«, den realen
Boden unter den Füßen zu verlieren: »Wenn man *zuviel*
delegiert«, sagte der US-amerikanische Exaußenminister
DEAN ACHESON, »geht die Verantwortung verloren.« Also:
Kluges Mittelmaß halten!

WIE *delegieren?*
Möglichst vollständige Aufgaben. Nicht an zwei verschiedene Personen gleichzeitig. Sinn *und* Inhalt der Aufgaben erklären. Den Beauftragten dann zufrieden lassen. Aber: Termin setzen. (Übrigens ist es keine schlechte Idee, wenn Sie
sich angewöhnen, das auch bei sich selbst zu tun!) Schließlich: erfolgte Durchführung kontrollieren – daß nicht nur ein
Befehl erteilt, sondern daß auch seine Ausführung überprüft
wird, gehört zum Grundwissen beispielsweise jeder Offi-
ziersausbildung. »Beim Delegieren vermittle ich meine eigenen Ansprüche an Genauigkeit und Zuverlässigkeit an andere« (MEINIG). Zur Kontrolle gehört aber auch mindestens
konstruktives, wenn nicht positives Feedback!

Denken Sie immer daran: Gewachsene Verantwortung und
Führungskompetenz haben geradezu eine Sogwirkung in
die Richtung, daß man am liebsten alles selbst machen
möchte. Ich erinnere mich an die Zeit, als mir die Ressort-
leitung für alle Texte in der Redaktion einer großen Zeitschrift übertragen wurde. Da hatte ich die Tendenz – und
lebte sie anfangs auch aus –, die Manuskripte selbst umzu-
schreiben.
    Bis ich merkte, daß ich noch spät bei Lampenschein am
Schreibtisch saß, während die Autoren sich einen vergnüg-
ten Abend machten. Und daß sie mit ihren Honoraren
monatlich weit mehr verdienten, als mein Gehalt betrug.
Meine Schlußfolgerung damals: Wie blöd kann man noch

sein...? Und zumindest einen Teil einer Grundlektion hatte ich gelernt: Ich bin selbst schuld, wenn ich keine Zeit habe.

Wobei es, um das nochmals festzuhalten, durchaus möglich ist, daß die Art und Weise, wie ein Mitarbeiter die delegierte Aufgabe erledigt, nicht Ihren Wünschen entspricht; Sie wären anders vorgegangen. Aber hätten Sie denn überhaupt Zeit dafür gehabt?

Übrigens ist das Problem der Delegation »so alt wie die Geschichte der Menschheit«, wie schon der Amerikaner JAMES D. MOONEY in seinem Klassiker von 1947, »*The Principles of Organization*«, feststellte. Als MOSES nicht damit fertig wurde, so beschreibt es das Alte Testament, alleiniger Lenker und Richter des ganzen israelitischen Volkes zu sein, fragte er seinen Schwiegervater JETHRO um Rat. Der beobachtete ihn, schwieg eine Weile und sagte dann: »Es ist nicht gut, was du tust. Du machst dich zu müde, dazu das Volk, das mit dir ist. Das Geschäft ist dir zu schwer; du kannst's allein nicht ausrichten... Entlaste dich, und laß auch andere Verantwortung tragen!«

Daraufhin delegierte Moses einen Teil seiner Aufgaben »an redliche Leute aus ganz Israel«. Er machte sie »zu Häuptern über das Volk, etliche über tausend, über hundert, über fünfzig und über zehn« mit dem Auftrag: »Daß sie über das Volk alle Zeit richteten. Was aber schwere Sachen wären, zu Moses brächten und die kleinen Sachen selbst richteten.« Das ganze Geheimnis dieses unendlich wichtigen Kapitels des Zeitmanagements in wenigen Sätzen in Kapitel 18 des Zweiten Buches Mose!

6. *Dreimal schneller lesen schafft Zeitvermögen*

Alle großen Zeitmanagement-Berater zeigen Ihnen Wichtigkeit und Techniken des Schnellerlesens auf. Ich gebe Ihnen hier einen kurzen Abriß aus dem schon erwähnten Buch von KURT TEPPERWEIN, »*Die ›Kunst‹ mühelosen Lernens*«; es enthält alles an »Warums« und »Wies« im Detail. Sie können lernen, zwei- bis dreimal schneller zu lesen als bisher – fangen Sie gleich an!

a) Sie können innerhalb von zwei Stunden Ihre Lesegeschwindigkeit verdoppeln, wenn Sie sich von dem größten Lesehandikap, dem stummen Mitsprechen, befreien.

b) Innerhalb von nur drei Monaten können Sie Ihr Lesetempo verdreifachen, wenn Sie sich von allen weiteren unter g) beschriebenen Lesehandikaps befreien und das »periphere Sehen« trainieren.

c) Schnelles Lesen steigert die Konzentrationsfähigkeit, stärkt das Auffassungsvermögen und verbessert das Gedächtnis.

d) Mit Hilfe der Technik des »peripheren Sehens« kann man in etwa zwei Stunden ein zweihundert Seiten starkes Buch lesen. Das bedeutet: Teilen Sie eine Buchseite zuerst durch zwei Senkrechtstriche in drei, später mit nur einem Strich in zwei Spalten. Üben Sie, die drei oder dann zwei Zeilenstücke mit *einem* Blick zu erfassen.

e) Die durch das Schnellesen eingesparte Zeit sollte man nicht ausschließlich dazu verwenden, das Lesepensum zu erhöhen, sondern auch dazu, den Stoff gründlicher zu verarbeiten.

f) Nach jedem Buchkapitel sollten Sie sich dessen Inhalt noch einmal kurz vor Augen führen.

g) Die wichtigsten Lesehandikaps sind: Buchstabieren, Wort-für-Wort-Lesen, Mitsprechen, zeilenbegleitende

Bewegungen, Doppelt- oder Dreifachlesen, häufiges Fixieren, hastiges Lesen, undifferenziertes Lesen.

h) Man unterscheidet vier Lesegeschwindigkeiten: das orientierende Lesen mit etwa zweihundertfünfzig Wörtern pro Minute; das normale Lesen mit etwa hundertachtzig Wörtern pro Minute; das sorgfältige Lesen mit etwa hundert Wörtern pro Minute; das intensive Lesen mit etwa zwanzig Wörtern pro Minute – je nachdem, ob wissenschaftliche Abhandlung, Roman, Sportnachrichten.

i) Sobald Sie sich von allen Lesehandikaps freigemacht haben, können Sie etwa fünf- bis siebenhundert Wörter in der Minute lesen.

Ich möchte dieses Buch nicht beschließen ohne ein Zitat der großartigen und hilfreichen Frau Professor Elisabeth Müller-Luckmann – auch wenn das Aufschreiben mich und das Lesen Sie ein kleines bißchen Zeit kostet:

»Erst wenn man die Zeit wirklich unter Kontrolle hat, kann man sich erlauben, aus ihr herauszuspringen!«

Literaturhinweise

ALSWEILER, SILKE: »Selbst Urlaubstage werden zum Zeitproblem«. In: *Elbe-Jeetzel-Zeitung*, Dannenberg, 23. 2. 1991

BARTH, ARIANE: »Im Reißwolf der Geschwindigkeit«. In: *Der Spiegel*, Heft 20/1989.

BOSCHKE, FRIEDRICH L.: »Und 1000 Jahre sind wie ein Tag«. C. Bertelsmann Verlag, München 1980.

BRAEM, HARALD: »Selftiming – Über den Umgang mit der Zeit«. Wirtschaftsverlag Langen/Müller/Herbig, München 1988.

Career Track International, Inc: Seminar-Broschüre, Milton Keynes, England 1989.

COOPER, JOSEPH D.: »So schafft man mehr in weniger Zeit«. Verlag Moderne Industrie, Landsberg am Lech 1985.

COOPER, JOSEPH D.: »Zeit gewinnen – mehr schaffen«. Verlag Moderne Industrie, Landsberg am Lech 1988.

ELIAS, NORBERT: »Über die Zeit«. 3. Auflage. Suhrkamp Verlag, Frankfurt/Main 1987.

GEISSLER, KARLHEINZ: »Zeit«. Beltz Quadriga, Weinheim 1996.

GUMIN, HEINZ, und MEIER, HEINRICH (Herausgeber): »Die Zeit«. Serie Piper, Band 1024, München 1989. Veröffentlichungen der Carl-Friedrich-von-Siemens-Stiftung.

HABER, HEINZ: »Die Zeit – Geheimnisse des Lebens«. Knaur Sachbuch, München 1989.

HAWKING, STEPHEN W.: »Eine kurze Geschichte der Zeit«. Rowohlt Verlag, Reinbek 1988.

HOHN, HANS-WILLY: »Die Zerstörung der Zeit«. Fischer Alternativ, Frankfurt/Main 1984.

HORVAT, MANFRED (Herausgeber): »Das Phänomen Zeit«. Literas Verlag, Wien 1984.

KAMPER, DIETMAR, und WULF, CHRISTOPH (Herausgeber): »Die sterbende Zeit«. Sammlung Luchterhand, Darmstadt und Neuwied 1987.

KUNERT, GÜNTER: »Der andere Deutsche«. In: *Merian*, »Brandenburg«, Hamburg 1991.

LINDER, STAFFAN B.: »Das Linder-Axiom«. Bertelsmann Sachbuchverlag, Gütersloh 1970.

MACKENZIE, R. ALEC: »Die Zeitfalle«. 4. Auflage I. H. Sauer-Verlag, Heidelberg 1972.

NADOLNY, STEN: »Die Entdeckung der Langsamkeit«. Piper Verlag, München 1983.

NEDOPIL, NORBERT und RÜTHER, ECKARDT: »Kraft schöpfen durch gesunden Schlaf«. 1. Auflage. Weka Verlag, Kissing 1980.

NOWOTNY, HELGA: »Eigenzeit«: 4. Auflage. Suhrkamp Verlag, Frankfurt/Main 1993.

OESCH, EMIL: »Die Kunst, Zeit zu haben«. Oesch Verlag, Zürich 1987.

PERRY, SUSAN, und DAWSON, JIM: »Chronobiologie – Die innere Uhr Ihres Körpers«. Ariston Verlag, Kreuzlingen/München 1990.

PÖPPEL, ERNST: »Grenzen des Bewußtseins«. Deutsche Verlags-Anstalt, Stuttgart 1985.

REHEIS, FRITZ: »Die Kreativität der Langsamkeit«. Wissenschaftliche Buchgesellschaft, Darmstadt 1996.

RIFKIN, JEREMY: »Uhrwerk Universum«. Kindler Verlag, München 1988.

SCHRÄDER-NAEF, REGULA: »Keine Zeit?« 2. Auflage. Psychologie-heute-Buchprogramm, verlegt bei Beltz, Weinheim und Basel 1987.

SEIWERT, LOTHAR J.: »Mehr Zeit für das Wesentliche«. 10. Auflage. Verlag Moderne Industrie, Landsberg am Lech 1989.

SERVAN-SCHREIBER, JEAN-LOUIS: »Die 90-Minuten-Stunde«. 2. Auflage. Econ Taschenbuch Verlag, Düsseldorf 1990.

SCHEPPACH, JOSEPH: »Wie der Mensch wirklich tickt«. In *Stern,* Hamburg 1991.

Spiegel, Hamburg: »Der Mensch wird immer dümmer«. Heft 11/1990.

Spiegel, Hamburg: »Die Zertrümmerung der Zeit«. Heft 45/1991.

Süddeutsche Zeitung, München, 4./5. 8. 1990.

Süddeutsche Zeitung, München, 29. 10. 1990.

Süddeutsche Zeitung, München, 4. 11. 1990.

TEPPERWEIN, KURT: »Kraftquelle Mentaltraining«. 4. Auflage. Ariston Verlag, Kreuzlingen/München 1991.

TEPPERWEIN, KURT: »Die ›Kunst‹ mühelosen Lernens«. Ariston Verlag, Kreuzlingen/München 1987.

THOMA, FRANZ: »Keine Zeit mehr fürs Denken und Grübeln?« In: *Süddeutsche Zeitung,* München, 24./25. 11. 1990.

TOULMIN, STEPHEN und GOODFIELD, JUNE: »Entdeckung der Zeit«. Fischer Taschenbuch Verlag, Frankfurt/Main 1985.

VIRILIO, PAUL: »Der negative Horizont«. Carl Hanser Verlag, München und Wien 1989.

WEIBEL, PETER: »Die Beschleunigung der Bilder«. Benteli Verlag, Bern 1987.

WENDORFF, RUDOLF: »Zeit und Kultur«. 3. Auflage. Westdeutscher Verlag, Opladen 1985.

WENDORFF, RUDOLF: »Der Mensch und die Zeit«. Westdeutscher Verlag, Opladen 1988.

Wirtschafts-Kurier, München Juli 1991.

Wirtschaftswoche, Nr. 17, 17. 4. 1997.

David J. Schwartz
Denken Sie groß!
Erfolg durch großzügiges Denken

Wie das Denken so das Handeln! Groß zu denken, kann man lernen. Groß denken eröffnet neue Horizonte, klein denken behindert. Mit diesem Programm können Sie Ihre Persönlichkeit, Ihren Lebensinhalt und Ihre Lebensqualität »auf Groß« einstellen.

288 Seiten, gebunden, ISBN 3-7205-2043-9

»Denken Sie groß« liegt auch als Hörbuch vor.
Gesamtspielzeit 9 Std., Audiobox mit 6 Kassetten, ISBN 3-7205-2035-8

Napoleon Hill
Denke nach und werde reich
Die 13 Gesetze des Erfolges

Dieses Buch wurde in alle wichtigen Sprachen übersetzt und mehr als 25 Millionen mal gekauft. Warum? Es lehrt, mit gezielter Kraft zu denken, und es macht klar, welches das größte und wichtigste aller Erfolgsgeheimnisse ist: Selbstvertrauen. Napoleon Hill begann im Auftrag von Andrew Carnegie, dem damals wohl reichsten Mann der Welt, die Erfolgsrezepte der Reichen zu untersuchen. Hill arbeitete 20 Jahre lang, befragte 504 Millionäre, untersuchte ihr Leben und ihre Arbeitsmethoden. Dann schrieb er dieses Buch.

262 Seiten, gebunden, ISBN 3-7205-1935-X

»Denke nach und werde reich« liegt auch als Hörbuch vor.
Gesamtspielzeit 9 ¾ Std., Audiobox mit 6 Kassetten, ISBN 3-7205-1859-0

Napoleon Hill
Positive Action
365 sichere Schritte zum Lebenserfolg – der Napoleon Hill Jahresplan

Der Weg zum Erfolg besteht aus vielen kleinen Schritten. Wer jeden Tag einen kleinen Schritt tut, hat nach einem Jahr bereits erkennbare Fortschritte erzielt. Die besten Kenner des Werkes von Napoleon Hill haben die 365 wichtigsten Kernlehren herausgearbeitet und zu einem präzis durchstrukturierten Jahresprogramm zusammengestellt: einen Schritt für jeden Tag.

427 Seiten, Ledereinband, ISBN 3-7205-1933-3

Alle diese Bücher erhalten Sie in jeder Buchhandlung.
Ein farbiges Büchermagazin mit den lieferbaren Titeln des Ariston Verlages senden wir Ihnen auf Wunsch gerne zu.

ARISTON VERLAG · KREUZLINGEN/MÜNCHEN

Hauptstraße 14, CH-8280 Kreuzlingen, Tel. 071/672 72 18, Fax 071/672 72 19
Karl-Theodor-Straße 29, D-80803 München, Tel. 089/38 40 68-0, Fax 089/38 40 68-10

Dr. Joseph Murphy
Die Macht Ihres Unterbewußtseins
Das große Buch innerer und äußerer Entfaltung

»Es gibt nur wenige Texte, die den ›Zahn der Zeit‹ gut vertragen; das vorliegende Buch gehört zu den ganz wenigen, die der Folgegeneration sogar noch mehr zu sagen haben als den Lesern zur Zeit des ersten Erscheinens.« Vera F. Birkenbihl

Das Hauptwerk von Dr. Joseph Murphy, dem Wegbereiter positiven Denkens, wurde in zahlreiche Weltsprachen übersetzt und allein in der deutschsprachigen Ausgabe mehr als 2 Millionen mal verkauft

287 Seiten, gebunden, ISBN 3-7205-1027-1

»Die Macht Ihres Unterbewußtseins« liegt auch als Hörbuch vor.
Gesamtspielzeit 9 1/2 Std., Audiobox mit 6 Kassetten, ISBN 3-7205-1901-3

Zur Ergänzung dieses Werkes gibt es ein Praxis-Kassettenprogramm mit Entspannungsübungen und Suggestionen.
4 Affirmations- und Subliminalkassetten in Box mit Booklet, ISBN 3-7205-1673-3

Branko Bokun
Wer lacht lebt
Emotionale Intelligenz und gelassene Reife

Eine heitere, gelockerte Grundeinstellung ist der beste Schutz gegen Ärger und Angst, Hektik und Streß – die allgegenwärtigen Krankmacher von Körper, Geist und Seele. Aus kulturhistorischer, anthropologischer und medizinischer Sicht entwickelt der Autor seine Theorie von den Heilqualitäten einer heiteren Lebenseinstellung. Er zeigt, wie man sich vor verbitterten und verkrampften Fehlhaltungen schützt und zu gelassener Reife findet.

224 Seiten, kart., ISBN 3-7205-1944-9

Richard Bode
Nimm zuerst ein kleines Boot
Von den Gezeiten des Lebens

Ein ungewöhnliches, inspirierendes Buch über das Segeln und immer zugleich über das Leben. Es erzählt die Geschichte eines Jungen, der segeln lernt und im Umgang mit Wind, Wetter und Gezeiten Lektionen fürs Leben erfährt: Wie man über die Untiefen und durch die Stürme des Lebens segelt, wie man Flauten übersteht und seinen Kurs findet. »Ein einfaches, schönes Werk«, »ein wundervolles, tiefgründiges Buch über das Leben«, schrieb die amerikanische Presse über den »Nationalen Bestseller«.

240 Seiten, gebunden, ISBN 3-7205-1955-4

Alle diese Bücher erhalten Sie in jeder Buchhandlung.
Ein farbiges Büchermagazin mit den lieferbaren Titeln des Ariston Verlages senden wir Ihnen auf Wunsch gerne zu.

ARISTON VERLAG · KREUZLINGEN/MÜNCHEN

Hauptstraße 14, CH-8280 Kreuzlingen, Tel. 071/672 72 18, Fax 071/672 72 19
Karl-Theodor-Straße 29, D-80803 München, Tel. 089/38 40 68-0, Fax 089/38 40 68-10